優れた起業家は何を考え、どう行動したか

堀新一郎
Shinichiro Hori
琴坂将広
Masahiro Kotosaka
井上大智
Daichi Inoue

NEWS PICKS
PUBLISHING

はじめに　スタートアップ業界の内側に閉じたノウハウを開放する

「どうやったら起業できますか？」

最近そう質問してくる学生が増えた。起業がキャリアの選択肢の1つとしてメジャーになってきたからだろう。

厳しい言い方をすれば、「起業したいのなら誰かに教わるのではなく、自分で調べて学びなさい」と回答するのが正しい。起業は人に言われてするものではないし、受身な発想で成功するものでもないからだ。

しかし、冷静に考えてみると、たしかに会社設立・登記のハウツー本は存在するものの、どうやったら成功にたどり着けるか、詳しく解説している本は見たことがない。

本屋に行っても、Microsoft、Apple、FacebookやAmazonといった米国企業の創業記はあるものの、国も次元も違い自分ごとにならない。日本でいえば、ソニーやホンダなど、創業が自分が生まれる前の企業だったりして親近感が湧かない。

日本国内でここ2～3年以内に上場やM＆Aでエグジットした会社に関する書籍はなかなか見つからない。インターネットで調べてもニュース記事やブログがある程度で、起業する上で押さえるべきポイントが体系的にまとまっていない。起業したいと思っても、どうやったら成功確率が高まるのか学びようがないのが現状だ。

一方、スタートアップ業界を内側から眺めると、そのコミュニティがとても狭いものであることに気付かされる。実は、優れた起業家は同じコミュニティで互いにノウハウを交換している。しかし、コミュニティの外にいる人にとっては、中でどのようなノウハウが交換されているのか知るよしもない。

そこで、筆者（堀）はＹＪキャピタル（ヤフーの投資子会社）の代表という立場を利用して、業界を代表する起業家のみなさんを招待し、これから起業する人に成功のノウハウを共有してもらうイベントを頻繁に開催した。

どの起業家も信じられないくらい親切で優しく、これから起業を志す人のためならと無償で自身の経験を語ってくれた。とても忙しいにもかかわらず、何度も何度も時間を割いて自らの経験談を共有してくれた起業家のみなさんには本当に頭が上がらない。

「Pay it forward（誰かからの親切を他の誰かにつなぐ）」の精神がスタートアップ業界にはある。先輩起業家に教えてもらった成功の秘訣を、これから起業する人に伝えなくてはならない。そう思い、初めて起業する人を支援するアクセラレータプログラム「Code Republic」をＹＪキャピタルと共同運営するEast Venturesの衛藤バタラさんに、先輩起業家のケーススタディを講義形式で伝えるプランを相談した。

バタラさんはすぐさま賛同し、「堀さん、それ絶対本にしたほうがいいですよ」と本書執筆のきっかけとなるアイディアを出してくれた。

講義に書籍というキーワードが加わった瞬間、反射的に経営学者である慶應義塾大学の琴坂将広准教授に連絡を取り、本構想を話した。ケーススタディからの示唆をアカデミックにまとめること、そしてその示唆を一人でも多くの学生に届けることで起業をキャリアの1つとして当たり前にしたい、と伝えたところ琴坂先生は身を乗り出して快諾し、本書を共同執筆することになった。

ベンチャーキャピタルであるYJキャピタルとEast Venturesが実践的な事例を投資の最前線から入手し、アカデミアを代表する経営学者が分析し、法則性を見出す。「体系的な知識」と「豊富な事例」が両方揃った本を読者のみなさんにお届けすることに本書はこだわり抜いた。事例だけだと学びが薄いし、知識だけだと具体性がなく実践的ではないからだ。

本書に掲載した事例は、インターネットに落ちている文献の寄せ集めではない。今回、YJキャピタルとEast Venturesの投資先を中心に、スタートアップコミュニティの中でも一目置かれている16社の起業家たちに独自インタビューを行った。上場経験組（ユーザベース梅田、フリークアウト［ヘイ］

佐藤、BASE鶴岡、Gunosy福島、ラクスル松本、メルカリ山田・小泉)、M&A、エグジット組(エウレカ赤坂、コーチ・ユナイテッド有安、ペロリ中川、nanapi古川、Fablic堀井)、未上場・累計資金調達額30億円超(ミラティブ赤川、ヤプリ庵原、ココン倉富、dely堀江、ビジョナル[ビズリーチ]南)といった面々である(順不同・敬称略・現在は代表を退いている場合も含む)。

この本でしか語られていないエピソードはたくさんある。普通のインタビューでは教えてくれないことも、筆者の投資家という立場を悪用(?)して裏話を聞き出した。起業家は誰もが魅力的で、どのエピソードも学びにあふれている。膨大なインタビューからケーススタディを作り上げる大役は、琴坂研究会の井上大智さんが担ってくれた。

本書はただのケース集ではない。アイディアの見つけ方からチームビルディング、プロダクト作りやその検証方法、ユーザー獲得・グロース方法、そして資金調達まで、起業してからロケットスタートするまでに必要なアクションを、16社の起業家たちから共通項を可能な限り見つけ出し、体系的にまとめ上げた。

本書を手にとった起業家予備軍のみなさんには、ぜひとも起業への一歩を踏み出してほしい。

お待たせしました。

一緒に「スタートアップ」のリアルを覗きに行きましょう。

堀新一郎

※本書はインタビュー以外も多数の二次情報を引用して作成しましたが、引用文はその一部を文脈上改訂しています（本人確認済）。また、ウェブ上に存在する二次情報は２０２０年３月時点でＵＲＬの存在を確認しています。

目次

第三章　プロダクトを作り、ユーザー検証する

第五章―資金を調達する

対投資家コミュニケーション——409

第六章 起業するということ

第一章　アイディアを見つける

起業家は必ずしも最初から事業のタネを持っているわけではない。優れた起業家は顧客や市場との粘り強い対話の中から、成長する事業の可能性を見出していく。第一章では、事業を急成長させる起業家が、どのように、地道で、丹念で、ときに科学的な手法でアイディアを見つけていったかを探索する。

アイディアをどう着想するか

心に響くか、実現性が高いか、ポテンシャルは大きいか

起業をする、その決意の背景はさまざまだが、大別すると2つの出発点がある。1つは、自分軸。自分の視座、意思、信念、感性、感情、経験など、自分自身の信じることや自己の能力から着想する。

もう1つは、マーケット／社会軸。事業環境、競合の動きなどから、事業の機会（opportunity）、実現性（feasibility）、可能性（potential）を検討しつつ着想する。

自分自身の心に響き、しかも客観的に捉えても実現性が高く、可能性の大きな事業アイディアを探し求めるのが起業の始まりだ。

過去、現在、未来の3つの視点で読み解く

起業家は、どのようなニュースからでもアイディアを考える。アイディアの見つけ方は大きく3パターンある。

- 事例起点（過去）
- 課題起点（現在）
- 構造変化起点（未来）

「事例起点」は、たとえば米国や中国で流行っているサービスの日本版を考えることで、アイディアの具現化を進めていくパターンだ。

事例起点でアイディアを着想するには、最先端のニュースを日々チェックしている必要がある。**ビジネスの基本的な戦い方は、競合に情報戦で勝ち、誰もがチャレンジしたことがない方法で稼ぐ**ことだ。最先端の情報を自ら掴みにいくことで、ライバルを出し抜ける。国内のライバルがチェックしていない情報源を漁ると意外な発見があるかもしれない。

また、最新の情報だけでなく、事業領域の歴史を調べるアプローチにもチャンスが隠れている。たとえば、ハウスクリーニング事業においてどの会社がもっとも成功しているのか、と調べるとダ

スキンの名前が挙がってくるだろう。どういった時代背景でダスキンが生まれたのか、どういった顧客が主要顧客だったのか、どういったビジネスモデルだったのか、なぜダスキンが市場競争に打ち勝てたのか。そこから、現代の市場環境との違いを考えた上で、たとえばスマホや動画を活用したハウスクリーニング業にビジネスチャンスがないか、と事業仮説を考えてみる。本書のケーススタディを読んでもらえれば、より具体的にイメージが湧くだろう。

「課題起点」は、自分が今使っているサービスに普段から感じている不満や、仕事をする中で発見する課題から「こうしたらもっと便利になるんじゃないか?」とアイディアを考えていくパターンだ。自身が感じた課題(直接体験)を起点とする場合と、他人が感じた課題(間接体験)を起点とする場合に分類される。

ユーザベースの梅田は投資銀行時代に自身が感じた企業調査のわずらわしさという課題から、企業情報データベース「SPEEDA」を開発した。典型的な直接体験型の課題起点だ。

BASEの鶴岡は間接体験型だ。鶴岡の母親は大分県で婦人服の小売業を経営していた。彼女はネットで商品を販売したいと考えていたが、楽天やAmazonは手続きが煩雑なため、出店できていなかった。この課題を目のあたりにし、「ITに明るくない自分の母親のような人でも簡単にECショップが開設できるサービスを」と着想したところから生まれたのがネットショップのサービスを提供するBASEだった。

Fablicの堀井は、あるとき女子大生がブログやSNSで洋服を売買していることに気づき、実際に彼女らにインタビューすることで、どのような状況のユーザーがどのような理由でそういった行為をしているのかを観察した。スマホで簡単に出品・売買できるフリマアプリ「フリル」のアイディアはここから生まれた。

女性向け写真加工アプリで4000万ダウンロードを達成したDECOPICの松本は、女性向けサービスを作ると決めてから、女性について徹底的に勉強した。使い勝手を向上させるため、自分でも付け爪を付けてスマホを操作してみては、UIを研究した。「英語学習にたとえると、自分は非ネイティブスピーカー。ひたすら女性誌を見てフォントや背景のドットなどを勉強した」[1]と語っている。

このように間接体験型の課題起点では、ターゲットユーザーが感じる課題の背景が手にとるようにわかるところまで、徹底的に観察しなければならない。

人生経験が短い読者も「自分には課題起点のアイディア着想なんて無理だ」と諦めないようにしよう。家族や友人が不満や課題を口にしたり、不便さを回避する行動を取っていたら、そこには間接体験型の事業チャンスが眠っている。

「構造変化起点」は、ユーザーの行動や技術の進化・環境の変化から新しいビジネスチャンスを見つけるパターンだ。たとえば、ガラケーからスマホにシフトするタイミングで新しいサービスがたくさん出てきたことは記憶に新しい。アプリで料理レシピ動画を見れるクラシルは、その代表的な例だろう。

世の中の構造や仕組みが変わり、ユーザーの行動が変容するタイミングでロケットスタートを切れるように、先んじて未来を予測し、備えておきたい。

DMM創業者の亀山は、1989年公開のSF映画『バック・トゥ・ザ・フューチャー PART2』を鑑賞した際に新しい事業アイディアを見つけた。未来のとあるシーンで、登場人物がテレビに向かって鑑賞したい映画のタイトルを呼びかけると、その作品が映し出される。今で言う、オンデマンド配信だ。そのシーンを見た亀山は「レンタルビデオ屋はやがて無くなる。これからはコンテンツの時代だ」と思い立ち、レンタルビデオ事業からコンテンツ事業にピボット[2]したという。[3]

ただ、この未来を予測するアプローチはタイミングを読み違えることもあるため、一定のリスクを抱える。予測自体は正しくとも、十分なユーザーがいなければビジネスとして成立しない。タイミングの見極め方は非常に重要なポイントなので後で詳しく触れる。

構造の変化は、社会的な「事件」によってもたらされることもある。

図1　市場構造に変化を与える6つの要因

PESTLE フレームワーク

Political 政治の動向	Technological 技術の動向
Economic 経済の動向	Legal 法律、規制の動向
Social 社会の動向	Environmental 自然環境の動向

政治、経済、社会、技術、法規制、環境の動向は中長期的に影響が大きい

近年の歴史を紐解くと、1973年と1979年の二度のオイルショックは、省エネ製品の普及をもたらした。2011年の東日本大震災は、ソーシャルメディアの価値と危険性を再認識させ、防災やエネルギーに対する消費者の価値観を揺るがした。2019年後半に発生したSARS-CoV-2（いわゆる新型コロナウィルス）に起因する感染症も、世界中でデジタル化を後押しし、小売のあり方と働き方を変えている。

こうした突発的な構造変化点と同様に、政治、経済、社会、技術、法規制、環境に関する中長期的な変化を捉え、それを予測することも、アイディアを見つける一歩である（図1）。絶えず感覚を研ぎ澄まし、環境変化の「意味」を問い続けることを心がけてほしい。

「この分野では誰よりも詳しい」と言い切れるか

本書籍を刊行するにあたり、多くの起業家にインタビューを行った。まず、全員の共通点として、**自らが戦う事業領域において、誰よりも詳しくなるまで情報収集をしていた**ことを強調したい。

エウレカ創業者の赤坂はインタビューにて、米国のスタートアップ紹介ニュース（Techcrunch.com）をくまなく読み、常に新しい事業アイディアがないかを探していたと語っている。delyの堀江も同様だ。

これから起業を考えている読者のみなさんは、「この分野のことなら誰にも負けないぐらい詳しい」と胸を張って言えるレベルまで、情報を仕入れているだろうか？　情報収集手段を図2にまとめたので、参考にしてほしい。

図2　外部環境に関する情報収集の典型例

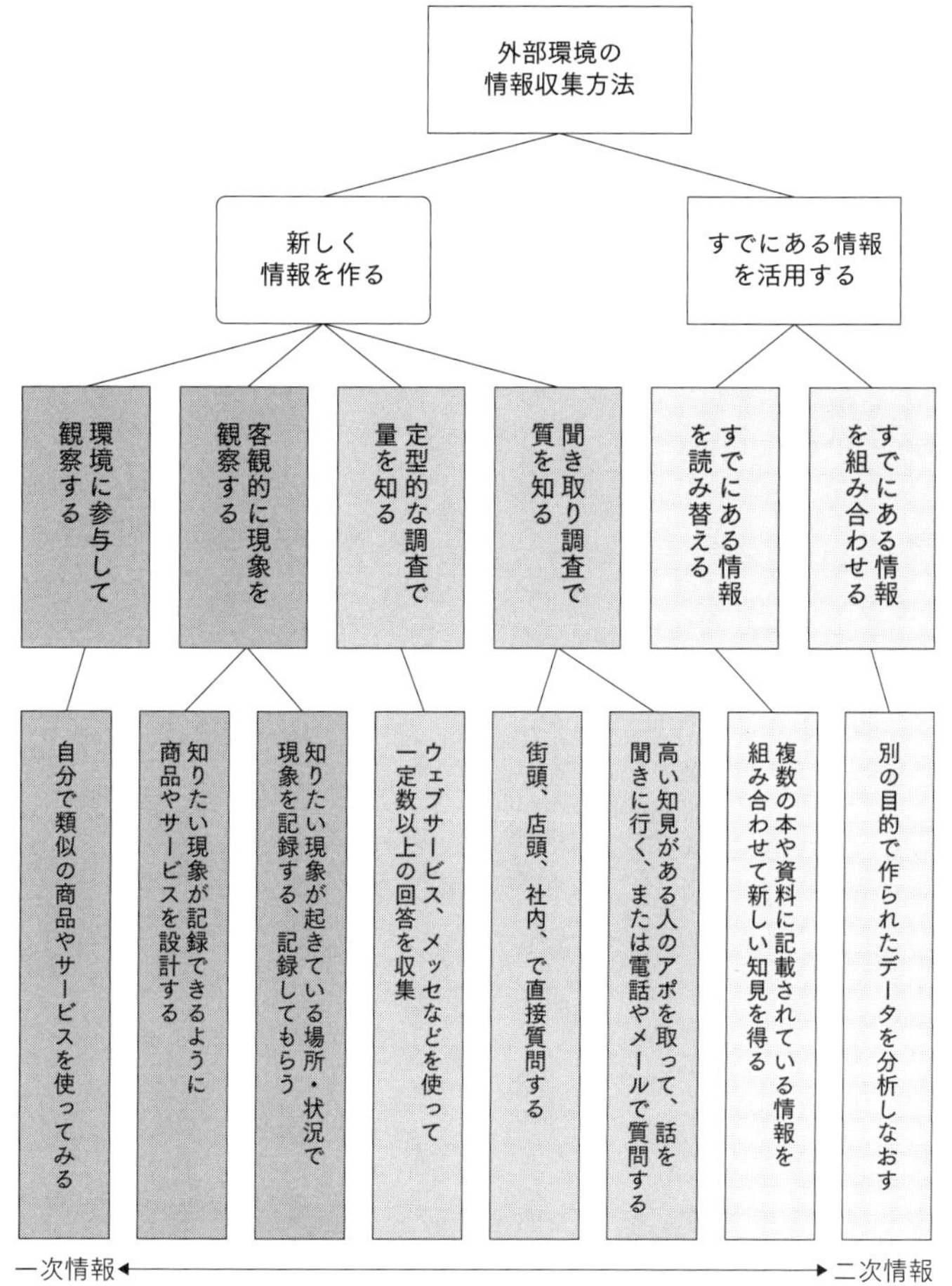

情報収集は地道な作業…多様な手段で多面的に情報を得る

資料:筆者作成

自分一人でアイディアを探す必要はない

アイディアを見つける方法に絶対の正解はないが、情報収集・思考のプロセスを加速させる方法はある。それは、仲間とのブレインストーミングだ。起業のアイディアを社長自らが考えなくてはいけないというルールはない。

ビズリーチ（現ビジョナル。以下本書ではサービスリリース当時のことを書く場合は「ビズリーチ」と表記）の南は、週末や平日の仕事を終えてから、定期的にファミレスに集まり友人と起業のアイディアについて夜遅くまで議論していた。フリルの堀井も週末に新卒の同期3人と集まり、いくつものプロダクトを一緒に開発していた。BASEの鶴岡は、CAMPFIREの家入一真の下で働きながら、毎日ビジネスアイディアの壁打ちを行っていた。

起業は、自らの能力自慢ではない。

ときには、直接の競合になりえる先行企業の動きを丹念に観察して学ぶこと、極端に言えば、その指導を受けに行くことも忘れてはならない。

大半の場合、話を聞こうとしても断られるだろう。しかし、ときとして、話を丁寧に聞いてくれるどころか、むしろ支援してくれる奇特な事業家と出会うこともある。

社会課題を解決しようとする経営者、壮大なビジョンを持つ経営者にとって、将来の競合は、同じ志を持つ仲間でもある。むしろ、彼らがしたくてもできない、しようとしても株主や経営陣に反対されている、魅力的なアイディアを教えてくれるかもしれない。

ビズリーチの南は、LinkedInとの出会いからヒントを得た「ダイレクトリクルーティング」という日本にまだないビジネスモデルの可能性を見極めるため、創業時、米国で同様のモデルで急成長していたTheLadders.comの創業者にメールを送り、本社のあったニューヨークまで会いに行った。遠路はるばる日本から来た若者に心を動かされたその創業者は、事業立ち上げのヒントを事細かに語ってくれたそうだ。

起業家に原体験は必須ではない

「起業家には強烈な課題意識を生み出す原体験が必要だ」と言う起業家・投資家もいるが、原体験がなくても成功している人は山ほどいる。**原体験がなければ起業ができないわけではない**ことも、ここで強調しておきたい。

Appleのスティーブ・ジョブズは、既存の市販パソコンの処理性能の低さに強い課題意識を持ち合わせていたわけではないだろう。Amazonのジェフ・ベゾスもリアル書店にいちユーザーとして不平不満を強く持っていたとは言い難い。原体験は、アイディアを見つける手段の1つにすぎない。

たしかに、原体験があるとより自分ごとで考えられるメリットがある。輸出入商社出身者であれば、貿易に関わるサービスで起業しやすいだろう。また、起業家自身が最初の顧客になれるので、その分プロダクト開発もしやすくなる。一方で、原体験にこだわりすぎると事業アイディアを見つける範囲が狭くなってしまうデメリットもある。輸出入商社出身者だからといって、「貿易以外のサービスを作ることができません」では困ってしまう。また、原体験自体がレアな場合、自分と同じように課題を感じている人が世の中に少なく、ビジネスとして成立しないケースもある。

どんなルートでアイディアを見つけたとしても、ビジネスに具現化する段階では、誰よりも詳しくなり、ユーザー目線で課題に向き合っていく必要がある。**半年間徹底的に情報を追いかければ、原体験を持っていなくても、その分野で働く人と渡り合える知識を蓄えることはできる**ので心配は無用だ。

自分の原体験をベースに考える起業家もいれば、技術トレンドを見て事業機会を探る起業家もいれば、海外の先進事例を見て国内へローカライズを試みる起業家もいる。アイディアの見つけ方にはさまざまなタイプが存在する。

人生経験が短く、社会人経験がない学生起業家は、むしろ原体験の有無は気にしないことをお勧めする。

商売の「感覚」を身につけておく

起業家に原体験は必須ではない。一方で、欠かせないのが商売センスだ。ここでいう「商売センス」とは仕入れたものをどれくらいの手間をかけていくらで売り、結果としていくら稼げるのかという一連のプロセスに対する感覚のようなものだ。

heyの佐藤はECで中古のロードバイクを、サイタの有安はビックリマンシールをヤフオク！で販売し、商売の基本となる感覚を掴んだ。実家が自営業でなくとも、ヤフオク！やメルカリなどを通じて商売の基本を学ぶとよい。どういったモノが世の中で買われ、買われないか。仕入れてから販売するまでの間にどのくらい時間やコストがかかったのか。これらの感覚は、アイディアの着想の段階、そして生まれたアイディアの評価の段階で必ず役に立つ。

アイディアをどう評価するか

いいアイディアとは何か

どんなプロセスを経て生まれたアイディアであれ、必ずぶつかるのが実現性の壁だ。壁を乗り越えたアイディアは晴れて事業となり、乗り越えられないアイディアは墓場行きとなる。何が両者を分けるのか。

「そのアイディアが正しいか」を評価するのは難しい。しかし、いくつかの指針はある。シード期（創業初期）[4]の起業家に投資するアクセラレータプログラム「Code Republic」[5]では、以下の5つの基準をアイディア評価の出発点としている。

1――誰の何の課題を解決しているのか（ターゲット顧客は誰か。どうニーズを満たし、ペインポイント[6]を解決するのか）

2　スケールできるのか（十分な市場規模があり、大きな事業規模を見込めるのか）
3　既存のサービスに置き換わる新しいサービスか（差別化、競争優位性があるのか）
4　ビジネスとして成立するのか（収支が合うか。KSF[7]を理解できているか）
5　数年後により多くの人に使われるサービスか（将来性があるのか）

(1) 誰の何の課題を解決しているのか

ターゲット、ニーズ、ペインポイントを明確にしよう。それぞれが精緻に言語化され、第三者がそれを聞いただけで鮮やかに想像できる状態が望ましい。

ターゲットは「誰」なのか。「20代男性」といったざっくりとした想定顧客をイメージするのではなく、**シンプルに、一人のユーザーを見つけてくることから始めよう。**頭の中で妄想を膨らませるよりも、実在するユーザーの課題に寄り添うほうが、アイディアの実現確度ははるかに高いからだ。

ターゲットの考えを理解する過程で、どのようなニーズを持っているか、どのようなペインポイントに苛まれているかをどんどん深掘りしよう。そして、自分のアイディアがそのユーザーの課題を根本的に解決できているかを評価しよう。

顧客ヒアリングは、浅いものをたくさん重ねるよりも、少数でも、顧客の実態に踏み込んだ深いヒアリングをするほうがよい。その顧客の思いを自分が感じ取れるようになるほど深く聞き込むことで、顧客の視点を自分のものにできる。C向け（Consumer［＝消費者］向けの略。逆がB［Business＝法人顧客］向け）のサービスであれば、平日・休日の過ごし方だったり、普段スマホで何をしているか、といった顧客の実態を具体化することで、どういう状況で自身のアイディアが利用されるかが見えるようになる。

顧客の視点から見て、目の前にある課題をどうやって解決したいのか。どうして未解決なのか。この段階では**サービス提供者の視点を捨てて、顧客側からプロダクトやサービスのあるべき姿を考える**ことが決定的に重要となる。

アイディアについて、下記の質問項目に対して具体的に回答できるのが望ましい。起業家自身が、ユーザーが利用する理由を把握できない状況を放置してはいけない。

- 誰がそのサービスを使うのか？（実在する人物を思い浮かべること）
- なぜ、使ってくれる／使ってくれたのか？
  - どういう課題があったのか？
  - どうやって課題を解決したのか？

○どういうシーンで利用してくれるのか？
○今まで、その課題をどうやって解決していたのか？
- 次回（明日）以降も使い続けてくれるのか？

Y Combinator[8]の創業者であるポール・グラハムも、スタートアップに対して「スケールしないことをしよう（原文：Do things that don't scale）」とアドバイスしている。とにかく、まず目の前の一人のユーザーに向き合うこと、具体的な一人のユーザーを見つけることが大切だ。その土台の上でのみ、スケールできる事業が生まれる。

(2) スケールできるのか

一人のユーザーが継続して使ってくれる状況を作れたら、いよいよ次はスケールできるのかをチェックしなくてはならない。

スケールは、市場規模から導き出される。

市場規模とは、顧客が「解決できる課題に払う金額」の総和だ。

当たり前だが、ターゲット市場が大きいほど競合の数は多く、小さい市場では競合の数も少ない。大きい市場でシェアを1％取りに行くのか、小さい市場で60％のシェアを取って寡占するのか。「最終的に獲得可能な事業規模はどれくらいの大きさなのか」が、アイディアを評価する段階では重要になる。

スタートアップに投資する立場からすると、大きいほうが当然望ましい。市場構造は絶えず変化しているため、構造の変化を先読みし、他社に先駆けて未来の市場構造に適した事業を作り出せる企業が、結果的に大きく事業をスケールさせる。

ラクスルの松本はオンライン印刷事業を立ち上げる前に、クラウドソーシング事業、リネンサプライ事業も同時に検討していたが、最終的に一番市場規模が大きい印刷市場を選んだ。また、印刷市場を選んだ理由として、オンライン市場はこれから成長が見込めるにもかかわらず、競合が少ない点に着目していた。

十分な市場規模があり、オンラインセグメントの成長が見込め、かつ競合が少ない。市場選定の段階で、有利な状況を作れていた。

市場選定で陥りやすい罠がいくつかあるので、ここで紹介したい。

1 ― 対価不発（課題は感じているが、本気で金を払う人が一人もいない。例：温暖化対策、フードロス）

2 ― 細分化不足（サービスが存在する市場は巨大だが、当該サービスが解決しているセグメントが極端に小さい）

ラクスルが参入した印刷市場は、出荷額ベースで5兆円以上ある巨大市場だ。その巨大市場に、ラクスルはまず印刷会社の価格比較メディアを立ち上げて参入した。後日、ラクスルはこの事業から撤退し、オンラインで顧客から自らオーダーを受注し、ラクスルが印刷所に発注したのち、印刷会社から顧客に印刷物を納品する印刷EC事業へとピボットした。

印刷比較メディア事業は、「印刷会社の広告宣伝費」がラクスルが狙う市場規模になる。それに対し、印刷EC事業は「印刷物の出荷額」というより大きな市場を狙うことができる。このように、同じ印刷市場でも、その市場のバリューチェーンや顧客セグメントのどこに参入するかによって、市場の大きさはまったく変わってくる。

前節で「スケールしないことをしよう」というポール・グラハムのアドバイスを紹介したが、それはあくまでも起業の第一歩における話だ。いつまでもスケールできなければ、個人商店で終わってしまう。

「スケールできるか」という問いは、次のように分解できる。

- ターゲットとしている市場はそれなりの規模があるか
- そのサービスを一定規模以上の事業に成長させる（シェアを獲得する）ことができるか
- その成長を中長期的に継続させることができるか（将来発生するリソース不足を解決可能か。例：マニュアル化、多店舗展開、自動化）

- ある程度の成長を実現したのち、新しい市場に参入できるか

大きな市場を選定するだけでは十分ではない。どれだけの規模まで成長可能かを、事業の特性を見極めて慎重に評価しなくてはならない。

たとえば、高度に熟練した職人が製品の生産に不可欠な場合は、職人の採用や育成が制約となり、短期間で事業を成長させることは難しくなる。

マッキンゼーは、かつて経験豊富なシニアプロフェッショナル人材でなければコンサルティングを提供できない労働集約型のビジネスモデルだったため、採用の難しさがスケールの制約となった。そこで、MBAを取得したばかりの若手でもシニアと同じレベルのレポートが納品できるよう、経験則に頼らないファクトベースのコンサルティングに転換した。人材不足という制約を、成果物の標準化によって解消したのだ。

ほかにも、製品に必要な原材料が大量に入手できない、あるいは製品の販路が限られるがゆえに一定数以上の顧客に拡販できないなどの状況も同様だ。逆に言えば、その制約を解消するアイディアがあればそれだけで勝負ができる。

たとえば、レアジョブは従来の物理的なスクール型英会話教室をオンライン上で展開した。オン

ラインで場所の制約を受けなくなったためフィリピン人の講師を大量に雇用することが可能になり、教室の場所不足と人材不足という制約を一挙に両方解決することに成功した。

このように、**事業モデルの特性や、テクノロジー、ユニークなパートナーシップでボトルネックを解消することができるか**が、スケールできるアイディアとできないアイディアを分けることとなる。

⑶ 既存のサービスに置き換わる新しいサービスか

第三に、ターゲット顧客が現在どのような代替手段を用いているのかを考える。

もし強いニーズがあるとしても、そのニーズがすでに代替手段によって満たされているとすれば、事業アイディアとしてのポテンシャルは低い。たとえば、「空飛ぶ車」という新しいアイディアを思いついたとして、それは自転車・電車・飛行機など既存の交通手段を置き換えるほどに顧客が求めるものだろうか。

よくある間違いだが、「代替手段はまだ存在しない」と短絡的に結論付けてしまわないように気をつけたい。ほとんどの場合、顧客は代替手段をすでに用いている。ニーズが強ければ強いほど、代替手段が存在しないことは考えづらい。その代替手段と比較して、自分のアイディアは圧倒的に優れた顧客体験を届けることができるだろうか。そしてその顧客体験は、代替手段がいかに改善しようが、競合相手がいかに真似しようが、追い付くことのできないものだろうか。

理想は、一度利用すると昔の手段に戻れないほどの顧客体験を提供することだ。わかりやすい例がSuicaだろう。Suicaがほとんどの人に利用されるようになって久しいが、もはや、出発ギリギリの時間に券売機に並び小銭を財布から出して切符を買うという行動には誰も戻れなくなった。

メルカリやフリルはスマホに特化したＵＩ／ＵＸ[9]で、誰でも簡単に商品を出品できるようにすることで、ヤフオク！にはない圧倒的な利便性を提供した。無数に消えていった類似サービスにはない明確な便益があった。

既存サービスに満足している顧客に新たなサービスへの乗り換えを促すのは思いのほか難しい。Suicaやメルカリのように、顧客体験を圧倒的に改善しないかぎり、顧客が行動を変えることはない。

代替手段との差別化を考える上で、価格を下げる戦略は、ときに危険なので気をつけたい。価格はビジネス戦略上、もっとも簡単に操作できる変数であり、競合も簡単に追随可能である。初めから価格を差別化要因にすると、大企業をはじめとする資金力のある競合にいとも簡単に捻(ひね)り潰されてしまう可能性が高いことは予め認識しておこう。

⑷ ビジネスとして成立するのか

ビジネスモデルを評価する際にチェックすべきポイントは大きく2つに分かれる。1点目は収益性で、もう1点がKSF（Key Success Factor）、すなわち事業の勝ち筋を押さえられているかどうかだ。

収益性については、難しい計算式を並べることもできるが、その根源はとてもシンプルに理解できる。平たく言うと「儲かるか」だ。次の式において、利益、すなわち儲けが出なければならない。

（営業）利益 ＝ 売上－コスト
売上 ＝ 顧客数×顧客単価×リピート回数／年
コスト ＝ 売上原価＋販売費および一般管理費

スタートアップの世界ではここ数年、ユニットエコノミクスという指標も使われている。重要な指標の1つなので紹介しておきたい。基本的な計算式は次のとおりだ。

LTV－CAC＞0

●LTV（LifeTime Value）：顧客一人あたりの生涯収益（＝顧客一人の利用1回あたりの売上総利益[10]×生涯リピート回数）

●CAC（Customer Acquisition Cost）：顧客獲得コスト（顧客を一人獲得するのにかかるコスト）

「一人の顧客が企業にもたらす生涯収益（LTV）」が「顧客獲得コスト（CAC）」を上回っていれば、将来的にすべての投下費用を回収でき、黒字になる。

アイディアを評価する際には、**LTVがCACを上回っているか**が重要だ。どんなに顧客を獲得しても永遠に収支がプラスにならなければ、事業を続けることはできない。画期的なアイディアが浮かんだと思っても、利益を生まなければただの自己陶酔だ。

シェアを取りに行くために一時的に赤字が先行することはありうる。ただし、少なくとも一定期間後には継続して利益を生める仕組みを構築する必要がある。

計算式をプラスにするためには、顧客獲得コストを下げたり、成約率（CVR＝Conversion Rate 購入率ともいう）を高めたり、リピート回数を増やすことが大切だ。1回あたりの利益額は商品の特性によって大きく異なる。

近年オンラインサービス化が進みつつある引っ越しや葬式などのサービスは、人生で何回も経験する商品・サービスではないので、必然的に1回あたりの単価も、利益率も高くなる。一方、ヘアサロンや飲食店などはリピートが頻繁に発生するビジネスだ。リピート率を高い状態で維持できれば、無理に新規顧客を獲得しなくても効率よく利益を生み出すことができる。リピート率が高い商材はそれだけユーザーに深く食い込むことができるため、商品のクロスセルなどもしやすい。

新規顧客獲得コストを引き下げるのか、既存顧客のリピート率を高めるのか。どのようなサービスであっても、入口（新規獲得）と出口（既存顧客保持）の両面を意識し、明確に勝ち筋が見えていなくてはならない。

収益性が確保できれば、次は絶対に外してはならないKSFを押さえなければならない。たとえば、リユース事業を営むコメ兵やヤフオク!、メルカリのケースでは、仕入れを優先することこそが事業のKSFだと言われている。

AmazonなどのB to Cマーケットプレイス事業におけるKSFは、規模の経済、オペレーション構築による低コスト構造と、それにより可能となる低価格だ。売り主を多く集めると、価格競争が生じる。顧客にとって魅力的な価格で商品が提供されると、より多くの顧客を呼び込める。多くの顧客が素晴らしい購入経験をすることで、より多くの売り主と商品が集まり、さらに成長が加速す

図3　Amazonジェフ・ベゾスが紙ナプキンに描いた事業のKSF

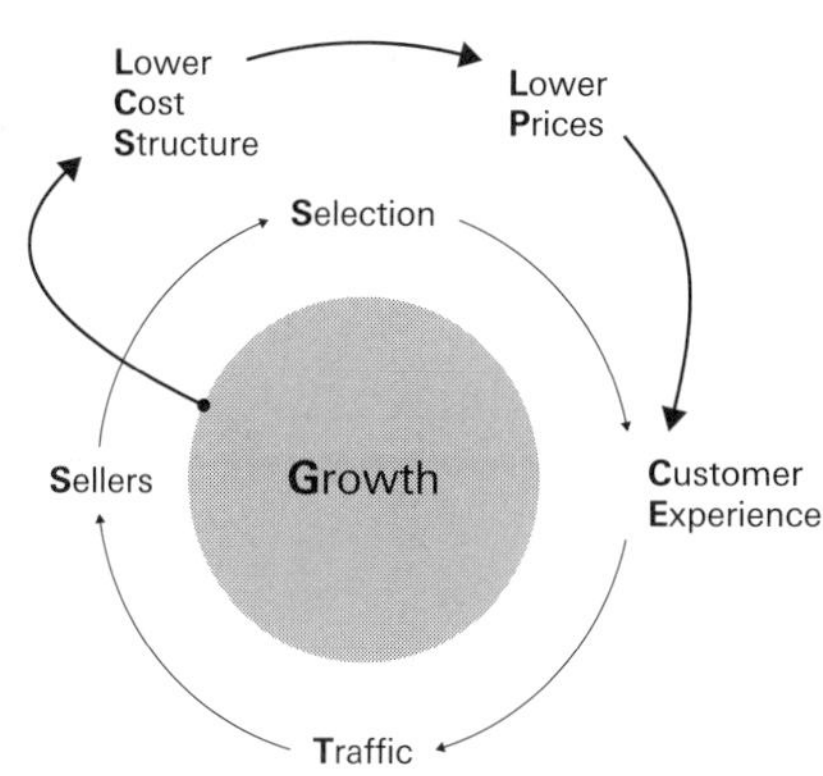

シンプルな構造が、事業の成長を作り出す

出典：「お客様を大切にする」,
Amazon.jobs https://bit.ly/39ZHuAJ

る（図3）。

ジェフ・ベゾスは創業初期から、この構造を意識し、広告や販促よりも倉庫と物流に積極的に投資するなど、規模の経済を追求した。

ZOZOTOWNは、Amazonや楽天では購入できない裏原宿のアパレルブランドを取り揃えた。小売業のKSF、「そこでしか買えない商品を販売する」という条件を満たすことで日本一のアパレルECサイトへ成長を遂げた。

メディア事業のKSFの一例は、

(1) 広告価値の高いコンテンツ（訪問頻度が高い、滞在時間が長いなど）

(2) 低コストでコンテンツ制作可能なオペレーション

となる。クラシルは料理レシピという毎日観られる動画コンテンツ（1）を、パート・アルバイトを駆使して大量生産することによって（2）、短期間で成長した。

業界で勝ち残っていくためのＫＳＦは何なのか。自分のアイディアは競合他社に比較して、そのＫＳＦでよりよい結果を残せるのか。

アイディアを評価する段階では、業界で古くから活躍している企業の成功要因とＫＳＦをきちんと調べていることが必須だ。

⑸ 数年後により多くの人に使われるサービスか

アイディアを探す際には、絶えず未来志向である必要がある。自分のサービスが社会を変え始めるのは、早くとも数年後だ。そのため、数年後、社会がどう変化しているかを想像しながら、その未来において勝てるサービスを考える必要がある。

今の世界を前提としていては、今の世界ですでに付加価値を提供しているプレイヤーに勝つことはできない。

未来志向の視点を持ち、今のマーケットリーダーが理解できていないトレンド、まだ不確実性の残る領域に活路を見出すこと。誰よりも先に未来の兆候に気づき、これまでの常識とのギャップを活用してサービスを設計すること。これらが、新しい事業に挑戦することの醍醐味だ。

メルカリ・フリル・PairsはスマホのSNSの黎明期に生まれた。クラシルはSNSの動画広告の黎明期に生まれた。いずれもスマホやSNS動画広告が本格普及する前のタイミングだった。前述したとおり、ビジネスは情報戦だ。最先端の情報を収集しながら、誰よりも先んじてプロダクトを開発しユーザーに使ってもらうことで、他の誰もが気づけないユーザーのインサイト[11]を得ることができる。

新しい技術（ブロックチェーン、VR・AR、AI等）や事業領域（V-Tuber、フードデリバリー、ライブコマース等）は、参入タイミングを予測するのが非常に難しい。

ガラケーがまだ多くの人に使われていた頃にデビューしたiPhoneは、ノートPC並に価格が高く、今のようにアプリもたくさんなかったことから、一部のガジェット好きにしか使われないと思われていた。しかし、後出しジャンケンのように聞こえてしまうが、iPodなどの音楽再生デバイスがそれなりに売れていた点、デジカメが市場に普及していた点、Palmと呼ばれる携帯型のミニPC（メールやブラウザを通じてネットサーフィンができる）の市場が一定規模あった点、携帯電話の通信環境が3Gに突入する点などを踏まえると、環境は整っていた。結果的に競合に先駆けて大ヒット商品になったことは周知の事実だ。

Appleのように、誰もが挑戦していない技術・事業領域に賭けることで、大きな先行者優位を獲得することができる。だが、もし参入タイミングが早すぎて通信インフラが間に合っていなかったとしたら、事業は立ち上がらなかっただろう。事実、iPhone発売の14年前、1993年にAppleが発売したPDA（Portable Data assistant）のNewtonは、技術的な問題もあり大きな事業に育たなかった。恐らく、早すぎたのである。

今の世界を「点」で見てしまうと大きなビジネスチャンスを逃しかねない。「新しい技術を使うことで、どんな未来が可能になっていくのか？」と常に「線」の視点を持ち、仮説を作る習慣を持つことが重要だ（図4のハイプ・サイクルも参照してみてほしい）。ただし、いかに「線」で捉えても、どのタイミングで何が来るかを完璧に予測することは誰にもできない。

タイミングについて、Gunosy創業者であり、現在LayerXというブロックチェーン関連のスタートアップを起業した福島は「確実にくる未来までなんとかする力」[12]が重要だと説いている。

福島によれば、ブロックチェーンが金融業界のインフラになっていくこと自体は疑いようがなく、その未来を予測すること自体はさして難しくない。しかし、その未来がくるまで指をくわえて待っていてはいけない。現時点でもキャッシュを作れるポイントを探しにいき、知見を蓄えておけば、市場が拓けた際にはトップランナーになれる。つまり、**決め打ちでタイミングを当てにいくのではなく、かといってただタイミングを待つのでもなく、初期から地道に稼げるポイントを見つけ先行者優位を確保する**必要があるのだ。

図4　技術動向の期待値と時間軸を表すハイプ・サイクル（2019年）

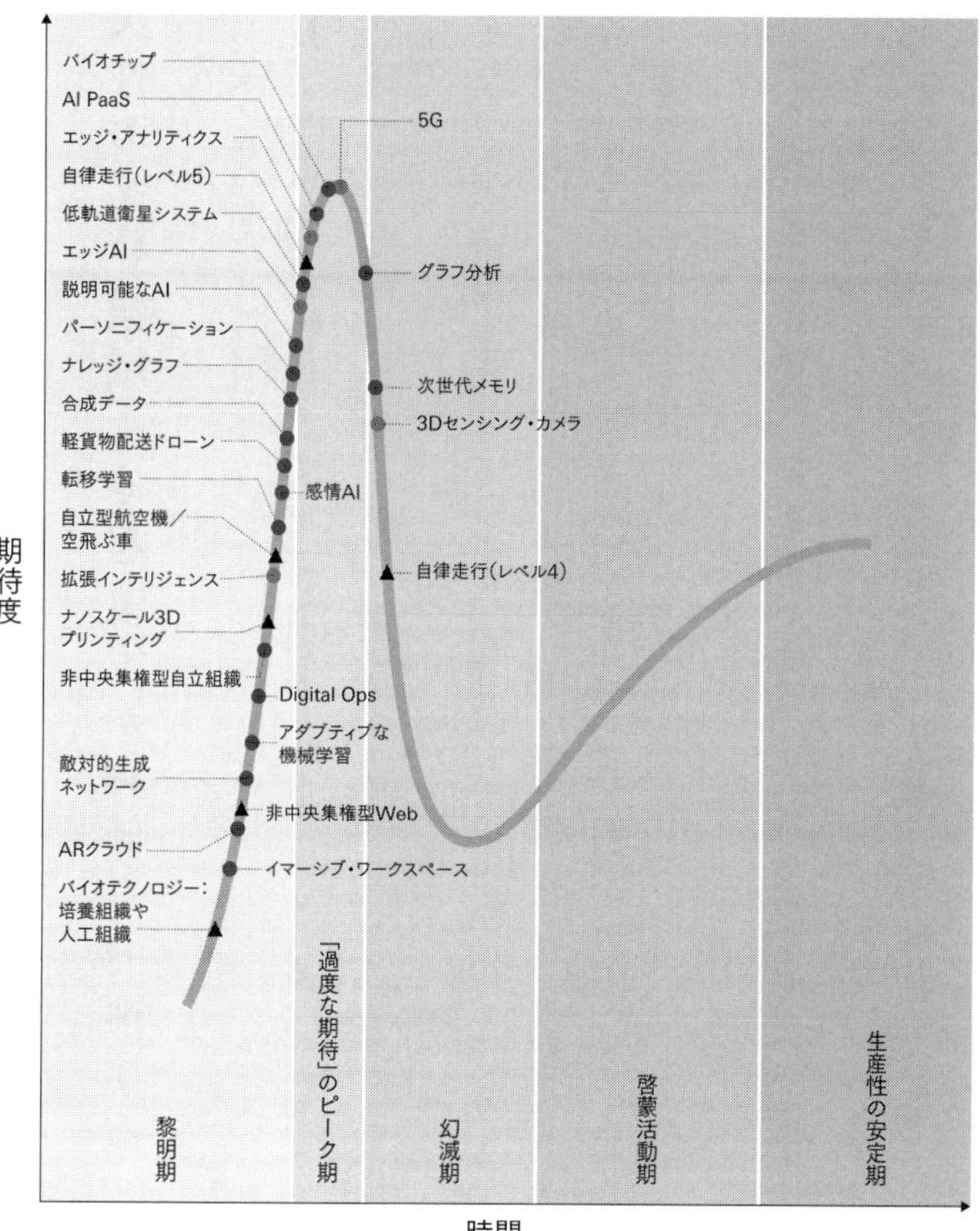

未来は一定程度予測できる

資料：「先進テクノロジーのハイプ・サイクル：2019年」，Gartner
https://www.gartner.com/jp/newsroom/press-releases/pr-20190830

不確実性の高い領域こそ起業家が真価を発揮する

新しい技術・事業領域は競合が少ない。

大企業は、新しい事業領域については立ち上がるか半信半疑なため、ビジネスの情報戦で出遅れることがある。不確実性の高い状況であればあるほど、信念を持って挑戦できる起業家の真価が発揮できるのだ。

これからやって来る市場を選定することは、起業家にとって最大のチャンスといってもいい。絶えず情報収集のアンテナを張り巡らせ、事業アイディアを練り込み、波が来たら乗れる準備をしておくことだ。ただし、その瞬間に事業資金が底を突いていれば、波に乗ることは当然できない。だからこそ、「確実に来る未来までなんとかする力」が重要になる。

アイディアを探し求める作業は、紆余曲折の連続だ。一番最初に思いついたアイディアのまま、大成功を収めた起業家は珍しい。

多くの場合ファーストアイディアは失敗に終わり、苦闘を続ける中でようやく、心から信じることのできる事業アイディアが生まれる。

この章では、ビズリーチの南、Pairsの赤坂、サイタの有安、ココンの倉富、クラシルの堀江が事業アイディアにたどり着くまでをケースで描いた。それぞれのプロセスを通じて、アイディア探しのリアルを感じてほしい。

Endnotes

1 アプリマーケティング研究所. 〝「女性はネイティブスピーカーだ」女子向けアプリ界の3賢者が語る、女に愛されるアプリのつくり方。サイバーエージェントアプリセミナー〟. Available at: https://appmarketinglabo.net/woman-hitapp/.

2 ピボット…事業の方向を大きく転換すること

3 NewsPicks. 〝露天商で全国を転々。8000万円貯めてAVに参入〟. Available at: https://newspicks.com/news/920200/.

4 シード期…ベンチャーは創業から順にシード、アーリー、ミドル、レイターと一般的に4つのステージに分けられる

5 Code Republic…YJキャピタルとEast Venturesが共同で運営するアクセラレータープログラム

6 ペインポイント…顧客が課題を抱えている対象のこと

7 KSF（Key Success Factor）…事業を成功させるために重要となる要因のこと

8 Y Combinator…カリフォルニア州マウンテンビューに拠点を置く、初期段階のスタートアップに投資する「アクセラレータ」の代表的存在

9 UI／UX…User Interface / User Experienceの略。顧客体験

10 売上総利益…売上金額－それを提供するために直接的にかかったコスト

11 インサイト…ユーザーの行動や態度の背景にある潜在的な欲求のこと

12 note. 〝確実にくる未来まで「なんとかする」力〟. Available at: https://note.com/fukkyy/n/n2f8ae3da0e08.

CASE 01

〝ビズリーチ〟

Visional

ビジョナル株式会社（Visional）は、南壮一郎氏（以下、南）によって創業されたスタートアップであり、2009年創業のグループ会社の株式会社ビズリーチでは「ビズリーチ」「HRMOS（ハーモス）」「キャリトレ」「スタンバイ」「ビズリーチ・キャンパス」などHR Tech領域におけるサービスを次々と立ち上げている。

本ケースは、南がモルガン・スタンレーや楽天イーグルスでの就業経験を経て、創業した「ビズリーチ」事業の着想を得るまでの過程を描写したものである。

ビズリーチは国内初の「ダイレクトリクルーティング」サービスとして2009年にスタートした。多くのオンライン転職サービスが、第二新卒やスタッフ向けにサービスを展開していたのに対して、ビズリーチは管理職や専門職といった即戦力人材に特化して展開するなど、独自の施策を数々投じてきた。本サービス着想の裏側には、転職活動時に南自身が体感した人材業界の「非効率」が存在していた。

外資系投資銀行とプロ野球の球団経営を経て起業へ

南は起業家の中でも異色なキャリアを積んできた人物だ。

幼稚園から中学校まで父親の仕事の関係でカナダで過ごした後、米・タフツ大学を卒業し、モルガン・スタンレー証券（現三菱ＵＦＪモルガン・スタンレー証券）へ入社。その後、スポーツビジネスの夢を追い求めて、２００４年には楽天イーグルスに創業メンバーとして参画した。このような経歴を持つ南がなぜ起業するに至ったのか。きっかけの1つは、楽天イーグルスでの経験にあった。

「楽天イーグルスでは、事業をゼロから創る経験をさせていただきました。また同時に、事業を通じて社会に影響を与えることが、いかにやりがいがあるかを知ってしまったのです」[1]

南は、創業時から楽天イーグルスに携わり、50年ぶりの新規プロ野球球団の立ち上げに貢献した。そして参画後、2年目の終盤に差し掛かった際、オーナーである三木谷浩史氏と当時の球団社長であった島田亨氏（以下、島田）に「お前は今後どうしたいんだ？」[2]との質問を投げかけられる。

南は、子どもの頃から好きだったスポーツを通して社会を変える事業に携われたことへの感謝、そして、まだまだ球団を成長させていきたいという気持ちを二人に伝えた。しかし、回答は意外なものだった。

「30代、一度もっと大きな世界で挑戦してこい」

経営者として憧れていた二人から背中を押された南は、楽天イーグルスを飛び出すことを決意する。

楽天イーグルスはさまざまな場面でＩＴの力を活用していたものの、自分はまったくその力を理解していない。「目の前で起きているインターネットがもたらす産業革命に、なぜ自分は関わっていないのだろう」[3]。そう考えた南は、ＩＴを学ぶための転職活動を始めたのだった。[4] このときはまだ起業を考えていたわけではなかった。

転職活動で感じた「不便」

転職活動中、南は友人たちから勧められ、数々のヘッドハンターにコンタクトを取った。しかし、自身の転職活動において、南は大きな「不便」を感じた。

「当時、仕事を探していた私は、1ヶ月間で人材紹介会社の担当者27名とお会いしました。でも、27名から提案された職業はすべて異なっており、職種も業界もバラバラでした」[5]

面会した人材紹介会社の担当者は、親身になって、転職活動に対してアドバイスをしてくれた。しかし情報収集が非効率、かつ不透明である印象は拭えない。[6] 南は、人材業界の大手であるインテリジェンス（現パーソルキャリア）の創業者だった島田に相談しながら、その原因を突き止めるべく、人材紹介事業のビジネスモデルを分析した。すると、次第に業界の収益構造が明らかになってきた。

大半の人材紹介会社の収入源は、採用先の企業からの人材紹介料であり、一部、固定で支払われるコンサルティング料金以外は、主に採用した人材の年収から一定割合を徴収する仕組みだった。求職者目線で言えば、求人情報がどこで誰を経由して紹介されているのかもわからない。特に、仕事の年収レンジが上がれば上がるほど、情報の流れは見えにくくなっていた。

自身の転職活動を通じてそのプロセスの非効率さを感じた南は、業界に大きな風穴を開けるチャンスを見出した。

「仕事の市場が可視化されていないがために、多くの選択肢の中から最適の仕事を選べないという現状は、個人にとっても企業にとっても機会損失だと思ったんです。それならば、仕事を探す個人と人材を探す企業のニーズを可視化し、主体的に選択できるプラットフォームをつくればいいのではないかと考えました」[7]

市場を透明化すればするほど、より転職者に寄り添い本質的な価値を提供する人材紹介会社に信頼が集まるようになる。南の脳裏には、モノを売りたい人とモノを買いたい人を直接結ぶ場をつくり、流通業界の構造を変革したAmazonや楽天市場の姿が焼き付いていた。[8]

「働く個人と企業、また人材紹介会社の方々とともに、日本の雇用の流動化を促進し、生産性の向上を実現したい。働き方が多様化し、変わり続ける時代において、インターネットの力で、日本経済の構造を変えるような事業を創りたい」

いつしか南はそう思うようになった。

「不便」をアイディアに

南は島田に国内の人材紹介市場についてヒアリングした結果、「小売業界がEコマースによって変革されたのと同じように、人材採用の市場も変革できるのではないか」と思い至った。その後、南は海外の採用市場の情報収集へと乗り出す。

調べれば調べるほど、南は驚いた。自分が想い描いていたような、求職者と企業が直接コミュニケーションを取れるインターネットサービスは、世界中にすでに存在していた。特に、即戦力人材の採用では、企業が求職者のデータベースにアクセスし、採用したい人材をスカウトできる、いわゆるダイレクトリクルーティングという手法が一般的だったのだ。[9]

楽天イーグルスの創業時にも、南は国内の競合他社の事例や業界構造だけでなく、海外の先行事例を徹底的に調査していた。新規事業の立ち上げ時の情報収集や調査の重要性について、南はこう語る。

「事業をどう創るかの話の前に、何がうまくいっていて、何が求められていて、どういうビジネスモデルが今あるのかを知らないと勝てないですよね。そこは努力で勝てる部分なので負けたくない。変数が多いところで勝負するより、きちんと学ぶべきことを学ぶことに労力をかけるほうが、競争優位性が得られます」[10]

自分の頭だけですべてを考えるのではなく、世界中の成功事例を参考にしながら、業界構造を正しく理解し、課題解決の手法やビジネスモデルを見極めることの重要性を、南は過去の経験から学んでいた。

調査は、インターネットでの情報収集に留まらないのが南流。インターネットでの調査は、あくまでもたどり着きたい真の情報を見つけるための最初のステップだ。

インターネットに掲載されているのは、基本的に事業を提供する側にとって都合がよい情報ばかり。ビジネスモデルや事業性を見極めるために本当に欲しい情報は、自分で足を使わなければ手に入らない。事業の立ち上げに直接関わった人たちが持つ一次情報を取りに行くことの重要性を、南は強調している。

ビズリーチを立ち上げるきっかけになったのも、米・ボストンで参加したビジネス・インテリジェンスの講座だった。その中で、南は、当時まだ大きく成長する前のLinkedInの存在を知る。その後、日本に戻り、国内でうまくいかなかったビジネスSNSの創業者にヒアリングをしてみると、LinkedInのモデルをそのまま日本に持ち込むのは厳しいように感じた。ただ、ビジネスSNSの背後で広がり始めていた、「ダイレクトリクルーティング」を可能とするビジネスモデルには可能性を感じたという。

その後、さらに研究を進めていった南は、即戦力人材に特化したアメリカの転職サイト

TheLadders.comを発見し、ダメ元で創業者に連絡したところ、なんとアポイントが取れた。はるばるニューヨーク本社へ出向いて得たアドバイスは、ビズリーチのサービス内容に反映され、その後の成長にも大きな影響をもたらした。[11]

新規事業で大切なのは「課題」の抽出

このように南は、自身が転職活動を通じて体感した不便をきっかけに、新たな事業アイディアを着想した。しかしその一方で、自身の原体験から新規事業を創ることは、あくまでも「1つの方法」でしかないとの考え方も示している。

「新規事業を創る上でもっとも重要なことは、課題の抽出です。ビジネスモデルや課題解決ももちろん重要ですが、一番重要なのは課題を見つけることなのです」[12]

「僕は課題を特定するために、たとえば国内なら国のレポートを熟読しているし、海外であればいろいろなメディアの記事を読んで、注目されている企業を調べています。彼らがどのよう

に課題を解決しているのかを多面的に捉えることで、課題の本質が見えてくる。課題にもコアな部分とノンコアな部分があるので、究極のコアな課題の要件を定義することが最初のプロセスですね」[13]

このように、課題の本質を捉え、その課題解決にすでに取り組んでいる先行者から一次情報を掴み取り、解決すべき課題の磨き込みや具体的なビジネスモデルを描いていったことで、ビズリーチの構想は形作られていった。

南は自身の新規事業の立ち上げ方をこう分析する。

「ヒアリングをしても、人によって見えるアングルは違います。でもそこに正解不正解はなくて、アングルを多面的に捉えた上で、自分の中でイメージを固めていくしかない」[14]

「そもそもこの課題の本質は何で、どういう切り口、付加価値で解決することができるのか。さらにこれを日本というコンテクストに置いたときに、どの要素は海外と同じで、どの要素は違うのか。これらをきっちりと理解しながら、モデルに落としていくのが、私の事業の立ち上げ方です」[15]

当時転職市場の非効率性を感じていたのは、南だけではなかったかもしれない。しかし、米国まで足を運び、一次情報を収集するプロセスの中で、南はその課題の本質を掴み、事業のアイディアを固めていったのである。

Endnotes

1 ONE CAREER.〝「世の中にインパクトを与える事業を創りたい」南氏の天職と理想のリーダー像に迫る〟. Available at: https://www.onecareer.jp/articles/844.

2 logmiBiz.〝「仕事で涙が出る瞬間を味わいたい」南壮一郎氏が振り返る、ビズリーチ創業〜成長の軌跡〟。Available at: https://logmi.jp/business/articles/189723.

3 the Entrepreneur.〝0から価値を創るもの以外やらない〟. Available at: https://bbank.jp/entrepreneur/interview/it-web/141/3.

4 ITmedia ビジネスオンライン.〝ビズリーチ社長が明かす創業秘話（1/3）〟. Available at: https://www.itmedia.co.jp/business/articles/1701/17/news025.html.

5 日経トップリーダー.〝常識を切り崩す経営 ITで業界のブラックボックスを壊す〟. ２０１４年１月１日. p.77.

6 リクルートワークス研究所.〝南壮一郎氏 株式会社ビズリーチ代表取締役社長〟. Available at: https://www.works-i.com/project/leader/leader-interview/detail017.html.

7 リクルートワークス研究所.〝南壮一郎氏 株式会社ビズリーチ代表取締役社長〟. Available at: https://www.works-i.com/project/leader/leader-interview/detail017.html.

8 DIAMOND online.〝ムダなことにあえて「本気で」取り組もう ——仲間をつくるための「最初の一歩」の踏み出し方とは？元楽天イーグルス創業メンバー対談【小澤隆生×南壮一郎】（その3）〟. Available at: https://diamond.jp/articles/-/34345.

9 the Entrepreneur.〝0から価値を創るもの以外やらない〟. Available at: https://bbank.jp/entrepreneur/interview/it-web/141.

10 南壮一郎氏へのインタビュー. ２０１８年10月22日実施.

11 PRESIDENT Online.〝まず動け、人に会え！ 汗と涙の起業のリアル【2】—対談：ビズリーチ社長 南壮一郎×田原総一朗〟. Available at: https://president.jp/articles/-/16693.

12 南壮一郎氏へのインタビュー. ２０１８年10月22日実施.

13 南壮一郎氏へのインタビュー. ２０１８年10月22日実施.

14 南壮一郎氏へのインタビュー. ２０１８年10月22日実施.

15 南壮一郎氏へのインタビュー. ２０１８年10月22日実施.

南壮一郎（みなみ・そういちろう）

ビジョナル株式会社代表取締役社長。1999年、米・タフツ大学数量経済学部・国際関係学部の両学部を卒業後、モルガン・スタンレー証券に入社。2004年、楽天イーグルスの創立メンバーとしてプロ野球の新球団設立に携わった後、2009年、ビズリーチを創業。2020年2月、グループ経営体制移行にともない、ビズリーチをはじめ、グループ会社の経営を支援するホールディングカンパニーであるビジョナル株式会社を設立、現職に就任。「新しい可能性を、次々と。」をミッションとし、グループ全体として、ビジネスの生産性向上を支えるさまざまな事業を創出し、「課題」を「可能性」に変え、未来創りに貢献することを目指す。2014年、世界経済フォーラム（ダボス会議）の「ヤング・グローバル・リーダーズ2014」の一人に選出。

〝ビズリーチ〟by Visional

“Pairs”
株式会社エウレカ

株式会社エウレカ（以下、エウレカ）は、赤坂優氏（以下、赤坂）が2008年に設立したスタートアップである。エウレカは主事業として「Pairs」という恋愛・婚活マッチングサービスを運営し、本事業はオンラインデーティングサービス市場において国内最大級の会員数を誇っている。本ケースはエウレカ創業時からPairsリリースに至るまでの経緯、その過程における赤坂の試行錯誤を描写したものである。

エウレカは「かけがえのない人との出会いを生み出し、日本、アジアにデーティングサービス文化を定着させる」[1]をビジョンに掲げ、恋愛・婚活マッチングサービス「Pairs」を主事業とするスタートアップ企業である。Pairsは現在オンラインデーティング市場において圧倒的なシェアを誇るが、この事業に至るまでには、創業者である赤坂の試行錯誤、ユーザー視点に立った丹念な潜在ニーズの探索が存在した。

入社1ヶ月で退職したアパレル企業

２００６年当時、大学生だった赤坂はファッションに強い関心を抱いていた。新卒ではアパレル企業への入社を決め、社会への船出はまさに順調に思えた。しかし、念願のアパレル企業への就職もつかの間、赤坂は入社1ヶ月後に退職を決意することとなる。大学生の頃からインターネットに慣れ親しんでいた赤坂にとって、アパレル業界はＩＴ化の波に乗り遅れているように感じられたのだ。[2]

「僕が大学生の頃は、ちょうどヤフオク!が伸び始めていました。試しに服を出品してみたのですが、これがとにかくよく売れた。そこで初めてインターネットのすごさを痛感したのですが、アパレル企業に入ってみると、かなりIT化が遅れている業界であると感じました」[3]

このままでは世の中の変化に取り残されてしまう、と危機感を抱いた赤坂は、その後第２新卒として、アパレルＥＣ通販会社のイマージュ・ネットに就職。[4] 就活の遅れを取り戻すように、がむしゃらに働いた。

起業への憧れ

転機が訪れたのはイマージュ・ネットで広告営業をしていたときだった。赤坂は会社の経営陣からある提案を受ける。

「ある意味就活に失敗したわけなので、遅れを取り戻すために当時はとにかく仕事をしまくっていました。そんなとき、経営陣にネットビジネスの新規事業をやらないか、と持ちかけられたのです」[5]

当時、日本ではサイバーエージェントなどのIT企業の活躍が注目されていた。藤田晋氏（同社社長）の著書を読み[6]、漠然と起業やITに関心を抱いていた赤坂にとって、願ってもないチャンスだった。提案を快諾した赤坂は、まず海外のサービスに注目した。

「海外で流行っているものを輸入できれば勝てるのではないかと思い、とにかくシリコンバ

レーのサービスを調べました。Deliciousというソーシャルブックマークサービスを使って、近年急激に伸びたサービスを上から順に400個くらい」[7]

膨大なリサーチで明らかになったのは、まだ日本に入ってきていないサービスが国外にはたくさん存在しているという事実だった。その中でも特に赤坂を惹きつけたのが、クラウドソーシングサービスだった。

「これまで外注に頼っていたものが、クラウドソースに変わるのだなと感じましたね。そして同時に、会社の新規事業としてではなく、自らやってみたいと思うようになったのです」[8]

当初は会社の新規事業のために始めたリサーチであったが、赤坂は次第にクラウドソーシングサービスの可能性に惹かれていった。そして、当時同じ部署のマネージャーであった西川順氏（以下、西川。後のエウレカ共同創業者）を誘い、サイドプロジェクトとして事業を開始したのだった。

"Pairs" by 株式会社エウレカ

二足のわらじ経営

赤坂、西川は構想を練った後、早速クラウドソーシングサービスの開発に着手した。

外部のSIerを活用して開発したため、[9]自分たちが求めるスピードは出せず、また広告に資金を当てる余裕もなかったが、２００８年12月、晴れて「MILLION DESIGNS」（デザインのクラウドソーシングサービス）をリリースした。[10]

これはウェブページやロゴのデザインなどをフリーランスのデザイナーに依頼することができるサービスであり、コストパフォーマンスのよさから普及していくことを見込んでいた。

しかし、奇しくも同じ月に、競合であるランサーズも同様のアプリケーションをリリース。元ニフティのエンジニアである秋好陽介氏が始めたサービスということもあって、赤坂にとっては雲行きが怪しいスタートとなった。当時を回想し、赤坂はこう語る。

「今振り返ると少し早すぎたのかなという気はしますね。クラウドワークス、ランサーズがここまで成長するのに10年かかっていることを考えると、新しい市場を作るのは非常に時間がかか

かる。当時の僕たちにとっては誤った市場選択だったと思います」[11]

リリース当初、売上は月2万円ほどだった。[12] このままではいつまで経っても独立できないと考えた赤坂は、イマージュ・ネットの経営陣に、ある提案をした。

「経営陣に、メディア事業を切り出して、僕が設立する会社に業務委託という形で発注してくれないかと頼んだのです。当時、メディア事業の売上全体の7割が僕の営業によるものだったので、会社としてもメリットがある提案だと思いました」[13]

結果としてこの提案が通り、赤坂は会社を退職。念願の独立を果たし、２００８年株式会社エウレカを設立した。

自社サービスまでの準備期間

独立したものの、すぐに自社サービスを作れるリソースが整っているわけではない。赤坂、西川はまずアプリの受託開発、広告代理業などで売上を立てる方針を取った。その結果、創業から3年後には、売上が約7億円を突破。従業員も25名ほどを抱える規模にまで拡大した。[14] また、売上を拡大していく一方でFacebookマーケティングやＵＩ／ＵＸ戦略のノウハウも着実に蓄え、[15] 次第に自社サービス開発の基盤は整いつつあった。

「売上を立てていく中で、次第に自信もついてきていました。このタイミングなら自社サービスにもチャレンジできると思ったのです」[16]

自社サービスを作ると決心した赤坂は、２０１１年夏にKDDI∞Labo（ＫＤＤＩのインキュベーションプログラム）へ参加、[17] 本格的に新規事業へ乗り出した。

時代の０・５歩先を行くサービス

KDDI∞Laboに参加したエウレカは、Pickieというサービスを開発する。このサービスのコンセプトは「友人が使っているアプリがわかるアプリ」。[18] アプリをインストールすると、Facebook上の友人がどのアプリを使っているかがわかる仕組みだった。

当時国内では、スマートフォン保有率が急激に伸びており、[19]自分に合うアプリを探したいというニーズは大きいと踏んだのだ。しかし、赤坂の想いとは裏腹に売上は伸びず、リリース2ヶ月後にはサービスを閉じる結果となってしまった。赤坂はこう分析する。

「MILLION DESIGNSのときと同じで、需要がないところや、ニーズの強度が低いところを選んでしまったことが失敗の原因ですね。時代の2歩先を行くサービスを作ってしまい、まったく市場から評価されませんでした。これらの経験から『成功するのは0・5歩先のサービス』だということがわかったんです」[20]

赤坂はMILLION DESIGNS、Pickieと2つのサービスで失敗を経験した。しかしこの失敗は同時に、赤坂が時代に受け入れられるサービスを理解するきっかけともなった。

オンラインデーティング市場への参入

Pickieをローンチした当時、赤坂は次の事業の準備にも取り掛かっていた。西川からの後押しもあり、[21]売上の桁を1つ増やす新規事業を経営者として模索していたのだ。

赤坂はありとあらゆるサービスを調査。過去の失敗を踏まえ、ニーズが確実に存在し、かつ自分たちが勝てる可能性のある領域を探した。そこで、次なるチャンスを見出したのがオンラインデーティング市場だった。

「さまざまな事例を調べている中で、海外でオンラインデーティング市場が急成長していることを知ったんです。これは日本でも確実に伸びるなと思いました」[22]

当時、海外ではすでに売上にして約200〜300億円規模のマーケットが存在していた。[23] 国内においても、すでにOmiai（株式会社ネットマーケティング）などの類似サービスが一定数のユーザーを抱えていた。国内にもサービスへのニーズがあることを確信した赤坂は、この領域で新たなサービスを作ることを決心した。

「すでに国内にプレイヤーがいたことから、ニーズがあることは明らかでした。単に海外のサービスを日本に持ち込むのではなく、国内ユーザーのニーズに合わせたサービスを作るため、まずは競合他社のサービスを実際に使ってみました」[24]

後に赤坂が「ユーザー数が集まらないと、マッチングも回転もしないビジネス」[25]と分析するように、オンラインデーティングサービスにおいてユーザー数は非常に重要な要素だ。すでに競合他社が存在している状況で多くのユーザーを獲得するためには、他サービスが満たせていない些細なペインポイントを解決し、明確な差別化を図る必要があった。

Omiaiなどの競合他社サービスを使う中で、赤坂はユーザーとしていくつもの課題に気づいていく。

「当時、多くのオンラインデーティングサービスがデスクトップ版しか出していなかったのです。でもサービスの特性上、デスクトップよりモバイルアプリだろうと。あとは細かいUXにも改善の余地があるなと思いましたね。後発でしたが、チャンスがあると直感しました」[26]

赤坂が構想を練っていた当時、Omiaiがリリースされてからすでに5ヶ月が経とうとしていた。「ユーザーを先に獲得されると追いつけないモデル」[27]であるため、スピードを重視。社内リソースの多くを投下し、3ヶ月という短期間で開発した。[28]

2012年10月にはPairsをリリース。細かいUI/UX設計の改善に取り組みながら、その4ヶ月後の2013年2月にはiOS版、3月にはAndroid版というスピードで実装を行った。ユーザーのニーズを満たしたサービス設計が評価され、リリース3ヶ月時点でユーザー数は8万人

"Pairs" by 株式会社エウレカ

（無料会員を含む）を突破。[29]後発のサービスながらも急激な成長を見せた。

その後も数字は順調に推移し、2015年5月には米国The Match GroupへM&Aにより事業売却。[30]赤坂がCEOを交代後、取締役顧問として在籍中の2017年8月時点で累計会員数600万人を誇るサービスにまで成長し、[31]現在は業界No．1の地位を揺るぎないものにしている。

赤坂は圧倒的なリサーチ力を発揮するだけでなく、複数事業においてマーケティング、UI／UX戦略などのノウハウを蓄えた。そして、時代に受け入れられる「0・5歩先を行くサービス」を作るべく、ユーザーサイドに立ち、些細なペインポイントを押さえたサービスを構築したのである。

Endnotes

1 株式会社エウレカ. “Who we are”. Available at: https://eure.jp/who-we-are/.
2 AngelBase. 〝結果に結びつかない行動は意味がない. ― 赤坂優〟. Available at: https://angel-base.com/yu-akasaka/.
3 AngelBase. 〝結果に結びつかない行動は意味がない. ― 赤坂優〟. Available at: https://angel-base.com/yu-akasaka/.
4 JEEK NEWS. 〝JEEK人気Ｎｏ・１企業のＣＥＯが語る、インターン生の成長環境と、成長できる理由とは?〟. Available at: https://jeek.jp/news/posts/293.
5 JEEK NEWS. 〝JEEK人気Ｎｏ・１企業のＣＥＯが語る、インターン生の成長環境と、成長できる理由とは?〟. Available at: https://jeek.jp/news/posts/293.
6 Forbes JAPAN. 〝エンジェル投資家 赤坂優「バカになって試して、失敗して、自分をアップデートせよ」〟. Available at: https://forbesjapan.com/articles/detail/22533/1/1/1.
7 AngelBase. 〝結果に結びつかない行動は意味がない. ― 赤坂優〟. Available at: https://angel-base.com/yu-akasaka/.
8 AngelBase. 〝結果に結びつかない行動は意味がない. ― 赤坂優〟. Available at: https://angel-base.com/yu-akasaka/.
9 Forbes JAPAN. 〝エンジェル投資家 赤坂優「バカになって試して、失敗して、自分をアップデートせよ」〟. Available at: https://forbesjapan.com/articles/detail/22533/4/1/1.
10 赤坂優氏へのインタビュー. ２０１８年9月10日実施.
11 赤坂優氏へのインタビュー. ２０１８年9月10日実施.
12 AngelBase. 〝結果に結びつかない行動は意味がない. ― 赤坂優〟. Available at: https://angel-base.com/yu-akasaka/.
13 AngelBase. 〝結果に結びつかない行動は意味がない. ― 赤坂優〟. Available at: https://angel-base.com/yu-akasaka/.
14 The First Penguin. 〝赤坂優さんが振り返る、エウレカ起業後３年間の5HARD THINGS〟. Available at: https://bit.ly/2xJUpZq.
15 キャリアハック. 〝勝てるプロダクトの裏側公開! ペロリ 中川綾太郎×エウレカ 赤坂優×フンザ 笹森良〟. Available at: https://careerhack.en-japan.com/report/detail/700.
16 Forbes JAPAN. 〝エンジェル投資家 赤坂優「バカになって試して、失敗して、自分をアップデートせよ」〟. Available at: https://forbesjapan.com/articles/detail/22533/4/1/1.
17 The First Penguin. 〝赤坂優さんが振り返る、エウレカ起業後3年間の5 HARD THINGS〟. Available at: https://bit.ly/2xJUpZq.
18 TIME&SPACE. 〝【KDDI ∞ Labo卒業生インタビュー】第1回：「オンラインデーティング」の文化を日本へ、サービスはグローバルに。株式会社エウレカ 赤坂 優氏〟. Available at: https://time-space.kddi.com/kddi-now/tsushin-chikara/20150713/.
19 総務省. 〝平成29年版 情報通信白書〟. Available at: http://www.soumu.go.jp/johotsusintokei/whitepaper/ja/h29/html/nc111110.html.

“Pairs” by 株式会社エウレカ

20 TIME&SPACE. 〝【KDDI ∞ Labo卒業生インタビュー】第1回：「オンラインデーティング」の文化を日本へ、サービスはグローバルに。株式会社エウレカ　赤坂 優氏〟. Available at: https://time-space.kddi.com/kddi-now/tsushin-chikara/20150713/.
21 ゼロワンインターンマガジン. 〝エウレカ赤坂社長「起業～pairsのヒットに至るまで」〟. Available at: https://01intern.com/magazine/archives/411.
22 赤坂優氏へのインタビュー. 2018年9月10日実施.
23 MMD研究所. 〝Vol.32 コミュニケーションの新常識を引っ提げ 東南アジア市場を狙うエウレカの戦略とは〟. Available at: https://mmdlabo.jp/interview/detail_1411.html.
24 赤坂優氏へのインタビュー. 2018年9月10日実施.
25 キャリアハック. 〝勝てるプロダクトの裏側公開！ ペロリ 中川綾太郎×エウレカ 赤坂優×フンザ 笹森良〟. Available at: https://careerhack.en-japan.com/report/detail/700.
26 赤坂優氏へのインタビュー. 2018年9月10日実施.
27 赤坂優氏へのインタビュー. 2018年9月10日実施.
28 ゼロワンインターンマガジン. 〝エウレカ赤坂社長「起業～pairsのヒットに至るまで」〟. Available at: https://01intern.com/magazine/archives/411.
29 赤坂優氏へのインタビュー. 2018年9月10日実施.
30 株式会社エウレカ. 〝「pairs」と「Couples」を運営するエウレカ、米IACのグループへ参加〟. Available at: https://eure.jp/press/eureka-iac-20150511/.
31 キャリアハック. 〝創業者・赤坂優は、なぜエウレカを去ったのか？いま明かされる退任の舞台裏、そして次なる挑戦. 〟. Available at: https://caree-hack.en-japan.com/report/detail/893.

赤坂優（あかさか・ゆう）

franky株式会社 代表取締役
株式会社エリオット 代表取締役

2008年末にエウレカを設立し、代表取締役に就任。2012年末に恋愛・婚活マッチングアプリ「Pairs」をリリース。2015年5月に、エウレカの株式100%を米国NASDAQに上場するInterActiveCorp（The Match Group）に売却。2018年にはストリートファッションブランド「WIND AND SEA」を企画・販売する、株式会社エリオットを設立し、代表取締役に就任。

"Pairs" by 株式会社エウレカ

CASE 03

“サイバーセキュリティ&AI”

ココン株式会社

ココン株式会社は倉富佑也氏（以下、倉富）によって2013年に設立された。現在は10社のグループ会社を抱える企業グループとなっており、サイバーセキュリティとAI・Automation領域を中心に展開している。本ケースは、倉富が起業し、現在の事業の着想を得るまでのストーリーを描写したものである。

倉富は学生時代から「起業する」という明確な意志を持っていた。しかし、実際に起業し、自ら事業を行う中でさまざまな壁に直面、中には失敗に終わった事業も存在した。現在の事業のアイディアに至るまでにも紆余曲折が存在した。

学生時代に抱いた起業の夢

2011年8月、当時大学1年生であった倉富は単身で中国上海へ向かった。[1]起業という夢を叶えるため、果敢にも中国市場へ挑戦したのだ。

倉富が起業を志したのは中学生の頃。明確なターニングポイントがあったわけではないが、堀場雅夫元会長（堀場製作所）などの影響を受け、[2]いつの頃からか事業家の道を歩むことを決心していた。

「堀場雅夫元会長のご講演を聞く機会があって、そのときにすごく楽しく生きてらっしゃるように感じました。当時すでに85歳くらいでいらっしゃったと思うのですが、終始おもしろい話をされて、パッションがあふれ出ていた。このようなエネルギッシュな人生を歩むのも1つのパターンなのだと思いましたね」[3]

そして高校3年生のとき、海外の同世代がすでに実業で結果を出していることに焦りを覚えた倉富は、[4]高校生ながらにインターンとしてPankaku（ゲーム会社）へ参画、学校の授業中に企画書を作成するほどビジネスにのめり込んだ。[5]

「当時はとにかく早く事業を作りたいという気持ちが強かったですね。Pankakuでは企画職として採用していただき、常に企画のことばかり考えていました」[6]

その後、倉富は早稲田大学に進学するも1年次に休学し、単身中国への移住を決める。大学入学前に訪れた際[7]に経済の急成長を肌で感じた中国に、事業家として生きる道を追い求めたのだ。

好物ベーグルで起業

非常に活動的な倉富であるが、何の戦略もなしに中国へ乗り込んだわけではない。長く続く実業家人生を見据え、初の起業は海外で行う方がよいと考えたのだ。

「当時、何か事業を起こすのであれば、一度海外に移住しようと決めていました。中長期的に考えると、国内よりも海外で事業を起こす経験を積んでおく方が、価値がある」[8]

高校で3年間中国語を勉強していたこともあり、当初は「何か商売のネタを探す」[9]ことを目標に渡航、その後現地で1000万円の資金を調達し[10]、約1年間の準備期間を経て、自身の好物であったベーグル屋を開業するに至った。初の事業として飲食業を選んだ理由を、倉富はこう語る。

「Pankakuのインターン経験もあり、インターネット関連の事業も考えました。でも、現地の文化や商習慣を学ぶ、自分で1から事業を起こすという2つの目的と照らし合わせたとき、直接店頭でお客さんとコミュニケーションが取れ、かつ原材料の調達や人材登用などを経験することができる、飲食業が適していると考えたのです」[11]

倉富はさまざまな困難に直面しながらも、現地に協力工場を見つけ出し、なんとか開店までこぎつけた。しかし、経験のない土地・業種での開業というハードルの高さもあり、開店3ヶ月後には撤退という意思決定をせざるを得なくなった。[12] 倉富はこう振り返る。

「賃貸契約の関係で2年以内には投資回収をする必要がありました。しかし初月以降店の売上が伸び悩み、このままのペースでは投資回収は困難であると判断したのです」[13]

多額の資金調達を行い決死の想いで取り組んだ初の事業は、結果として短期間で閉じる形となってしまった。倉富はのちにベーグル事業失敗の原因をこう分析している。

「すべて自分でやろうとしていたのだと思います。もちろん、多くのことを経験したいという気持ちもありましたが、結果として回らなくなり、冷静な意思決定をするための時間を確保できていませんでした。代表の自分が間違った意思決定をすると周りの人に迷惑をかけてしまうことを痛感しました」[14]

企業の行く先を決める立場にもかかわらず、オペレーショナルな業務に労力を割き過ぎた余り、冷静な意思決定を行うことができていなかったのだ。また、この経験を通し、彼は市場選択の重要性も痛感した。

「経営上の意思決定がリアルに数字として出てくるという経験を積んでわかったのですが、希望的な観測や『おそらく売れるだろう』という自分に対する過信が入ると事業判断を間違えてしまうのです。それからはいっそう、本当にお客様がいるのか、事業として成り立つのかを、個人的な私感ではなくユーザー視点で真剣に考えるようになりました」[15]

これらの学びは、その後の事業選択に大きな影響を与えた。そして2013年2月、彼は再起を誓って日本に帰国した。[16]

ベーグルから一転、ITサービスへ

日本に帰国した倉富は、次の事業へすべてを注ぐため大学を中退、同月にはココンの前身となるPanda Graphics株式会社を設立した（2015年7月にココン株式会社へ商号変更）。[17] 彼は帰国以前から、すでにある事業機会に目をつけていた。

「ベーグル事業撤退後も、中国国内において建築用CGのアウトソーシング制作などを行っていました。このとき、今後さらにインターネットが普及すると、国や言語の壁はなくなり、外部の人的リソースを活用したサービスが利用されるようになると直感しました」[18]

Pankakuでのインターン経験によって培われていた、インターネットサービスにおける経験がここでつながった。倉富は当時世界的に市場が急拡大していたソーシャルゲームに着目、グラフィックスの需要が高まる一方で、日本国内では供給が間に合っていないという構造上のズレに気づき、これを海外にクラウドソーシングするビジネスモデルを思い立った。

「Pankakuでのインターンを経て、多少なりともゲーム領域における知見があったことと、中

"サイバーセキュリティ&AI" by ココン株式会社

国におけるコネクションや知見を活用して何かできないかと考えていたのです。そこで、ゲームで使うイラストをクラウドソーシングという形態で国内外に発注できるプラットフォームを考えつきました」[19]

ただし、たとえビジネスモデルが実現可能なものであっても、市場選択を誤ってしまうと、失敗に終わってしまう危険性がある。倉富は国内外の主要プレイヤーにヒアリングを行い、市場の可能性を丹念に検証した。

「当時、国内で同様の事業を行っている企業は複数社あり、僕らは最後発。そこで10社程にヒアリングし、市況感を教えてもらいに行きました。もちろん、直接競合となるような企業は避けたり、僕が持っている中国の知見をお伝えすることで会っていただく場合もありました」[20]

競合他社へのヒアリングを経て、今後さらに需要が拡大する市場であることを確信した倉富は事業に着手。イラストのニーズを抱える国内ユーザーと、中国のイラストレーターを結ぶサービスを開始した。

新たな事業展開

丹念な市場検証は功を奏し、売上は右肩上がりだった。またそれに伴い、従業員も55名まで拡充（2014年5月時点）[21]、事業は順調だった。しかし同時に、倉富はこの事業だけに留まるつもりではなかった。会社の成長を見据えた際、新たな事業への進出が必要不可欠であると考えていた。

「クラウドソーシングサービスは、とにかく起業家として前に進まなければ、という気持ちでスタートしましたが、市場としてそこまでグロースできるわけではないことはわかっていました。イラスト市場全体で大体100億円の市場規模で、そこからクラウドソーシングに流れてくるのは、その3分の1くらいだなと」[22]

倉富はクラウドソーシング事業における成長の限界を見越していた。

「次の展開のためにとにかくいろいろやりました。シリコンバレーに支社を立ち上げて1ヶ月半くらいで撤退したり、写真を撮ったらそれを3Dプリントしてくれるアプリのモック版を作ったり。そして最終的には、サイバーセキュリティ領域に参入することを決めたのです」[23]

〝サイバーセキュリティ&AI〟by ココン株式会社

倉富は取引先のゲーム会社から相談されたことをきっかけに、サイバーセキュリティ分野に注目。2016年に株式会社イエラエセキュリティを買収し[24]、本格的に当分野に参入した。その後、ココンはM&Aを起点に多くの会社を買収、グループ化することにより、事業を拡大してきた。現在は、サイバーセキュリティとAI・Automationの事業領域を中心に展開し、各事業共に着実な成長を見せている。

倉富には元来、「事業家になる」という強い意志に裏付けられた行動力、アイディア力があった。しかし、ベーグル事業に見られるように、これだけでは持続的な事業成長を成し遂げることはできなかった。自身の失敗経験から得られた気づきを一つひとつ改善・実行し、ユーザー視点に立つことで、新たな事業機会を模索し続けたのである。

Endnotes

1 logmiBiz. 〝1社目は3ヶ月で失敗 それでも再び経営に挑んだ起業家がインターン時代の原体験を振り返る〟. Available at: https://logmi.jp/business/articles/207734.

2 Fitness Business. 〝ココン株式会社 倉富佑也氏に訊く Venture Spirits〟. Available at: https://www.fitnessclub.jp/business/news/original/6343/2/.

3 倉富佑也氏へのインタビュー．２０１８年９月10日実施.

4 logmiBiz. 〝1社目は3ヶ月で失敗 それでも再び経営に挑んだ起業家がインターン時代の原体験を振り返る〟. Available at: https://logmi.jp/business/articles/207734.

5 Business Insider Japan. 〝「学院ベンチャーズの会」 早稲田高等学院が起業家を産むのは、あまりに自由な3年間があったからだ〟. Available at: https://www.businessinsider.jp/post-167113.

6 logmiBiz. 〝1社目は3ヶ月で失敗 それでも再び経営に挑んだ起業家がインターン時代の原体験を振り返る〟. Available at: https://logmi.jp/business/articles/207734.

7 logmiBiz. 〝1社目は3ヶ月で失敗 それでも再び経営に挑んだ起業家がインターン時代の原体験を振り返る〟. Available at: https://logmi.jp/business/articles/207734.

8 logmiBiz. 〝1社目は3ヶ月で失敗 それでも再び経営に挑んだ起業家がインターン時代の原体験を振り返る〟. Available at: https://logmi.jp/business/articles/207734.

9 日経産業新聞. 〝ココン社長倉富佑也氏――ゲーム市場で雪辱戦、失敗糧に意思決定磨く（トップの挑戦）〟. ２０１６年９月30日. p.21.

10 日経トップリーダー．〝失敗したらもうダメなのか？ そこから学び、再挑戦を続けよう〟. ２０１４年５月１日. p.5.

11 logmiBiz. 〝1社目は3ヶ月で失敗 それでも再び経営に挑んだ起業家がインターン時代の原体験を振り返る〟. Available at: https://logmi.jp/business/articles/207734.

12 事業構想. 〝上場前に果敢なM&A 若き起業家が描く拡大戦略の真意〟. Available at: https://www.projectdesign.jp/201712/20-creativity/004230.php.

13 日経トップリーダー．〝失敗したらもうダメなのか？ そこから学び、再挑戦を続けよう〟. ２０１４年５月１日. p.5.

14 倉富佑也氏へのインタビュー．２０１８年９月10日実施.

15 倉富佑也氏へのインタビュー．２０１８年９月10日実施.

16 日経産業新聞. 〝ココン社長倉富佑也氏――ゲーム市場で雪辱戦、失敗糧に意思決定磨く（トップの挑戦）〟. ２０１６年９月30日. p.21.

17 ココン株式会社. 〝7月1日より新社名（商号）へ変更いたします〟. Available at: https://cocon-corporation.com/2015/06/29/change-of-trade-name/.

18 情熱社長. 〝Panda Graphics株式会社 代表取締役 倉富佑也〟. Available at: https://jonetu-ceo.com/2014/06/21612/.

19 倉富佑也氏へのインタビュー．２０１８年9月10日実施．

20 倉富佑也氏へのインタビュー．２０１８年9月10日実施．

21 日経トップリーダー．〝失敗したらもうダメなのか？ そこから学び、再挑戦を続けよう〟．２０１４年5月1日．p.5.

22 倉富佑也氏へのインタビュー．２０１８年9月10日実施．

23 倉富佑也氏へのインタビュー．２０１８年9月10日実施．

24 ココン株式会社．〝サイバーセキュリティサービスを展開する「株式会社イエラエセキュリティ」を完全子会社化〟．Available at: https://cocon-corporation.com/2016/03/15/ierae/.

倉富佑也（くらとみ・ゆうや）

ココン株式会社 代表取締役社長

１９９２年10月14日生まれ、神奈川県大和市出身。２０１１年に早稲田大学高等学院から早稲田大学政治経済学部に進学。

大学在学中に経験した中国・上海での飲食店経営の失敗を経て、２０１３年2月にココン株式会社（旧：Panda Graphics 株式会社）を設立しクラウドソーシングビジネスを展開。２０１５年にM＆Aによってサイバーセキュリティ領域に参入。現在はサイバーセキュリティとＡＩ・Automation 領域を中心に事業を展開。２０１５年より孫正義氏の後継者育成を目的とした「ソフトバンクアカデミア」にも在籍。

CASE 04

〝サイタ〟
コーチ・ユナイテッド株式会社

コーチ・ユナイテッド株式会社（2013年10月、クックパッド株式会社へ売却）は有安伸宏氏（以下、有安）によって2007年に設立されたスタートアップである。当社は「サイタ」という習い事レッスンのマーケットプレイスを運営し、当社独自の選抜を経た講師と習い事ニーズを抱えるユーザーとをオンライン上でマッチングさせるサービスを提供している。本ケースは、有安が事業の着想を得て、サイタリリースに至るまでの過程を描写したものである。

〝サイタ〟by コーチ・ユナイテッド株式会社

サイタは有安の「次世代のユーザーネットワークによる学びを作りたい」[1]という想いのもと、2007年にスタートした。本サービスは、教室という場所に根ざした従来のスクールビジネスと一線を画すものであり、オンライン上でユーザー同士を結びつけることにより、ニッチ領域も含め、あらゆる「習い事」を実現した。この事業の着想に至るまでには、実現しなかった無数のアイディア、そしてユーザー目線に立ったニーズの探索が存在していた。

19歳で初の起業

有安が起業に至る原体験は、中学生の頃にまで遡る。当時はWindows95の登場、ヤフーの日本上陸など、[2]徐々にインターネットが人々の生活に浸透し始めた時期だった。

「あるとき、昔流行ったビックリマンシールが押し入れから見つかったんです。捨てるのも何だったんで、当時公開されて間もないヤフーオークションで販売してみると、プレミアムがついて、一枚あたり数万円で売れて衝撃を受けました。『インターネットってやばいな!』って感じましたね」[3]

有安はこの経験を通じ、インターネットのすごさ、そしてビジネスのおもしろさを実感。ビジネスを立ち上げる力を身につけるため、大学は慶應SFCを選択した。[4]

その後、有安は在学中に1度起業を経験することとなる。同じ慶應SFCの先輩であり、当時DFJというシリコンバレーのベンチャー・キャピタルで働いていた金子陽三氏（以下、金子）との出会いがきっかけだった。

「19歳のとき、金子さんと会う機会があったんです。すぐ意気投合して、2回目に会うときには『一緒に会社を作ろう！』と決まりました」[5]

そして京セラ出身のエンジニア1名をチームに迎え、[6] 3人で共同創業者として起業した。当時の事業内容はインキュベーションオフィスの運営など。「ベンチャー企業にリソースを注入する」[7]という想いでスタートし、社名は有安の提案によりアップステアーズに決定した。[8] 有安はこう振り返る。

「当時は、株式会社を作るために最低1000万円必要だったり（最低資本金の制限）、今のように投資家やインキュベーションなどが存在せず、多くのベンチャー企業が苦労していました。彼らを支援する事業がしたかったんです」[9]

〝サイタ〟by コーチ・ユナイテッド株式会社

のちに有安は、当時事業をリードしていたのは金子だったと振り返っているが、[10] この経験を通じて、自分も何かのプロフェッショナルにならなければ、[11] と考えるようになった。その後、「突き詰めるとビジネスはマーケティングとファイナンスで成り立っているのでは」[12] という考えのもと、新卒でユニリーバ・ジャパンへの就職を決める。ベンチャー経営から一転、マーケティングのプロとしてキャリアをスタートさせたのである。

ベンチャーから一転、マーケティングの世界へ

外資系消費財メーカーに入社した有安は、東アジア市場向けのシャンプーブランド開発に従事。[13] 消費者調査、プロダクト開発、広告開発等、マーケティングと呼ばれる一通りの業務に携わり、[14] 消費者目線で考える姿勢を徹底的に叩き込まれた。

「ユニリーバでは、シャンプーのマーケティングのために実際にユーザーの家にお邪魔して、お風呂場を見させてもらったり、お話を聞かせてもらったりしていました。『正しいことは消費者インサイトからしかわからない』という思想のもと、消費者自身も気づいていない課題を

特定することに努めていましたね。ユーザー目線で考える姿勢はこの経験から培われました」[15]

「海外の人と働きたい」「何かの領域でプロになりたい」[16]と考えていた有安にとって、ユニリーバはまさにうってつけの環境であった。しかし、彼は入社2年後、早々に退職を決めることとなる。きっかけはサイタの構想を思いついたことだった。

壁中に貼ったアイディア

「あるとき、梅田望夫さんの『ウェブ進化論』という本を読んで、そこに書いてあったロングテール[17]という概念に興味を持ったんです。そのときに『知識や経験もロングテールだし、人の頭の中にはニッチなノウハウが集積しているはずだ』と気づいたんです」[18]

英会話やピアノなど、元来学びのニーズを持つ顧客のボリュームが大きい分野は、すでに大手企業がサービスを提供している。いわゆる「ヘッド」の部分である。しかしその一方で、たとえばドラムやスペイン語など、ニッチながらも学びたい人が存在する分野もある。このような「ロングテール」の分野にノウハウを流通させることができればすごいことになるのでは、と考えたのだ。[19]

〝サイタ〟by コーチ・ユナイテッド株式会社

このアイディアは唐突に浮かんできたわけではない。当時、有安は数十ものビジネスアイディアを考え、家中に構想を書いた紙を貼り巡らせていた。その中の1つが「学びのプラットフォーム」だったのだ。

「当時は家の壁中にアイディアを書いた紙を100枚くらい貼っていたんですよ。不思議と、手で書いて壁に貼っていった方がアイディアを思いつきやすかった。サイタもその内の1つで、当時は『スクール2・0』という名前でした。周りからは『その名前はやめろ』と言われましたけど（笑）」[20]

有安は当時の様子を、「学生時代の友人が家に来ると『大丈夫か』と心配された」[21]と振り返っている。アイディアを考案する傍ら、1円でもお金を節約するために美容院へは通わずに髪を伸ばし、都内の移動も基本的には自転車だった。事業アイディアを考えることに、まさに全身全霊をかけていたのである。

有安は「次世代のユーザーネットワークによる学びを作る」[22]というコンセプトのもと、自律・分散・協調型の学習モデルを構築することを目指した。他にも無数にアイディアはあったが、有安自身が商売抜きでもっとも創ってみたいと思えたことが決め手となった。

「このサービスは僕の価値観と非常に近いんです。僕は昔からなにか新しいことを学ぶのがすごく好きだったんですが、小中高ではあまり授業がおもしろくなかった。でもSFCに行くと、それこそ建築や認知科学、経済学など、みんな個々のテーマ、プロジェクトを持って、目を輝かせて勉強しているんです。これを見て『素晴らしいな』と。この原体験が強かったですね」[23]

明らかになった「不均衡」

アイディアを思いついた有安はプロドラマーである自身の弟に相談。仮で1時間あたりの受講料を決め、弟を講師に設定し、自身で簡単なページを立ち上げた。[24]すると初月で10人ものユーザーからの申し込みがあった。

「ほぼ獲得コストをかけていないのにもかかわらず、すぐに10人集まった。これはいけると思いましたね」[25]

クイックな検証の結果、仮説が立証されたと判断した有安は、月商100万円を達成したタイミングで会社を設立。[26] 2007年1月のことだった。有安は当時をこう振り返る。

「当時はプロダクトマーケットフィット[27]なんて言葉はなかったのですが、全然お金をかけていないのに10人集まるということは、なにかしらの不均衡があったと思うんです。つまり、実はユーザーはいて、かつその人たちは『ドラム教室　エリア名』のようなロングテールワードで検索をしていて、でもそれに対していいサービスがないというアンマッチです」[28]

有安はこの期間中、既存のスクールビジネス関係者にヒアリングを行っていた。その中で度々「スクールビジネスは箱（＝場所）がないとダメだ」と指摘を受けたが、検証から得られた結果は「箱よりも教わる人の方が重要だ」という有安の考えを揺るぎないものにした。[29] 有安は自身のスタイルについてこう述べる。

「一見遠回りに見えますが、プロダクトマーケットフィットがどこにあるかを探すよりも、当たり前に思われていることを疑って、不便なことをうまく解決できる方法はないかを探る方がいいと思いますね。これは、特定のユーザーセグメントや領域、業界を絞って何が起こっているのかをひたすら見るアプローチです。たとえば、いまだにFAXを使っているような業界を

見るとワクワクしますね。『デジタル化を阻むハードルはなんだろう』『どこから改善すると、山が動くのかな』と」[30]

有安は「何か新しい仕組みを作りたい」という想いのもと、常に新たなビジネスチャンスを探していた。その多くは実現に至らなかったものの、1度の起業、就職を経て、自身がもっとも情熱を注げるアイディア、サイタに出会うことができたのである。

"サイタ" by コーチ・ユナイテッド株式会社

Endnotes

1 有安伸宏氏へのインタビュー．２０１８年９月11日実施.

2 THE BRIDGE. 〝起業家の選択（前編）―クックパッド傘下入りを決めたCyta.jp有安氏【インタビュー】〟. Available at: https://thebridge.jp/2013/09/interview-with-nobuhiro-ariyasu-part1.

3 WIRED. 〝INTERVIEW この10人のイマジネーションが、日本に変革をもたらす：VOL.3_有安伸宏〟. Available at: https://wired.jp/2013/05/15/founders-mafia-meets-bombay-sapphire-3/.

4 WIRED. 〝INTERVIEW この10人のイマジネーションが、日本に変革をもたらす：VOL.3_有安伸宏〟. Available at: https://wired.jp/2013/05/15/founders-mafia-meets-bombay-sapphire-3/.

5 WIRED. 〝INTERVIEW この10人のイマジネーションが、日本に変革をもたらす：VOL.3_有安伸宏〟. Available at: https://wired.jp/2013/05/15/founders-mafia-meets-bombay-sapphire-3/.

6 ANGELPORT. 〝【有安伸宏】ユーザーは「新しいもの」を求めているのではなく、より良い解決策を求めているだけ〟. Available at: https://mag.angl.jp/ariyasu/2018/05/01/.

7 THE BRIDGE. 〝プライベートコーチの「Cyta.jp」と「クックパッド」がテストマーケティングを開始。ファウンダーの有安伸宏氏にインタビュー〟. Available at: https://thebridge.jp/2012/12/cyta_cookpad.

8 WIRED. 〝INTERVIEW この10人のイマジネーションが、日本に変革をもたらす：VOL.3_有安伸宏〟. Available at: https://wired.jp/2013/05/15/founders-mafia-meets-bombay-sapphire-3/.

9 ANGELPORT. 〝【有安伸宏】ユーザーは「新しいもの」を求めているのではなく、より良い解決策を求めているだけ〟. Available at: https://mag.angl.jp/ariyasu/2018/05/01/.

10 ANGELPORT. 〝【有安伸宏】ユーザーは「新しいもの」を求めているのではなく、より良い解決策を求めているだけ〟. Available at: https://mag.angl.jp/ariyasu/2018/05/01/.

11 THE BRIDGE. 〝プライベートコーチの「Cyta.jp」と「クックパッド」がテストマーケティングを開始。ファウンダーの有安伸宏氏にインタビュー〟. Available at: https://thebridge.jp/2012/12/cyta_cookpad.

12 MarkeZine. 〝コーチ・ユナイテッド代表 有安伸宏さんインタビュー 顧客が見えれば、ビジネスモデルは自然と見えてくる〟. Available at: https://markezine.jp/article/detail/14492?date=11332322.

13 THE BRIDGE. 〝プライベートコーチの「Cyta.jp」と「クックパッド」がテストマーケティングを開始。ファウンダーの有安伸宏氏にインタビュー〟. Available at: https://thebridge.jp/2012/12/cyta_cookpad.

14 ANGELPORT.〝【有安伸宏】ユーザーは「新しいもの」を求めているのではなく、より良い解決策を求めているだけ〟. Available at: https://mag.angl.jp/ariyasu/2018/05/01/.

15 有安伸宏氏へのインタビュー．２０１８年９月11日実施.

16 THE BRIDGE.〝プライベートコーチの「Cyta.jp」と「クックパッド」がテストマーケティングを開始。ファウンダーの有安伸宏氏にインタビュー〟. Available at: https://thebridge.jp/2012/12/cyta_cookpad.

17 ロングテール…一部の売れ筋商品に対し、ニッチな商品群のことを指す。商品売上を、縦軸：販売数量、横軸：商品の種類のグラフで表し、販売数量の多い順番に並び替えた時、一部の売れ筋商品（ヘッド）に販売数が集中し、その他のニッチ商品が尾（テール）のように続くことから、このように呼ばれている。

18 日経クロステック.「コードを書く前に検証すべきだった」、コーチ・ユナイテッドの有安伸宏氏〟. Available at: https://xtech.nikkei.com/it/article/COLUMN/20140624/566344/.

19 『ぼくらの新・国富論 THE STARTUP ACADEMY』（ディスカヴァー・トゥエンティワン、２０１４年）pp.176-185.

20 有安伸宏氏へのインタビュー．２０１８年９月11日実施.

21 有安伸宏氏へのインタビュー．２０１８年９月11日実施.

22 有安伸宏氏へのインタビュー．２０１８年９月11日実施.

23 有安伸宏氏へのインタビュー．２０１８年９月11日実施.

24 THE BRIDGE.〝Cyta.jpの有安伸宏さんが共有する「２週間で検証できることに６ヶ月かける失敗」[FailConレポート]〟. Available at: https://thebridge.jp/2014/06/failcon-cyta-jp-ariyasu.

25 有安伸宏氏へのインタビュー．２０１８年９月11日実施.

26 THE BRIDGE.〝起業家の選択（前編）—クックパッド傘下入りを決めたCyta.jp有安氏【インタビュー】〟. Available at: https://thebridge.jp/2013/09/interview-with-nobuhiro-ariyasu-part1.

27 プロダクトマーケットフィット（Product Market Fit）…ＰＭＦとも表記する。米国のトップVCのBenchmark CapitalのキャピタリストAndy Rachleff氏が提唱した単語。起業家の考えたアイディアが顧客の課題を解決しマーケットニーズを押さえているプロダクトに落とし込まれているか、という仮説検証の一連の動作を表す。「プロダクトマーケットフィットができている」とは、つまり顧客の課題を満足させる製品を提供し、適切な市場に受け入れられている状態のこと。

28 有安伸宏氏へのインタビュー．２０１８年９月11日実施.

29 有安伸宏氏へのインタビュー．２０１８年９月11日実施.

30 有安伸宏氏へのインタビュー．２０１８年９月11日実施.

CASE 04

有安伸宏（ありやす・のぶひろ）

起業家・エンジェル投資家

ユニリーバ・ジャパンを経て、２００７年にコーチ・ユナイテッドを創業。２０１３年に同社の全株式をクックパッドへ売却。２０１５年にTokyo Founders Fundを共同設立。米国シリコンバレーのスタートアップへの出資等、エンジェル投資も行う。投資先はマネーフォワード、キャディ、Kanmu、OLTA、Azoop、MaterialWorld、レンティオ、WAmazing等、日米約90社。慶應ＳＦＣ卒。

CASE 05

〝クラシル〟

dely 株式会社

dely株式会社（以下、dely）は、堀江裕介氏（以下、堀江）が慶應義塾大学在学中（2014年）に設立したスタートアップ企業である。当社はレシピ動画サービス「クラシル」を運営している。2019年12月にはアプリのダウンロードが2000万を超え、ダウンロード数と利用者数、レシピ動画数においても国内No・1のサービスへと成長した。本ケースは創業時からクラシルリリースに至るまでの堀江の試行錯誤、サービスのピボットなどのストーリーを描写したものである。

delyは「Be The Sun 太陽のように人々と社会を明るく照らす」[1]をコーポレートビジョンに掲げ、レシピ動画サービス「クラシル」を主事業とするスタートアップ企業である。クラシルという名前でサービスを開始したのは2015年4月だが、現在の動画メディアの形に至るまでの期間にはさまざまな困難が存在し、ときにはサービスのピボットという困難な意思決定をも迫られた。

学生時代の起業

「最初は、Uberみたいな、物流の問題をCtoCで解決できるサービスを作りたかったんです」[2]

創業当時を振り返り、堀江はこう語る。2014年4月、当時大学生であった堀江はdely株式会社を設立、数名のエンジニアを抱え、アプリで注文すると料理を届けてくれるフードデリバリーサービス、「dely」を開始した。[3]

彼が着目したのは、EC化に伴う物流の問題だ。インターネットの普及に伴い、買い物をEコマースで行う機会が増えてきているものの、それを担う運転手が少ないという問題が次第に表面化していた。[4]そこで、堀江はまず渋谷からサービスを始めた。飲食店のフロアが狭く、人が入ることができていない現状を目の当たりにし[5]、自社サービスの注文の密度を上げられると考えたからだ[6]。

この意思決定は功を奏し、まだアプリやウェブが存在しない状態の営業にもかかわらず、飲食店約15店との提携が実現、最終的にこの数は300店にまで上った[7]。しかし、堀江はここである困難に直面することになる。

伸長しないユーザー数

飲食店との提携が進む一方、堀江はユーザー数の伸長に苦しんだ。当時の様子を回想し、堀江はその原因をこう分析する。

「トランザクション(取引)の取り方がわかっていなかったんですね。そもそも当時は広告にお金をかけてユーザーを獲得するという概念を理解していなかった。コンセプトが正しいものを作れば、一気に広がると思っていたんです」[8]

また、当時海外ではフードデリバリー事業が成功していたものの、国内では至るところにコンビニエンスストアが存在し、ユーザーが配送料を上回る利便性を感じられなかったことも伸び悩みの一因となった。[9] 結局、その後もユーザー数が伸びることはなく、LINE株式会社の同事業参入が明らかになったタイミングで堀江はサービスのピボットを決断することとなる。[10]

「トランザクションの伸び率を見て、限界を感じていたんです。そして、半年くらいした後にLINEの発表があって、あ、もうこれで完全に打ち手はなくなったし、勝ち目はないなと」[11]

サービス一転、メディア事業へ

フードデリバリー事業に区切りをつけた堀江が次に着目したのは、キュレーションメディア事業だった。メディア事業であれば、過去にインターン先で覚えたSEO[12]の知識やメディアづくりの経験を生かすことができ、かつ小資本で始められると踏んだのだ。[13]

「フードデリバリー事業を畳んだ後、次は何をしようかなとじっくり考えようとしました。ただ、毎日寝るときには『あと何ヶ月でキャッシュが尽きるな』と考えてしまうんですよね。そうすると、もう一度赤字を掘るモデルをやろうとは到底思えなかった。毎日少しずつでも

キャッシュフローを改善するために日銭を稼ごうという思考になっていました」[14]

そして2015年4月、キュレーションメディア「クラシル」をローンチする。「暮らしを知る」をコンセプトに掲げたこのサービスは、当初ネイルのハウツーから生活の知恵まで、生活全般に関するコンテンツを扱っていた。[15]

その後、コンテンツ自体が古くならない「食」に焦点を絞り、[16] 徐々にサービスを拡大、最終的に黒字化に至るまで成長した。しかし、堀江はまたもここでサービスのピボットを決断する。

「少しずつ伸びてはいたのですが、僕らが描いているベンチャーの伸びとは違った。二次関数ではなく、一次関数的な伸びだったのです。あとは、キュレーションメディアをやっていても、同じものが増えてくるとまた利益が出なくなってしまうこともわかっていたので、何か発明をしないといけないなと感じた時期でした」[17]

動画事業へ進出

二度の事業を通して、堀江はインターネットビジネスにおけるさまざまな知識、感覚を身につけつつあった。

社会的な意義を追い求めた「dely」、そして一定の成功を目指した「クラシル」[18]――これらを両立する道はないか。苦難の最中、堀江はある人物へ事業の相談をする。オンラインゲーム企業gumiの國光宏尚氏（以下、國光）だ。そしてこの出会いこそがのちの料理動画メディア誕生のきっかけとなる。

國光は1度事業の失敗を経験した堀江に対し、マーケットサイズに関する話をした。規模が大きい市場はどこか、これから成長する市場はどこか、そして堀江が目標に掲げる時価総額1000億円[19]を達成できる市場はどこなのか。

「当時、國光さんだけが正直にフードデリバリー事業なんてダメだろーと言ってくれましたね。そして、次の時代は動画だろとも。國光さんのことを信頼していたので、とにかく海外の動画サービスを調べて、インプットしました。そうすると、徐々に動画事業の本質がわかってきたのです」[20]

堀江はこの相談の後、次のトレンドである動画事業に賭けることを決心。当時社内に動画を作れるメンバーがいなかったため、自らホワイトペンネを作り、動画を作成した。[21]そして2016年2

月、事業の将来が見えず、不安を抱えていたチームメンバーに働きかけ、現在の料理動画メディアをスタートしたのだ。

待ちわびた二次関数の成長

クラシルは２０１６年2月のリリース以降、急速に成長。２０１７年8月にはレシピ動画数で世界一を達成、[22] 20~40代の女性を中心に人気を博し、２０１８年6月にはダウンロード数１２００万を突破するなど、[23] 料理動画メディアとして最後発ながら、破竹の勢いでサービスを拡大している。

「僕らは最後発だったのでとにかくスピード勝負でした。経営の意思決定が遅れると負けてしまうんです。アプリはどの競合よりも早く出しましたし、とにかく大胆に攻めましたね」[24]

そして２０１８年7月、delyはヤフー株式会社（以下、ヤフー）の連結子会社となることを発表。ヤフーと手を組み、自社の料理動画メディアとヤフーのECを組み合わせることによって、ユーザーの生活をさらに便利にすることを目指している。[25] ２０１９年12月には、クラシルのアプリダウンロード数は２０００万を突破した。[26]

堀江は幾多もの困難に直面し、成長が見込める市場を求めて何度も事業をピボットした。しかし、だからこそ「動画」という大きなトレンドを見逃さず、新たな事業機会を発見することができたのである。

Endnotes

1 dely株式会社. “About”. Available at: https://www.dely.jp/about.

2 『未来をつくる起業家vol.2』(クロスメディア・パブリッシング、２０１８年) p.30.

3 type. 〝物流をHackして配送革命を狙う若手集団『dely』のエンジニア採用が面白い【ＮＥＯジェネ-】〟. Available at: https://type.jp/et/feature/5644.

4 PRESIDENT Online. 〝打倒クックパッド! 孫正義を目指す24歳〟. Available at: https://president.jp/articles/-/22384?page=2.

5 PRESIDENT Online. 〝打倒クックパッド! 孫正義を目指す24歳〟. Available at: https://president.jp/articles/-/22384?page=3.

6 日経キャリアＮＥＴ. 〝イノベーションを興す次世代リーダーたちの視点第14回 〈前編〉dely株式会社代表取締役堀江裕介氏〟. Available at: https://career.nikkei.co.jp/contents/innovation/14_01/.

7 PRESIDENT Online. 〝打倒クックパッド! 孫正義を目指す24歳〟. Available at: https://president.jp/articles/-/22384?page=3.

8 堀江裕介氏へのインタビュー. ２０１８年10月１日実施.

9 日経キャリアＮＥＴ. 〝イノベーションを興す次世代リーダーたちの視点 第14回 〈前編〉dely株式会社 代表取締役 堀江裕介氏〟. Available at: https://career.nikkei.co.jp/contents/innovation/14_01/.

10 経営ハッカー. 〝社員が全員辞めた。dely・堀江の語るピボットから得た学びとは〟. Available at: https://keiei.freee.co.jp/articles/c0400159.

11 堀江裕介氏へのインタビュー. ２０１８年10月１日実施.

12 ＳＥＯ (Search Engine Optimization) …検索エンジン最適化。検索ページに正しく理解されるようサイトを調整すること

13 日経キャリアＮＥＴ. 〝イノベーションを興す次世代リーダーたちの視点 第14回 〈前編〉dely株式会社 代表取締役 堀江裕介氏〟. Available at: https://career.nikkei.co.jp/contents/innovation/14_01/.

14 堀江裕介氏へのインタビュー. ２０１８年10月１日実施.

15 キャリアコンパス. 〝「エリートの道を捨てる勇気」レシピ動画No.1の「クラシル」、柴田快の選択〟. Available at: https://mainichi.doda.jp/article/2018/10/01/279.html.

16 経営ハッカー. 〝社員が全員辞めた。dely・堀江の語るピボットから得た学びとは〟. Available at: https://keiei.freee.co.jp/articles/c0400159.

17 堀江裕介氏へのインタビュー. ２０１８年10月１日実施.

18 type就活. 〝【堀江裕介氏の人生論】誰と何をやるべきかを明確に持ち、常に夢中になっていたい〟. Available at: https://typeshukatsu.jp/s/interview/challenger/7269/.

19 日経ビジネス. 〝料理動画のクラシル、圧倒的支持の意外なワケ〟. Available at: https://business.nikkei.com/atcl/report/15/110879/082300723/?P=2.

20 堀江裕介氏へのインタビュー. ２０１８年10月１日実施.

21 Business Insider Japan. 〝料理動画数世界一「クラシル」は会社存続の危機から始まった――経験ゼロで作った1分のデモ動画〟. Available at: https://www.businessinsider.jp/post-160651.

22 マイナビAGENT. 〝料理に関する負担をなくし、つくる人に寄り添うサービスにしていきたい〟. Available at: https://mynavi-agent.jp/helpful/startup/category_it/dely.html.

23 Business Insider Japan. 〝孫正義に想い伝えた26歳、dely創業者の誓い ―― ヤフー子会社化は「武器だ」〟. Available at: https://www.businessinsider.jp/post-171150.

24 堀江裕介氏へのインタビュー．２０１８年10月１日実施.

25 Forbers JAPAN. 〝「すべては作戦でした」ヤフーと組むことにした新世代起業家の告白 #30UNDER30〟. Available at: https://forbesjapan.com/articles/detail/22561/2/1/1.

26 dely株式会社. 〝国内No.1レシピ動画サービス「クラシル」が２０００万ダウンロードを突破しました〟. Available at: https://www.dely.jp/notices/307.

堀江裕介（ほりえ・ゆうすけ）

２０１４年、慶應義塾大学在学中にdely株式会社を設立。２度の事業転換を経て、２０１６年２月よりレシピ動画サービス「クラシル」を運営。２０１７年Forbesによる「アジアを代表する30才未満の30人」にメディア・マーケティング・広告部門で唯一の日本人として選出。２０１９年12月にはレシピ動画本数が３万４０００本を突破、同月にはアプリが２０００万ダウンロードを超え、レシピ動画数、ダウンロード数、利用者数においてクラシルを日本最大のレシピ動画サービスに成長させる。また２０１９年３月には女性向けメディア「TRILL」の運営会社であるTRILL株式会社を連結子会社化し、同社の代表取締役に就任。

第二章　最初の仲間を集める

どれだけ優れた起業家も、決して完璧ではない。事業を成長させていくためには、自分に足りない能力を補い、成長を加速させてくれる仲間を集め、組織全体としての成長を目指さなければならない。この章では、どう感情に訴え、チームに入ってもらうかから、一度できたチームをどう運営するかまで、チームづくりの成功と挫折を追う。

チームメンバーをどう選ぶか

チームビルディングは自己分析から始まる

起業の順番として、アイディアが先か仲間づくりが先か、という命題がある。実際には、どちらが正解ということはない。アイディアが見つかっていないのであれば、仲間を先に探すことで突破口が見えてくることもある。いずれにせよ、アイディアを固めてから先は、チームが必要になる。一人でやれることには限界があるからだ。

目の前に広がる挑戦の道のりは非常に険しく、困難の連続だ。限られたお金でゴールに最速でたどり着くためには、仲間の力を最大限活用することが重要であり、優れた起業家は総じてその事実に気付いている。

仲間づくりの第一歩は、自分の能力を客観的に知るところから始まる。自分に何ができて、何ができないのか。起業のファーストステップは起業家自身の自己分析であるとも言える。

自分より優秀な人を採用できるか

本章で書かれていることを、頭では理解しているものの行動に移せずに仲間づくりで苦戦する有能な経営者を筆者（堀）は何度も見てきた。一人で何でもできるタイプに特に多い。

組織の中で自分がもっとも優秀だという状況に陥ってはいないだろうか。Appleの創業者のスティーブ・ジョブズの残した有名な言葉に「Aクラスの人材はAクラスの人材を連れてきて、BクラスはCクラスを、CクラスはDクラスを連れてくる」というものがある。優秀な人材は優秀な人材を連れてくるが、そうでない人材は自分より下の人材を連れてくる。組織づくりの金言だ。

とはいえ、自分より優秀な人に仲間になってもらおうとすると説得が大変だ。プロダクトも未完成、あるいはまだ成果が出ていない段階でどのようにメンバーを獲得するのか。事業にかける思い、ビジョンを具体化して伝える力が起業家には求められる。アイディアの素晴らしさや技術力の高さ（特許なども含まれる）、カルチャーだけではなく、**「この人（起業家）の力になりたい、一緒に山を登りたい」**とメンバーに感じてもらわなくてはいけない。

初期のチームに必要な4つの要素

初期のチームにはどのような要素が必要だろうか。その答えは、どのような起業家が、どのような事業に対して、どのようなアプローチで挑むかによって大きく変わる。しかし、ある程度の定石は存在する。中でも重要なのは以下の4つだ。

(1) 必要最小限のチームで始める

すでに過去に成果を出した起業家が、経営資源が豊富な状態で事業を始める場合を除くと、最初から大きなチームを作るのはリスクが大きすぎる。特に創業初期は、まだ事業の形すら固まっていないことがほとんどだ。この時点で人件費を過剰に増やしてしまうとランウェイ（資金が枯渇するまでの時間的猶予）を短くする致命的な要因となりえる。

また、ファーストアイディアでチームを作っても、そのアイディアがうまくいかないことは当然のようにある。アイディアが事業につながり、その成長の可能性が見えるまでに、数年をかけたチームもある。市場の立ち上がりが思ったより遅い、デジタル化がなかなか進まないなど、当初の見通しよりも事業環境が整わないことは珍しくない。

そのため、創業初期のチーム構成は、**「事業モデルのPDCAを回せる最小構成」**[1]であるべきだ。まずはアイディアを検証するために必要なスキル、知識、ネットワークを持った専門家のチームを作ることが、最初の目標となる。その後、事業の進捗に歩調を合わせて、必要な人材を獲得していく。

delyは動画事業の前にフードデリバリー事業に参入したが、残念ながら失敗に終わった。再出発を図るとき、20人近くいたメンバーは、社長の堀江とCTOの大竹以外、一人残らず全員退職した。現在の料理レシピ動画のサービスをスタートさせるまでは文字通り二人三脚だった。

堀江は以前筆者にこう語った。

「学生起業家は有利なんですよ。親から仕送りもらえるし、家族もいないし。食事は吉野家だったり友達にお願いしたりして月8万円もあれば生きられる。8万円でプロダクトマーケットフィットできちゃうんです」

社会人になってから起業したフリルの堀井、ヤプリの庵原らはアフター5と週末の時間などを使い、開発やプロダクトマーケットフィットを進めた。雇用が発生していないので、コストは実質打ち合わせのコーヒー代ぐらいしかかからず、最小のコストで検証を繰り返すことができた。ビズリーチも、南を含め2名はフルコミットしていたが、それ以外の仲間は資金調達するまでアフター5と週末の時間に集まって事業づくりを進めた。

優れた起業家は、プロダクトマーケットフィットに時間がかかることを知っているので、リソースを最小限に留めることの重要性を心得ている。

最小構成のチームを作るためには、必要なメンバーの役割・機能をきちんと定義することも重要だ。

プログラミングのできないビズリーチの南は創業初期に事業の立ち上げに失敗している。サービスを開発できる人材が持つべきスキル、経験、知識すらわからなかったことが、一番の原因だった。

自分が知らない領域については、知らないまま仲間に頼るのではなく、知っている人に聞き、どういった役割・機能が必要かを理解する努力を怠ってはいけない。プログラミング、開発といった業務の経験がなかったとしても、具体的にどういう人材が求められるのか定義できるレベルまで、起業家は理解していなくてはならない。

また、小さいチームを作るために、なんでも外注すればいいかというとそんなことはない。**プロダクトマーケットフィットの検証サイクルを回すために必要な人材は、自前で揃える**ことが重要だ。創業期に仮説検証を進める上でプロダクト開発を外注に頼っているチームは、プロの投資家から出資を受けづらい。外注だと検証サイクルを高速で回すことができず、結果的にコストもかかってしまうからだ。

逆に、専門性が問われるアドバイザーのような人材は、内部に抱えておく必要はない。必要なときにいつでも頼れるよう、常日頃から手を抜かず人間関係を構築しておくことをお勧めする。初期チームには、自分で手を動かせるメンバーだけを求めるべきだろう。

(2) カルチャーフィットを優先する

事業のアイディアを模索している段階では、組織がどこに進もうとするのかが誰にも見えていない。昨日と今日では創業者（社長）の言うことが変わっていることだってある。もっとも先が見えず、もっとも不安の多いステージだ。

こんな状況で究極的に必要となるのは、失敗することを恐れずに、それでも挑戦しようという空気を作れるチームだ。極端に言えば、無給でも協力してくれるほどの信頼関係や、同じ志を持てているかが重要になる。

例外は存在するが、きらびやかな経歴を持つ人ほど、思いどおりにいかずに、七転八倒を繰り返す状況への耐性は低い可能性が高い。先が見えない中でもがむしゃらに進む必要がある状況で、「がむしゃらに進むよりも魅力的な選択肢」を持つ人は、ビジョンやカルチャーへの共感がなければ途端に機能しなくなる。

カルチャーは明文化されていなくても構わない。むしろ、明文化されていないスタートアップが大半だ。それでも、初期のスタートアップにとってカルチャーは極めて重要だ。カルチャーフィットとは、端的に言うと、この人と一緒に過ごしたい、働きたいと思えるかどうかだ。別の言い方をすれば、大きな意思決定の際の方向性が合うとも表現できる。目指す方向性や価値観が大きく異なる場合、苦楽を共にすることは難しい。

(3) 社長が雑用役を引き受ける

事業のアイディアを模索する段階では、あまり社長の役割を固定しすぎないほうがよい。それぞれの創業メンバーが、自分の専門ではない仕事も、必要に応じてカバーし合える体制が望ましい。事業のアイディアを模索する段階で役割を固定しすぎていると、チームの動きが遅くなる。

「今は顧客インタビューをしているから自分はやることがない」
「弁護士に事業の合法性を確認している段階だから、回答が来るまで暇だ」
「システムができるまではすることがない」

こうした、大きな官僚的組織に見られるようなセクショナリズムは、スタートアップにはまったくなじまない。特に創業初期は、一つひとつの経営課題を全員で議論し、全員で解決に臨むのが理想的だ。得意分野でない業務を担当すべき場面も当然出てくる。

こうした経験は、実は組織成長の先のステージで生きてくる。エンジニアであっても、財務会計、資金調達、経理財務の重要性を理解していれば、より大規模なチームで開発する際のプロジェクト管理に役立つ。事業企画の担当者であっても、サービスコンセプトが実装されるまで具体的に関わることで、アイディアを「きちんと動くシステム」に落とし込むまでにどれだけの時間と手間暇がかかるかを想像する力が芽生えてくる。

多くの起業家が「社長の仕事は雑用です」と言う。創業者以外のメンバーは明確な役割を期待されてチームに加わっているため、与えられた役割を全うすることに一生懸命になる。結局、最後の頼みの綱は社長なので、社長自らが役割を限定しないことが重要だ。

共同創業者がプログラミングしかできない人であれば、社長自らが法務局に行って登記をしないと会社は始まらない。お金もなく、採用ができない内は、**最終的に、社長が能力の有無の関係無しに手を動かさなくてはならない。**

財務、経理、人事、労務、法務、総務、庶務などのすべてに、それらの設計と運用がまだ複雑ではないこの時期に関わることは、経営者としての成長にもつながる。

(4) 社長が松明をかざす

事業が立ち上がるまでの間は不安との戦いだ。新しい挑戦に不安を覚え、途中で安定的な大企業に逃げ出したくなるメンバーも出てくる。社長は雑用も引き受けなくてはならないが、最大の仕事はリーダーとして組織に松明をかざすことだ。弱気になっているメンバーがいれば、モチベートしなくてはならない。

プログラミング無しでスマホのアプリを開発・運用できるサービスを運営する、ヤプリという会社がある。庵原・佐野・黒田のヤフー出身者3名で2013年に創業した会社だ。ヤプリは事業構想を思いついてから、会社を設立するまでに実に2年を要した。社長の庵原は、準備期間中に米国スタートアップのIPO（株式公開）ニュースを共同創業者のエンジニアの佐野とデザイナーの黒田に常々シェアしていた。いずれ自分たちも同じように巨額の資金を手に入れるんだ、といったサクセスストーリーを吹き込み続けることでモチベーションを上げようと必死だった。売上やプロダクトといった実績が無いときこそ、根拠のない自信や希望が必要となる。

delyの堀江はフードデリバリー事業から再出発を図るとき、会社に残ってくれた唯一の相棒の大竹に「俺がなんとかするから付いてきてほしい」と力説し続けた。

マーケティング戦略やプロダクト開発の方向性について、少数精鋭で議論しても決めきれないことは当然出てくる。そのときは、リーダーである社長が司令塔となって最終決断を下し、各メンバーに指示を出す必要がある。その際、相談・議論というプロセスを踏んでからの意思決定なのかどうかが重要だ。社長に決定権があるからといって、相談・議論のプロセスを飛ばしてはいけない。モチベーションを上げるのも社長の仕事だ。

お金をかけずにいいメンバーを集めるには

初期は、エージェントなどお金がかかる手段を使わずに、いかにリファラル（社員または関係者による直接の紹介）で採用できるかが重要だ。

リファラルの波を作り出すための基本的な共通項は、以下の6つに整理できるだろう。

1―幅広いタッチポイント（出会いの機会）を作る
2―アクションを繰り返す
3―現在のみならず、未来を意識する

4　結果が出るまで徹底する
5　第三者のレファレンスを取る
6　仕組み化する

(1) 幅広いタッチポイント（出会いの機会）を作る

すでに人脈がある人は、その人脈を温めなおす活動が中心になる（CxOの採用経路は「創業者／共同創業者の知人・元同僚がもっとも多い」）。[2]

人脈に自信のない人は、スタートアップ関係のミートアップ、勉強会、さらに母校や前職の同窓会とあらゆる会合に顔を出し、人脈のプールを作る地道な作業を続ける。

また、この時代、SNSを活用することは必須だ。単に「起業」という広いテーマで情報を収集・発信するのではなく、たとえばブロックチェーン、ドローンなど、自分の事業領域にテーマを絞って有益な情報を収集・配信することを心がける。

自分の事業領域について発信しているアカウントには話しかけ、その領域に関心のある人たちのコミュニティの中核に近づき、優秀な仲間を探さなくてはならない。**接点を増やすことで、どの企業・コミュニティに採用候補者がいるのかまず土地勘を掴む**ことが重要だ。

⑵ アクションを繰り返す

優れた起業家に採用について聞くと、必ずといっていいほど、「どのような人に会うときも、その人が自分と一緒に働いてくれないかを考えている」と言う。**視界に入る人全員を採用候補者として見ている**と言っても過言ではない。人が事業をドライブすることを理解している起業家は、どのような機会も可能性に変えようとし、積極的に声をかける。

ビジョナルの南やミラティブの赤川は会うたびに「CxOを探しています。知り合いで優秀な人、誰かいませんか」と問いかけてくる。常に声がけしてくることもあり、採用候補者に出会った際には、一番最初に南と赤川に紹介しようと思ってしまう。

会合に出ては、自分の事業について積極的に説明し、可能性が少しでもあれば、個別に会う機会をその場で調整する。優秀な人材が悩んでいると聞けば、その悩みを聞き、もしフィットしそうであれば、オファーを出す。これらの地道な積み重ねがカギとなる。

採用の最大のミスは、本当は転職のチャンスがあった候補者に声をかけなかったことによる機会損失だ。採用候補者のみならず、候補者を紹介してくれそうな人への声がけも怠ってはいけない。打席に立ったらすべてのボールを打ちに行く覚悟が必要となる。

優秀な人材は一朝一夕に見つからない。ホームランよりも空振りのほうが圧倒的に多いので、空振りを気にする必要はない。

⑶ 現在のみならず、未来の事業展開を意識する

きらびやかに見える起業家のほとんどは、実際には日々の多くの時間を地道な採用活動に費やしている。

積極的に、がむしゃらに動いていれば、それを見聞きした友人知人が新しい採用の機会を提供してくれるようになる。少なくとも、そう信じていい。

ベストの人材は、ほとんどの場合は身近にはいない。友達の友達、知り合いの知り合いなど少し離れたところにいる人材が、必要なスキル、経験、ネットワークを持っている可能性が高い。

また、優秀な人材は引く手数多であり、現状でも十分な役割と報酬を与えられているため転職する動機は弱い。そんな優秀な人材をチームに引き入れるために重要なのは、タイミングをつかめるかどうかだ。多くの場合、最初に会ったときは、そのタイミングではない。

次世代型電動車椅子を開発するWHILLの杉江理は、CFOの採用要件に規格外の4つの条件を定めた。第1に大型の資金調達経験。第2にネイティブ英語話者。第3にエンジニア経験。第4に

経営に近いところで働いた経験。多くの候補者の中から、パナソニックの研究開発部門と投資ファンドで有名なユニゾン・キャピタルを経た五宝健治に白羽の矢を立てた。まだWHILLが小さかった頃から、杉江は週2回、ときにリモートで、ときにフェイス・トゥ・フェイスで五宝を口説いた。五宝によると「普通の経営者は『うちに来たらこんなメリットがある』と誘うが、杉江さんは『これとこれができないから手伝ってくれ』と言う。そして、自分が『うん』と答えるまで絶対にあきらめなかった」と当時を振り返っている。杉江曰く「五宝さん以外の人はありえなかった」そうだ。結果的に、初めて会ったときから1年3ヶ月の歳月をかけて五宝をCFOとして迎え入れることができた。

組織に必要な人材は、事業の段階によっても変わっていく。**今だけではなく、未来の事業展開も見据えて、採用のプール**（**候補となる人材のリスト**）**を幅広く作り上げていくことが重要**だ。事業が成長し始め、実際に社会を変えようとするステージに差し掛かったときに、ボディブローのように効いてくる。

⑷ 結果が出るまで徹底する

優秀な人材はどの会社も欲しいから取り合いになる。向こうから、ドアをノックしてくることは少ない。いいサービスを作っていればいい人が応募してくるはず、という受け身の考え方は捨てたほうがいい。

学生起業家には当然、経験や肩書は存在しない。まして、世にプロダクトを出していないとなると、ただの大学生にすぎない。しかし、クラシルの堀江やグノシーの福島は学生起業家でありながら、会社を大きく成長させた。

堀江にどのような採用活動を行ったかを質問した際、非常に興味深い回答をもらった。堀江はFacebook上でエンジニアのコミュニティを複数見つけ出し、そのコミュニティに登録しているメンバー一人ひとりに片っ端からダイレクトメッセージを送ったそうだ。「1000人以上に送りました。一人ひとり書かないといけなくて、コピペを1000回やったので手が腱鞘炎になりました。100人に1人ぐらいは物珍しさで僕に会ってもいいと答えてくれる人がいて、その中から口説きました」と、笑いながら語っていた。

採用に困ったときは問い直してほしい。**自分はあらゆる可能性を試したのか。どれだけ自分の時間を費やしたのか。**採用メディアに広告を出稿し、ヘッドハンターに依頼しただけでやりきったと思っていないか。

プロダクトがない中で、他の選択肢に比べ条件面で不足があることを理解しながらも、Visionや

Willを自信を持って話し、価値ある挑戦であることを伝える努力をする。共感されず、何度も否定されても、折れずに自分の言葉を磨きこむ。

あらゆる可能性を想定し泥くさく努力を重ね、思いつく施策を徹底することが機会を可能性に変える唯一の道となる。

⑸ 第三者のレファレンスを取る

これは、という人が見つかった際も、後戻りできない決断だからこそ慎重に見極めたい。

特に重要な役割を担う仲間の採用においては、本人の説明のみならず、中立的な第三者の評価(レファレンス)を取ることが必須となる。これは特に知人の知人など、候補者の人柄や実績に関して客観的な事実を把握できない場合に極めて重要だ。

たとえば、本人が「大きなプロジェクトをリーダーとして何件も成功に導いた」と言っていても、実際は上司や部下がその本人の尻ぬぐいに奔走していたケースもある。また、業務において高い実績を上げていても、経費の使い込みや人的関係のトラブルなど、退職せざるをえない事情により退職した事実を隠している可能性もある。

こうした可能性をつぶすためにも、LinkedInやFacebookなどSNSのつながりも活用しながら、前職での同僚や取引先を探し、第三者の客観的な意見を収集する手間は惜しんではならない。

⑹ 仕組み化する

採用に強い会社、と聞くとメルカリやビズリーチ（現：ビジョナル）の名前が挙がる。

彼らはTVCMを打っているためそもそも認知度が高く、結果的にその認知度が採用力につながっているのだろうと考える読者も多いかもしれない。しかし、実際にどのような採用活動をしているのかを聞くと、社員の紹介による採用（リファラル採用）にどこよりも力を入れている。

メルカリは自社のファンを増やすために月に数回ミートアップイベント[3]を開催している。各回エンジニア、マーケティング、カスタマーサポート、人事制度とテーマが設定される。[4]かっちりした説明会ではなく、お酒を飲みながら非常にカジュアルに社員と会話できる。イベントの告知は社員がSNSでシェアし、社員の知り合いに伝播していく。SNSでのシェアは人事や経営陣だけでなく、多くの社員が協力している。

ビズリーチでは「リクプロ[5]（リクルーティングプロジェクト）」と呼ばれる、社員が自主的に採用にコミットするプロジェクトが存在する。チームや個人に分かれて、3ヶ月で一人の入社を目標にしているプロジェクトだ。当初は社員全員が参加し、リファラル採用のノウハウを全社で共有していた（現在は立候補制のプロジェクトに進化）。リファラル採用の重要性を経営陣が語り、社内ＳＮＳにリファラル採用の情報を流すことで社員全員が常にリファラルに意識が向くよう促す。月単位や半期単位で表彰を行い、参加意識を高めるなど、さまざまな工夫をもとに設計されている。結果として、入社する社員の約３割はリファラル経由となっているという。

ビズリーチの多田（現ビズリーチ社長）はリファラル採用成功のポイントに次の３点を挙げている。

1―トップの熱量（自ら率先して行動することで、全社員がリファラル採用に主体的に参加）
2―数値の可視化（ランキングなどを導入して、社員同士が楽しみながら競い合う）
3―表彰制度（全社に対する貢献として表彰する。副賞として学習支援補助を出すなど）

本章の冒頭に紹介した、Appleのスティーブ・ジョブズの言葉にもあるように、優秀な人材は優秀な人材を紹介する。このポジティブ・スパイラルを構築できるようになると採用力は格段に高まる。自社のことを愛する優秀な社員が、さらなる優秀な仲間を集める。このループの構築をぜひとも目指してほしい。

創業者間契約を締結する

採用したい仲間に株式を与えるときの注意点についても触れておきたい。

資金が潤沢でなく高い給料を払えない創業期には、有能な人材に株式をインセンティブとして与え、共同創業者として組織に加わってもらうこともできる。しかし、株式の付与は巻き戻しのし難い諸刃の剣でもある。特に株式を一定分量以上付与する場合、中でも共同創業者のように、数回の増資後でも持分が数パーセントを超える中核的なメンバーとは、創業者間契約の締結が必須だ。**退職時の株式の取り扱いについても、事前に合意しておかなければならない。**退職者が株式を持ち続けると、将来、全株主の合意が必要な場面で手続きが取れなくなり、株式上場やM&Aによるエグジットなどができなくなるというトラブルが起こりうるからだ。

これからプロダクトを開発し、アイディアを検証していく前向きな時期に退職時の話をするのは、ともするとやる気に水を差してしまう。だが、後々の揉め事に発展しないよう、最初に創業者間契約を締結しておく重要性はここであらためて強調しておきたい。

創業社長の他に準創業メンバーがいる場合は、契約の条件も複雑になる。残念ながら持分比率における正解や黄金比率はなく、すべてのスタートアップにおいてケース・バイ・ケースで設計されているのが現状だ。

本書では詳細を割愛するが、詳しく学びたい人は法律事務所のブログや専門書[6]などを参照してほしい。

事業が成長すれば、採用できる人材の質も上がる

会社の採用力は初期からベストとは言えないかもしれない。だが、長期的にはアクセスできる人材の質は高まっていく。

ヤプリは創業まで2年、庵原・佐野・黒田の3名で起業の準備を進めてきた。庵原が企画、佐野が技術、黒田がデザインという役割だ。起業直後にシード出資を受けるも、シリーズA[7]までの2年間社員はおらず、創業3名だけで経営してきた。採用広告を出しても応募がない日々が続いたが、3億円強の資金調達後は、徐々に知名度も上がっていった。その結果、ネット企業の敏腕営業責任者、マーケ業界屈指のマーケティング責任者、投資銀行出身のファイナンス責任者と順に採用することができた。

組織が大きくなれば、より確立された大組織の経営の経験を積んだ人材にも活躍の場が生まれて

くる。組織運営に必要なレポーティングや資料作成に長けた人材。仕組み化が得意で、社内制度を設計し、プロセスを自動化できる人材。また、上場やその後を見据えて、投資家対応、市場との対話の経験を持つ人材も価値をもたらす。

組織づくりに終点はない。また、組織の成長に合わせて必要となる人材は当然変わっていくからこそ、採用力は継続的に高めていくべきだ。

チームをどう運営するか

対話を欠かさない

どんなに優秀なメンバーを採用できたとしても、チームとして機能しなければ意味はない。ここでは、日々のチーム運営方法についても触れておきたい。

最近では二人や三人で共同創業することが一般的になってきている。共同創業は三人寄れば文殊の知恵というプラスの一面もあるが、仲間割れのリスクも存在する。いくら同じ志を持ち起業の誓いを立てても、事業が軌道に乗るまでの間は辛いことの連続だ。喧嘩のネタには事欠かない。だからこそ、コミュニケーションのズレを無くしていくための対話が重要になる。

対話とは、単に毎日オフィスで顔を合わせ、業務上必要な情報を伝え合うことではない。同じ会議室に座って、同じ議論に参加しているように見えても、対話になっていないことのほうが多い。

ここでいう対話とは、会議のように明確なアジェンダを設定しないようなカジュアルな場で、できれば一対一などのごく少人数で、中長期の経営課題についてともに考えることだ。方向性に違いがあるのならば相互に確認し合い、意思決定の背景や、目指しているゴールについて意識合わせをする。誰かが自分の考えや思いを一方的に話すのではなく、互いに傾聴する言葉のキャッチボールが必要だ。こうした対話は、チーム一人ひとりの能力や適性の客観的な理解にもつながり、適材適所の配役に役立つ。

「あの人が何を考えているかわからない」「彼は能力が足りない」などのネガティブな思い込みが生まれると、小さな組織内に取り返しのつかない対立が生まれてしまう。それを避けるため、最低でも週に30分程度は対話に注ぎ込む必要がある。メンバーのことをわかり合えなかったことが原因の離職は、できる限り避けたい。

2年の準備期間を経て念願の起業を果たしたヤプリは青山一丁目のワンルームマンションをオフィスにしていた。創業メンバー三人で毎日顔を合わせてはいたが、実際のところまったく対話ができていなかった。特定のアジェンダを掲げない限り、挨拶程度のものはあっても、生産的かつ建設的なコミュニケーションは生まれなかった。

投資家・株主・取締役として、筆者（堀）はヤプリの経営陣一人ひとりと毎月1on1を行った。するとおもしろいことに、筆者にしか話さない内容がいくつか出てくる。他のメンバーに相談したか、と聞くと「まだしていない」と言う。筆者は数ヶ月間伝書鳩となり、メッセージの橋渡しをしたり、各メンバーが挙げた経営課題を定例ミーティングで投げかけるなどコミュニケーションを手伝った。今では130名を超える大所帯になり、当時のコミュニケーション不足が嘘のような話だが、本当にあった話である。

チームの形を絶えず進化させていく

フェーズに合わせたポジションチェンジ

エウレカの赤坂は、前職時代の取引先で知り合った西川と共同創業した。創業当初は、赤坂が営業を担当し、西川がバックオフィス業務を担当。組織が30人ほどになったタイミングで、組織全体のマネジメントは西川が担当し、赤坂は社員一人ひとりのパフォーマンス向上を担うマイクロマネジメントを引き受けた。エウレカのように、それぞれの役割と強みを認識し、サッカー選手が試合中にポジションを変えるように流動的に役割を交代していく柔軟性がスタートアップには求められる。そのためには、コミュニケーションを怠らず、トップ同士が何を考えているか、常に透明度を高い状態にしておくことが重要だ。

創業メンバーのパフォーマンスが相対的に低くなってしまったら

カルチャーフィットを優先してチームを立ち上げたものの、あとから採用した人材の方がパフォーマンスが高く、創業メンバーの活躍の場が少なくなることがある。

特に事業が成長すると、組織にほころびが生じやすい。事業の難易度が上がりメンバーに専門性が求められるにしたがって、専門家を採用するようになるからだ。中途入社者のパフォーマンスが創業メンバーより高くなってしまい、やがて創業メンバーの居心地が悪くなる。中途入社者が自分の上司になることで、「自分はもう会社から必要とされていないのではないか」と思い始め、結果的に退職してしまう話はよく耳にする。

学生起業家だったdelyの堀江は、学生時代に経験やスキルが無い者同士で起業した。そのため、経験豊富な人材の中途入社による創業メンバーの退職は避けられなかった。しかし、残ったメンバーは今でも幹部として活躍している。

堀江は「絶対に事業を成功させたいという強い覚悟を持っていれば、能力は本人の努力次第であとから身につく。創業期はガッツさえあれば乗り切れる」と述べる。創業メンバーの柴田（現dely執行役員）は、経営管理畑出身であったが堀江の掲げるビジョンに共感し、動画編集、広告営業、広報や人事と未経験の業務に挑戦し続け、自分の活躍範囲を広げていった。

delyのように、チャレンジの場を新たに提供することで活躍してもらえれば理想的だ。カルチャーを熱く語り、口説いて迎えた創業期メンバーだからこそ語れるその企業のストーリーがある。だからこそ、会社に残ってもらいたいメンバーとは、常日頃から対話を重ねておくことが大切だ。

スキルや経験豊富な社員を中途採用したことにより、残ってもらいたい既存メンバーのパフォーマンス不足を感じたら（あるいは本人が感じていそうだと思ったら）、アクションを起こさなくてはならない。創業初期はサービス開発や顧客開拓の優先度が高く、人事担当者を採用する余裕はないだろう。だからこそ、組織がなぜその人材を必要としているのか、社長が周囲のメンバーに伝える努力を怠ってはいけない。評価システムが導入されていないからこそ、言語化して伝えなければ本人は「居場所をなくした」と思い込んでしまう。

ただ、事業が成長する過程でカルチャーそのものが変わってしまうこともある。どれだけしっかり向き合っても、退職者は発生してしまう。あらかじめそのことを知っておいた上で、やはり候補者には常日頃からたくさん会ったほうがよい。そして、あなたと一緒に働きたいと思ってもらえるように、事業にかける想いを説明できるようにしておきたい。

別れたメンバーとは、いつかまた取引先として一緒に仕事をするかもしれないし、自社に戻ってくる可能性だってある。別れのときはできる限り笑顔で送り出そう。

最初の仲間を集めることは、事業を固めるのと同じか、それ以上に重要な創業のプロセスだ。ただし、組織づくりは一朝一夕では終わらない。成功と失敗を重ねていくことで、自分なりの採用ノウハウや人を見極める力がついてくる。

最初から誰もが達人ではない。アイディア作りと一緒で、終わりのないチャレンジを継続しなくてはならない。この章ではメルカリの小泉、Mirrativの赤川、ラクスルの松本、heyの佐藤、SPEEDAの梅田、ビズリーチの南のケースを取り上げた。彼らの思考と行動から、起業家にとってもっとも重要とも言えるチームづくりのプロセスを学んでほしい。

Endnotes

1 ＰＤＣＡ…Plan（計画）→Do（実行）→Check（評価）→Action（改善）の４段階サイクルを繰り返し回すことにより、業務の改善、最適化を図るフレームワーク

2 C×O…ＣＯＯ、ＣＦＯ、ＣＭＯといったオペレーション、財務やマーケティング部門の責任者を指す

3 ミートアップイベント…あるテーマについてインターネット上で告知が行われ参加者が集まるイベントのこと

4 SELECK. 〝７００人以上が参加した、メルカリの「ミートアップ」運営術！ 自社のファンを増やす狙いとは〟. Available at:https://seleck.cc/527.

5 Refcome. 〝「事業創りは仲間探し」ビズリーチ社のリファラル採用成功の秘訣とは?〟 Available at: https://jp.refcome.com/events/award/interview2017/6wcMS3JIBzmqD5eQYUkn2G.

6 シリーズＡ…ベンチャーキャピタルなどが参画する、初期の投資ラウンドのことを指す。一般的に、スタートアップはこのフェーズにおいて、商品・サービスのローンチ、ビジネスモデルの確立を目指す（なお、定義は時代の変遷とともに変化している）

7 たとえば『ベンチャー企業の法務Ａ to Ｚ』（中央経済社、２０１６年）『起業のエクイティ・ファイナンス』（ダイヤモンド社、２０１４年）などが挙げられる

CASE 06

〝メルカリ〟

株式会社メルカリ

株式会社メルカリは、山田進太郎氏（以下、山田）たち3名によって、2013年2月に共同設立されたスタートアップである。当社は、フリマアプリ「メルカリ」（日本、米国にて展開）を機軸に数多くのサービスを提供しており、国内有数のスタートアップ企業として注目を集めている。本ケースは、創業期にメルカリに参画し、当社のチーム構築の根幹を担った小泉文明氏（以下、小泉）の視点から、メルカリにおける採用、ミッション・バリューの策定などの過程を描写したものである。

〝メルカリ〟by 株式会社メルカリ

メルカリには「新たな価値を生みだす世界的なマーケットプレイスを創る」というミッション、そして「Go Bold - 大胆にやろう」「All for One - 全ては成功のために」「Be a Pro - プロフェッショナルであれ」という3つのバリューが存在している。[1] これらは創業期、従業員が10人程の時期に策定され、[2] 現在もなお、採用、人事評価など、企業経営におけるさまざまな機能に色濃く反映されている。創業時から強固なチーム構築を実現している当社だが、その背景には小泉が経験した過去の失敗体験、そしてそこからの学びがあった。

「ミクシィを超えるサービス」を作りたい

小泉は、大和証券SMBC（現・大和証券）に新卒入社、2007年に株式会社ミクシィに転職、取締役を担った後、フリーランスとしてフリークアウト、アカツキ、ラクスルなどのベンチャー企業の創業を支援した人物である。[3] 彼がメルカリに参画したのは創業から9ヶ月後。[4] 創業者である山田に声をかけられたことがきっかけだった。

「スタバで山田と話していて『次はどういうことがやりたいんですか？』と聞かれたんです。

そこで、『やるならミクシィを超えるようなサービスを作りたいですね』という話をしたら、単刀直入に『じゃあ、メルカリどうですか？』と。元々マーケットはあるなと思っていましたし、僕はインターネットによって個人がエンパワーメントされるのが好きなのでその文脈にも合っているし、Winner takes allになりやすいCtoCのマーケットを取れたらかなりでかくなるな、というのが頭の中でパパッとすべてつながって、あまり考えずにチームに加わることにしました」[5]

入社当時、メルカリはサービスの提供開始から5ヶ月が経過、ダウンロード数が約100万を突破し[6]、まさにこれから拡大期に入るというタイミングだった。

組織としても、プロダクトの磨き上げから、徐々に組織の在り方を構築していくフェーズに移っていく時期だったため、小泉は参画後、組織面の部分を多く任されるようになる。

「僕は十数番目の社員として参画したのですが、当時、他の社員はほぼエンジニアでした。なので、プロダクト以外は僕がすべて見る感じでしたね。組織もコーポレート系のことも、マーケティングも全部やりました。やはり、いいものを作ることは難しいので、他のみんなにはそっち側に集中してほしい。そういう役割分担でした」[7]

ミッション・バリューの策定

小泉の入社当時、メルカリのミッションは抽象的なものだった。また、バリューはなかったと言う。これに大きな危機感を覚えた小泉は、即座に当社のミッション・バリューの策定に乗り出す。当時のメルカリの状況を、小泉は過去の経験を交えながらこう語る。

「前職のミクシィで、苦い経験がありました。サービスが好調だと、会社は全体が自然にまとまっていきます。でも、プロダクトのライフサイクルによってその好調さが維持できなくなると、途端に、人によって理想のミクシィ像がブレたり、認識がズレたりし始めました。会社があってのプロダクトなのに、プロダクトが上で会社が下になってしまった。僕も一人の経営陣として会社としてのミッション・バリューの共有などに手を抜いてしまい、辞めた後は何もできなかったので、その悔しさが残っていました。だから、次に何かやるんだったら、会社としてそもそも何を目指しているのか、という部分をしっかり作ろうと思っていました」[8]

小泉は前職時代の経験から、明確な組織像なしでは、サービスの成長が落ち着いたとき、組織がバラバラになってしまうことを肌で感じていた。そこで、自身のメルカリでの最初の仕事として、ミッション・バリューの策定に乗り出したのだ。

「明るい宗教」をつくる

ミッション・バリューは組織の根幹を担う、非常に重要な指針だ。では小泉は、チームが10名程というタイミング[9]で、どのようにこれらを形成したのであろうか。小泉は、ミッション・バリュー策定のプロセスをこう語る。

「当時、他の会社の事例も参考にしましたが、結局最後は自分たちで言語化しないといけないので、創業メンバー3名と僕との計4名で、1泊の合宿と1回の経営会議を経て決めました。まず『10年後、僕らのサービスは、僕らの会社はどうなりたいか』を考えて、ミッションを作り、これを達成するために必要な働き方を考えて、バリューを作っていったという感じですね。結構ありきたりなんですけれど、ポスト・イットにバーッと書いて、グルーピングしながら決めていきました」[10]

小泉は、「会社の方向性はトップダウンで決めるべきこと」[11]という考えのもと、策定段階では経

〝メルカリ〟 by 株式会社メルカリ

営陣のみを巻き込み、メルカリの方向性を徹底的に言語化する機会を持った。あえて経営陣のみで向き合ったのは、社員を巻き込み、色々な人の顔が見える状態で議論をすると、「バリューの言葉がマイルドでつまらないものになってしまう」[12]という危機感があったからだ。

また、小泉はミッションやバリューは作っただけでは意味がなく、それをいかに組織に浸透させるかが重要だという考えも持っていた。[13]

「ミクシィにもバリューみたいなものはあったんですけれど、その刷り込みは全然やっていなかったんですよ。だから、作るだけだとまったく意味がないなと。そこで、4人で会議をしたときに、それぞれが浸透させるミッションやバリューを割り振って、各自が責任を持つようにしました。ミッションは進太郎さん、Go BoldはUS事業を担当する予定の亮[14]、All for Oneは僕、Be a Proはプロダクトの富島[15]、というように。特に定性、定量的なゴールは置いていないのですが、とにかく社員に刷り込むことにコミットしようと考えました」[16]

小泉は、バリューの言葉を会議室の名前にしたり、Go Boldと書いたTシャツを作るなど[17]、社員がつい口に出してしまう環境を作り出すことによって、ミッション・バリューの浸透を目指した。小泉はこれらの活動を「明るい宗教」と称している。

「僕はこれを『明るい宗教』と呼んでいます。『朝、全員で社訓を唱和します』みたいな、強制感がある形だと多分みんな言わないんですよ。だから会議室をバリューの名前にしちゃって、『会議、どこであるの?』『Bold、Bold』などのように、自然に言葉が刷り込まれていく仕掛けをたくさん作った。やはり、宗教には目で見て、口に出すみたいなプロセスが重要なので、これを強制力がない形で作っていく感じでした」[18]

メルカンを用いた独自の採用活動

チームを構築するにあたって、小泉はまずミッション・バリューの策定、社内での浸透に注力した。結果として、創業期に形成されたこれらの文化や価値観は、今もなお、メルカリのあり方を象徴するものとして受け継がれている。しかし、会社自体が急成長を遂げる中では、これらの策定だけでなく、事業フェーズに合わせた採用もまた重要な活動となる。

小泉は採用に関して、「迷ったら採らない」[19]ことを徹底したと語っているが、では、メルカリはどのように優秀かつ、自社のミッション・バリューに合った人材を採用してきたのだろうか。小泉はこう語る。

〝メルカリ〟by 株式会社メルカリ

「最初から全員がリファラル採用をするのは難しいので、1年目はほぼ経営陣が活動しただけですね。経営陣が実践して、リファラルの方法を社員に見せつつ、徐々にエージェント採用からリファラルにシフトしていきました。他にはメルカンというオウンドメディアを早くからスタートして、そこに募集する職種を載せたりしていました。記事があると社員がリファラルしやすいですし、対外的なブランディングにもなるので」[20]

「メルカンからの発信に加えて、社内向けにプレゼンもしていました。毎週、All Handsという全社定例会があるのですが、たとえばフロントエンジニアを募集するときには、社内のフロントエンジニアが、『そもそもフロントエンジニアとはどういう仕事なのか』をプレゼンして、『みなさんの前職にいませんか』と声をかけたり。メルカンからの発信で会社をブランディングし、中の社員が採用活動に対してモチベートされるような仕組みづくりは結構やっていました」[21]

自社のミッション・バリューに沿った人材を採用するにあたり、メルカリは次第にリファラル採用を中心に据えるようになった。また、オウンドメディアからの発信や社内プレゼンを通じて、単に「知り合いがいたら声をかけるように」という指示に止まらない、声をかけやすくなる仕組みを作っていた。

メンバーにオープンな経営

小泉は過去のミクシィでの失敗を踏まえ、早期からメルカリのチーム構築に注力してきた。そして今もなお、ミッション・バリューを軸とし、それに沿った採用活動、社内評価制度の制定などを行っている。

「マネジャーには、ミッションやバリューを言葉と行動で体現することを求めています。社員を褒めるときも、ただ褒めるのではなく、バリューに紐づいて褒めてもらうようにしています。たとえば、『そのチャレンジ、Go Boldでいいね！』みたいな。そうすると、個人ではなく、株式会社メルカリに評価されたことになる。これは重要で、そうしていかないと属人的な組織になったり、一体感が出なかったりするのです」[22]

しかし、現在メルカリの社員数は連結ですでに1800名程度となり[23]、事業とともに組織も急速な成長を遂げている。今後も、事業や組織のフェーズが大きく変化していくことが予測されるが、小泉はミッション・バリューのあり方について以下のように述べている。

〝メルカリ〟by 株式会社メルカリ

「僕は、バリューはフェーズによって変えればいいと思うんですよね。実際、うちは毎年バリューを見直しています。僕らはミッションを達成するためにやっているし、状況が変わればバリューは変えていいという発想なんです。そこのプライドはいらない。しっかり社員に事業の状況や変える理由を共有すれば、みんな腹落ちするはず。だから、いい情報も悪い情報も恐れずに説明することが非常に重要で、隠す経営はきついなと思いますね。フルオープンに経営をするほうがみんな共感してくれる。経営は共感性があってなんぼだと思います。当社ではそれを『Trust & Openness』と言っています」[24]

小泉は創業初期から、組織のあり方を模索し、社内外問わず積極的に提示してきた。組織として変わらない部分と変える部分を見極め、組織の規模にかかわらず、社員とオープンに対話していく姿勢を徹底しているのである。

Endnotes

1 株式会社メルカリ.〝企業情報〟. Available at: https://about.mercari.com/about/.

2 signifiant style.〝【メルカリ】社員10人の時点で構築したミッションとバリュー Vol.3〟.Available at: https://signifiant.jp/articles/mercari-ipo-3/.

3 AERA STYLE MAGAZINE.〝メルカリ 取締役社長兼COO 小泉文明インタビュー［前編］〟.Available at: https://asm.asahi.com/article/11163325.

4 AERA STYLE MAGAZINE.〝メルカリ 取締役社長兼COO 小泉文明インタビュー［前編］〟.Available at: https://asm.asahi.com/article/11163325.

5 小泉文明氏へのインタビュー．２０１９年９月20日実施.

6 mercan.〝メルカリ激動の5年間は挑戦の連続だった。日経編集委員の奥平氏がメルカリ小泉に切り込む『THE BUSINESS DAY 02』レポ〟. Available at: https://mercan.mercari.com/articles/2018-10-15-114111/.

7 小泉文明氏へのインタビュー．２０１９年９月20日実施.

8 小泉文明氏へのインタビュー．２０１９年９月20日実施.

9 signifiant style.〝【メルカリ】社員10人の時点で構築したミッションとバリュー Vol.3〟. Available at: https://signifiant.jp/articles/mercari-ipo-3/.

10 小泉文明氏へのインタビュー．２０１９年９月20日実施.

11 ネットショップ担当者フォーラム.〝メルカリとヤッホーブルーイングの社長が語る「強い組織を作る〝バリュー〟の重要性」〟. Available at: https://netshop.impress.co.jp/node/4331.

12 ネットショップ担当者フォーラム.〝メルカリとヤッホーブルーイングの社長が語る「強い組織を作る〝バリュー〟の重要性」〟. Available at: https://netshop.impress.co.jp/node/4331.

13 TECH::NOTE.〝「プロダクトが組織を引っ張っていく状態は危ない」メルカリCOO小泉氏が語る、事業を拡大する上で大切なこと〟. Available at: https://tech-camp.in/note/pickup/47184/.

14 石塚亮氏。メルカリ共同創業者であり、元メルカリUS CEO。

15 富島寛氏。メルカリ共同創業者であり、創業時からプロダクト面を担当。

16 小泉文明氏へのインタビュー．２０１９年９月20日実施.

17 INDUSTRY CO-CREATION.〝2.メルカリ小泉氏が語る「強い組織の理念戦略」― 採用・評価も会議室名もバリューで貫きとおす〟. Available at: https://industry-co-creation.com/management/34773?pages=2.

18 小泉文明氏へのインタビュー．２０１９年９月20日実施.

19 現代ビジネス.〝メルカリ小泉社長が語る「組織の課題は、遠慮と妥協から生まれる」〟.Available at: https://gendai.ismedia.jp/articles/-/57753?page=2.

20 小泉文明氏へのインタビュー．２０１９年９月20日実施.

21 小泉文明氏へのインタビュー．２０１９年９月20日実施.

22　小泉文明氏へのインタビュー．２０１９年９月20日実施．

23　mercan.〝メルカリ・エンジニア組織の変化と挑戦を伝える「Bold Challenge」がスタート！ #BoldChallenge〟. Available at: https://mercan.mercari.com/articles/16097/.

24　小泉文明氏へのインタビュー．２０１９年９月20日実施．

小泉文明（こいずみ・ふみあき）

株式会社メルカリ　取締役President（会長）

早稲田大学商学部卒業後、大和証券ＳＭＢＣにてミクシィやDeNAなどのネット企業のＩＰＯを担当。２００６年よりミクシィにジョインし、取締役執行役員ＣＦＯとしてコーポレート部門全体を統轄する。２０１２年に退任後はいくつかのスタートアップを支援し、２０１３年12月株式会社メルカリに参画。２０１４年３月取締役就任、２０１７年４月取締役社長兼ＣＯＯ就任、２０１９年９月取締役President（会長）就任。２０１９年８月より株式会社鹿島アントラーズ・エフ・シー代表取締役社長兼任。

CASE 07

“Mirrativ”

株式会社ミラティブ

株式会社ミラティブは、赤川隼一氏（以下、赤川）が株式会社ディー・エヌ・エー在籍時に新規事業として立ち上げ、2018年2月にMBO[1]を経て、独立したスタートアップである。[2]当社は「わかりあう願いをつなごう」というミッションのもと、[3]スマートフォン向けゲーム実況アプリ「Mirrativ」を提供している。[4]本ケースは、創業時から現在に至るまでの採用、ビジョン・ミッションの制定など、ミラティブにおけるチーム構築の過程を描写したものである。

"Mirrativ" by 株式会社ミラティブ

ミラティブには前述のミッションに加え、「期待を超え続ける」「スキルを磨き続ける」など5つの行動指針が存在している。[5] これらはMBOから約半年後、フルタイムの従業員が15名の際に作られたものであり、[6] 従業員が50名を超えた今もなお、組織を支えている。[7] 創業時から強固なチーム構築を実現している当社だが、その背景には赤川のDeNA時代の経験、日々の事業運営から得られる学びが存在していた。

プロダクトの時代

赤川は2006年、DeNAに新卒入社、その後、「Yahoo!モバゲー」や海外事業に携わった後、歴代最年少で執行役員に就任した。[8] その後、「0→1で、世界で勝てるような事業を立ち上げたい」という想いのもと、[9] 2015年8月DeNAの社内新規事業としてスタート、2018年2月にMBOを実施し、独立を果たした。MBO後もその勢いは止まるところを知らず、「Mirrativ」を通じたゲーム配信者は100万人を突破、2019年2月には35億円超の資金調達も実施した。[10]

ミラティブは依然50余名の規模にもかかわらず、なぜこのような急速な成長を実現できているのか。赤川はこう語る。

「大前提として、今は〝プロダクトの時代〟だと思っています。ユーザー体験が悪いモノを作って勝ち続けている企業は世界にほぼ存在しない状態になってきているし、いいモノはスモールチームでもメガスケールする事例がここ10年でもたくさん出た。たとえば、WhatsAppは社員40人で10億ユーザーを抱えているし、Facebookだって一人から始まった。なので、創業初期から、もっとも重要視するべきはユーザー体験を作れるプロダクト人材だという思想でチームを作っていきました」[11]

創業初期のミラティブ社は、DeNA時代にミラティブチームと呼ばれていたDeNA社のメンバー全員が移籍をする形で形成された（MBO後のミラティブ社はDeNAとの資本関係がないため、全員がDeNAを退社しての立ち上げとなった）。スタートアップというハイリスクな環境を全員が選択したのは、立ち上げの際、あくまでDeNA社内の事業ではあったものの、すべて赤川が直接声をかけたり、紹介を頼りに採用したメンバーだったことが大きい。[12]赤川は、社長である自身が採用に携わることに関して、このように語る。

「これまでの事業経験やY Combinatorが残している集合知から、立ち上げの最初の10人が最

“Mirrativ” by 株式会社ミラティブ

重要だと考えていたので、他人に任せるべきではないと思っていました。なので、すべて人事に任せるのではなく、自分でWantedlyを書いたり、一緒に働きたい人に声をかけたりしていましたね。創業者のもっとも重要な役割は、最初の10人を集めることだと思います」[13]

DeNA時代の失敗体験

赤川は創業初期から、自身が採用に携わり、責任を持ってチームを構築していった。もちろん、一般論としても「創業初期におけるチーム構築の重要性」はたびたび語られる。ただし、赤川には採用を重視する明確な過去の原体験があった。

「僕がDeNAに入社した2006年は、ちょうどモバゲータウンが出た年で、1年間で社員が倍くらいになったんですよ。その時代に物理的に（DeNA創業者の）南場さんが全員を最終面接することができなくなってしまいました。

各部長の裁量で採用した結果、1年後くらいにモチベーションのズレみたいなものが生まれて、組織の一体感が弱まって業績も苦しんだ時期がありました。トップが採用に直接手をかけられなかったことが、じわじわ効いてきたんです。

その反省からDeNA社は２００８年にDeNA Qualityという行動指針を作って、採用時の絶対的な基準にしました。それにより、組織も回復し業績の爆発の下地ができた、という過去があります。そのとき、人材の質にこだわることがいかに重要か、基準がズレることがいかにダメージになるか、が僕の中に強烈に刷り込まれました。そこから僕も『人材命』を意識していきました」[14]

赤川は、スキルのみを重要視して採用を行っているわけではない。創業時を振り返り、事業への共感度も重要だと述べている。

「ミラティブを作ったときには、川上さんというエンジニアと一緒に始めました。もともと僕がDeNAのグローバル展開の責任者をやっていたとき、彼と一緒にグローバルに挑戦したのですが、勝てなかった。そのときの戦友ということもあり、悔しい想いを共有できていたんです。なので、ミラティブを構想したときに『今度こそ世界で勝てるものを見つけたから一緒にやろう』と話をした。彼も多分悔しい想いがあったと思うので、初めから強い結束で始めることができました」[15]

「新規事業は基本的にとても辛いんですよね、スタートアップでやろうと企業内でやろうと。

“Mirrativ” by 株式会社ミラティブ

そもそも成功する確率の方が低いし、いろんなハードシングスが起こる。基本的に辛いので、辛いものを乗り越えられるエネルギーレベルとかコミットメントがないと途中で折れてしまうんです。なので、採用の際に、特にマインド面を妥協してしまうと、うまくいくものもうまくいかなくなってしまう。そういった自戒は、過去の体験から刷り込まれています」[16]

起業家自ら、採用の場に立ち続ける

ミラティブは現在、約55名の規模まで拡大している。つまり、赤川はMBOから約1年半の期間において、約55名分の採用プロセスに自ら携わってきたことになるが、「1年半で辞めた人は1人」[17]であり、スタートアップにおいては驚異的な離職率の低さを実現している。

では赤川は、事業に共感し、またエネルギーを持った人材や組織に合う人材をどのように見分けているのだろうか。たとえば赤川は採用面接において、よく2つの質問をすると言う。

「採用面接の最初によく『人生、どうですか?』と聞きますね。これはアイスブレイクなんですけれど、回答でその人の人となりや、現状への不満や向上心・野心の度合い、人生に何を求めている人なのか、ということがわかったりします。あとは、いろいろ話して打ち解けた後に

『ところで〇〇さんには闇（の部分）はありますか？』という質問をすることも多いです。

面接っていいことばかりを言いがちなんですが、なんだかんだ人間って甘える部分・弱い部分とか、自分が嫌だと思うポイントがあるじゃないですか。正直に自己開示してくれる人は信頼できるしミラティブに合うなと思います。闇が深い回答をしたらダメだというわけではありません。コンプレックスがエネルギーの源泉になっている人もいる。少しでも本音に近づいて相性を見たり、組織全体のバランスを取るために、この質問をしています」[18]

採用は何も面接の場でだけ行われるものではない。赤川は「採用の基本は自分が一緒に働きたい人をひたすら口説くことに尽きる」[19]とも述べている。


「僕はあらゆるMTGや飲み会は採用につながる可能性があると思っています。もちろん、すぐに結実するものもあれば、一緒に仕事をして、数年後に来てくれることもある。なので、あらゆるステークホルダーとの対話が、自社の将来の採用やビジネスにつながると考える姿勢はかなり重要だと思っています。

基本的に、起業すると生活のほぼ100%の時間で事業について頭の片隅で考えることになる。一睡もしないという意味ではなくて、休んでいる間でもそれが自分の事業とどう関わってくるんだと考えて、頭から離れない状態になるということです。僕はそのゾーンに入っている

“Mirrativ” by 株式会社ミラティブ

起業家は強いなと思うし、そういう人はあらゆる時間が採用チャンス・事業チャンスになりうると思っているんです」[20]

赤川はDeNA入社後、1年目から採用に携わり、そこから約12年間にわたって人材の評価をする立場を経験してきた。[21] その過程において場数を踏んだ経験や、起業家として常に事業との結びつきを考える姿勢こそが、ミラティブにおける採用の根幹を担っている。

〝プレミアムエモイデー〟とは

チーム構築を行う際、採用に加え、組織内部のコミュニケーションも重要な要素となる。

赤川はミラティブを「エモい」会社にしたいと語る。「エモい」とは、感情が動かされるという意味を持つ言葉であり、[22] ミラティブでは月に一度プレミアムエモイデーと称し、経営陣からの事業戦略の共有とあわせて、チーム全員で「最近あったエモい話」を共有する社内イベントを実施している。[23] 赤川は、このイベントを始めたきっかけをこのように語る。

「このイベントの前身は、DeNA時代に『最近、赤川さんが何を考えているのかよくわからな

い』という話が上がってきたことをきっかけに始まりました。基本的に、起業家が考えてることって抽象度が高かったり、ふわっとしていたりするのですが、それをあえてそのままの抽象度で、月1回僕が考えていることをざっくばらんに話す時間を取ったんです。今みたいに、それぞれでエモい話をするようになったのは独立直後で、きっかけは偶然ですね。新メンバーとのお互いの自己紹介のときに、ふと思いついて最近あったエモい話をしてくださいって言ったら、すごく盛り上がったんですよ」[24]

当初は、赤川が日々考えていることをオープンな場で共有し、議論することを目的に始まったイベントが、次第に社員同士が自己開示をして相互理解をしていく重要なイベントになっていった。ただ、このイベントも単に「エモい」話をして終わりなわけではない。月1回、定期的に実施している裏側には、明確な目的があるという。

「『こんなことまで言っちゃっていいんだ』という、心理的安全性をいかに双方向で確保するのかがこの会の重要な部分です。みんな何かしらの想いはあるので、それを発信してもらうことによって、組織の一体感や相互理解が生まれ、雰囲気がよくなります。プライベートの話をしてもみんなが真剣に聞いていてくれたり、話がおもしろくなくても周りが盛り上げてくれたり、相手を理解するにはまず自分から心を開く、というプロセスが浸透するきっかけにもなります」[25]

"Mirrativ" by 株式会社ミラティブ

目指すは反脆(はんもろ)い組織

赤川は今後、ミラティブという企業を「反脆い組織」にしていきたいと述べている。

「反脆い」とは、『反脆弱性』(ナシーム・ニコラス・タレブ著)において語られた考え方であり、「ショックで起きる新しいチャンスをものにして強くなること」[26]を意味している。赤川は、反脆弱性と組織を掛け合わせ、このように語る。

「反脆いというコンセプトは、たとえばワクチンのように、毒を入れることによって、逆により強くなる、というような考え方です。要は変化、トラブル、失敗に強いことが重要だと。僕がいくつか言語化している中で言うと、ガチガチのルールより、行動指針やミッション、僕らは『美徳』という単語を使うんですけれど、これらが擦りあっていることの方が重要だと。なぜなら、ルールでガチガチに縛る組織は、ルール外のことが起こると対応できなくなりがちなので。僕は衝撃を受けてもそれをチャンスに変えられるような、そんな組織にしていきたいと思っています」[27]

ミラティブは、ルールでメンバーの行動を規定するのではなく、ミッション、行動指針、美徳など、抽象度の高いものを擦り合わせることによって、[28]衝撃をむしろチャンスに変えられる組織となっている。また、そのために内部のコミュニケーションの機会が明確に設計されている。

では、そのために必要なトップの仕事とは何か。赤川はこのように語っている。

「よく『旗を立てる』と表現していますね。僕がミラティブでやった一番重要な仕事はミッションを作った＝旗を立てたこと、そしてミラティブという事業を思いついて進めたことです。旗を立て、なぜ旗を立てたかというストーリーを語り、それが戦略、戦術に落ちていく。結局、何をしたいかという意志の表明だと思うんですよね。willを示す。正解のないことに、白か黒かを言うことが大事だと思います」[29]

赤川は創業期から自ら採用の現場に立ち、ストーリーを伝え続けてきた。そして、事業・ミッションに共感する人材を集め、心理的安全性が担保された環境を構築するため、日々模索しながらさまざまな施策を講じているのである。

"Mirrativ" by 株式会社ミラティブ

Endnotes

1 MBO（Management Buyout）…M&Aの手法の1つ。会社の経営陣が、金融支援（＝買収をしようとする企業の資産や将来のキャッシュフローを担保として投資ファンド等からの出資・金融機関からの借入などを行うこと）を受けることによって、自ら自社の株式や一事業部門を買収し、会社から独立する手法のこと（野村證券　証券用語解説集より引用）

2 type.〝スマホゲーム配信者数日本一の『Mirrativ』から学ぶ、ユーザーの「共感」を生み出すプロダクト開発【ミラティブCEO 赤川隼一×CTO 夏 澄彦】〟. Available at: https://type.jp/et/feature/11228.

3 株式会社ミラティブ.〝会社情報〟. Available at: https://www.mirrativ.co.jp/.

4 DIAMOND Online.〝世界が注目する〝ゲーム実況〟、国産アプリ「ミラティブ」の勝算〟. Available at: https://diamond.jp/articles/-/194912.

5 note.〝「15人のスタートアップ」が、メルカリやDeNAに習ってメンバー200人になっても困らない行動指針を熱心に創った話〟. Available at: https://note.com/jakaguwa/n/na9b5aa9e9827.

6 note.〝「15人のスタートアップ」が、メルカリやDeNAに習ってメンバー200人になっても困らない行動指針を熱心に創った話〟. Available at: https://note.com/jakaguwa/n/na9b5aa9e9827.

7 赤川隼一氏へのインタビュー．2019年10月2日実施．

8 ONE CAREER.〝インターネットは「遊び」をビジネスにした。「意識低い系」バンドマンだった赤川隼一が、DeNA歴代最年少執行役員、急成長スタートアップの経営者になるまで〟. Available at: https://www.onecareer.jp/articles/1924.

9 4Gamer.net.〝ライブ配信プラットフォーム「Mirrativ」が変える、運営とプレイヤーの距離。新たな経営体制のキーパーソンが語る理想の組織とは〟. Available at: https://www.4gamer.net/games/315/G031515/20190325034/.

10 日経クロストレンド.〝ミラティブ赤川社長「ヒットは体験のショートカットから生まれる」〟. Available at: https://xtrend.nikkei.com/atcl/contents/18/00173/00016/.

11 赤川隼一氏へのインタビュー．2019年10月2日実施．

12 note.〝MBOして新しく始まったミラティブ社のDay1と原体験を話す（僕らが旅に出る理由）〟. Available at: https://note.com/jakaguwa/n/n08029752ff1b.

13 赤川隼一氏へのインタビュー．2019年10月1日実施．

14 赤川隼一氏へのインタビュー．2019年10月1日実施．

15 赤川隼一氏へのインタビュー．2019年10月1日実施．

16 赤川隼一氏へのインタビュー．2019年10月1日実施．

17 赤川隼一氏へのインタビュー．2019年10月1日実施．

18 赤川隼一氏へのインタビュー．2019年10月1日実施．

19 赤川隼一氏へのインタビュー．2019年10月1日実施．

20 赤川隼一氏へのインタビュー．2019年10月1日実施．

21 赤川隼一氏へのインタビュー．2019年10月1日実施．

22 PlusParavi.〝ゲーム実況のミラティブ、赤川社長の市場創造戦略〟. Available at: https://plus.paravi.jp/business/002558_3.html.

23 PR Table.〝ミラティブという最強チームの細胞に宿るもの――青春、信仰心、プロフェッショナル〟. Available at: https://www.pr-table.com/mirrativ/stories/12853.

24 赤川隼一氏へのインタビュー．2019年10月1日実施.

25 赤川隼一氏へのインタビュー．2019年10月1日実施.

26 NewsPicks.〝【ミラティブ赤川】「採用」もオワコン。企業は人材に機会を提供せよ〟. Available at: https://newspicks.com/news/3763828/body/.

27 赤川隼一氏へのインタビュー．2019年10月1日実施.

28 赤川隼一氏へのインタビュー．2019年10月1日実施.

29 赤川隼一氏へのインタビュー．2019年10月1日実施.

赤川隼一（あかがわ・じゅんいち）

2006年、株式会社ディー・エヌ・エーに入社。「Yahoo!モバゲー」等の立ち上げ後、新卒出身者として初の執行役員に就任し、海外事業の統括やゲーム開発に携わる。2018年2月、「わかりあう願いをつなごう」をミッションに株式会社エモモ（現ミラティブ）を創業し、日本最大のスマートフォンゲーム配信サービス「Mirrativ」を運営中。

"Mirrativ" by 株式会社ミラティブ

"ラクスル"

ラクスル株式会社

ラクスル株式会社は松本恭攝氏(以下、松本)により、2009年9月に設立されたスタートアップである。当社は「仕組みを変えれば、世界はもっと良くなる」[1]というミッションのもと、印刷・広告シェアリングプラットフォーム「ラクスル」、物流シェアリングプラットフォーム「ハコベル」など、BtoBのシェアリングプラットフォーム領域における事業を複数展開している。[2]本ケースは、創業時における、ラクスルのチーム構築の過程を描写したものである。

ラクスルには「ラクスルスタイル」と呼ばれる行動指針が存在している。これは、当社のミッションと密接に結び付いており、社員個々人に浸透することによって、組織カルチャーの根幹を担っている。しかし、これらの仕組みは創業当初から制定されていたものではない。大規模な組織崩壊の危機を乗り越え、松本、経営層が模索しながら、構築していったものである。

「人」の重要性

「これまでの事業運営の中で一番辛かったのは、やっぱり人ですね。組織崩壊が起きていたときが、本当に一番辛かった」[3]

ラクスルの創業者である松本は、約10年にも渡る事業運営の歴史を振り返り、このように語る。

2013年3月に「ラクスル」のサービス提供を始めた後、当社は2015年12月「ハコベル」、そして2018年からは広告事業を開始させるなど、レガシーな産業の改革に挑戦を繰り返してきた。

また、2018年5月には東京証券取引所マザーズに上場、2019年8月には東京証券取引所市場第一部に上場するなど[4]、その勢いは他のスタートアップと比較しても特筆に値する。しかし、上記で松本が語っているように、ラクスルとて順風満帆な成長を遂げてきたわけではない。その裏側には、離職率が30%に上るなど[5]、組織面において大きな崩壊の危機が存在していた。

一人でつくった創業サービス

ラクスルは、資本金２００万円からスタートした。[6] 創業者の松本は、新卒でA．T．カーニーに入社。コスト削減の案件に取り組んでいる最中、印刷業界のいびつな構造に問題意識を抱いたことをきっかけに、創業に至った。[7]

創業後、松本がまず取りかかったのは「印刷比較.com」というサービスだった。印刷通販会社のデータベースを構築し、印刷の仕様、紙のサイズ、色など複数の条件を選択することによって各社の料金を比較できるサービスだ。[8]

松本は、ときに外注しながら一人でこのサービスを構築し、２０１０年4月12日にリリース。[9] 当時は印刷会社からの広告費が収入のメインであったが、２ヶ月後には月商１００万円を超えた。[10] この時点で、松本はエンジェル投資を受け、２０１１年には共同創業者をチームに迎えることとなる。[11] 売上高も次第に大きくなり、当社の成長は順調に思われた。

しかし、松本はここで事業を比較サイトからピボットすることを決める。当時を振り返り、松本はこう語る。

「月商３００万円を超えたぐらいのときに、エンジェルで投資をしてくれた投資家に話をしに

いったんです。当時、年収1500～2000万ぐらい。25、6歳のタイミングだったから、『なかなかいいじゃん』って思っちゃってたんですよね（笑）。でも、そのときにその方から『お前、中小企業つくりたいの？』って言われて、はっとしたんです」[12]

この出来事をきっかけに、松本は比較サイトから、ECへと事業の舵を切ることとなる。そしてこの変化を境に、人材の登用も本格化するのだった。

ECへの転換、人材採用

2012年、ラクスルはニッセイ・キャピタル、YJキャピタル、ANRIから2・3億円の資金調達（シリーズA）を行い[13]、本格的にECサイトの構築に乗り出した。この時点で、ラクスルには約12、3名の社員が参画をしていた[14]。しかし、調達後のこのタイミングで、組織内部には不穏な空気が流れ始める。

「自分のマネジメントのできなさが一番の原因なのですが、事業が月次30％とかで伸びているのに、社内の雰囲気が最悪なんですよ。オペレーション設計ができていない中で踏み込んでい

〝ラクスル〟by ラクスル株式会社

るので、全社員がカスタマーサポートをして疲弊する、みたいな。当時は僕も組織を運営した経験がなかったので、チームとは何かとか、人はなぜ働くのか、組織をどう機能させるのかとか、人に関わる部分がまったくできませんでした」[15]

スタート時点ではなかなか売上が立たなかったものの、「空き時間印刷」などのキーワードを生み出したこともあり[16]、サービス自体は徐々に世間からの注目を集めつつあった。

しかしその最中、足下ではチームが崩壊の危機を迎えていた。その原因を松本はこう振り返る。

「社員の一つひとつの業務を見たとき、ストレートに言うと自分の方が仕事ができるから、いろいろ言っちゃうんですよ。で、言うことは正しいんだけど、社員のモチベーションを下げると。すべてに口を突っ込んで、すべてに指示を出していく、超トップダウン式でした。大きい会社だったらそれでもワークする場合があると思うのですが、小さい会社だとそうはいかない。みんなも『なんでこんなところで働いてるんだろう』と感じていたと思います」[17]

「ドラッカーはマネジメントを『組織を率いて成果を出す』ことだと言っています。その意味で言うと、当時のラクスルには組織の機能を最大化できる人がいなかったんです。若いときに起業して、チームメンバーも若い人のみだったので、マネジメントを失敗してしまい、大崩壊

が起きました」[18]

松本は、創業サービスをほぼ一人で構築し、さらなる成長を見据えて、ＥＣへの転換、人材の採用拡大を図ろうとしていた。しかし、事業の成長とは裏腹に、松本は組織面の課題を突きつけられることとなった。

リーダーシップチームの構築

組織崩壊を経験し、事業面だけでなく、組織を強固にする重要性を痛感した松本は、早速、対抗策を考え始めた。その中で、松本は「リーダーシップチームの構築」こそがもっとも重要であるとの結論に至る。松本はこう語る。

「一人での経営ではなく、チーム経営を実現するためには、やはり仕事を１００％任せ切れることが重要だと思いました。そのためには、少なくともこの領域においては自分よりも優秀だ、という人を採用する必要があります。なので、２年ほどかけて、自分より優秀な人を採用しました」[19]

〝ラクスル〟by ラクスル株式会社

「自分より優秀なメンバーを採用しようとすると、大体年上になりますね。当時僕が28、9歳くらいのタイミングで、34から36歳ぐらいのメンバーを次々と採用しました。まずチームの基盤を作り、その次に現場で若手を採用していく。そして、間にミドルマネジメントが必要になったタイミングで、ミドルマネジメントの採用をしていく。そんなふうにチームを作っていきました」[20]

松本は、チーム経営を実現するべく、さまざまな領域のプロフェッショナルを次々と採用していった。しかし、「自分より優秀な人材を登用する」のは、言うは易く行うは難しのように思われる。では、松本は彼らをどのようにチームに引き入れたのか。

「投資家に話をするのとまったく同じ資料を使って、話をしました。ベースとして、やはり事業がよくないと採用ってできないと思うんです。当時、自分より優秀な人は誰かというと、結局、投資家にいる層と同じような人たちなんですよね。永見はカーライルのシニアVPですし、福島はBCGのプリンシパルだった人間なので、投資家の口説き方とほぼ同じなんです。なので当時は、事業モデル、予算計画の説明をして、ミーティングにも出てもらいました。いわゆるDD[21]ですね。このプロセスを組み込んだ上で、一緒に事業を作っていきたいと話しま

した」[22]

このアプローチは功を奏し、2014年4月には取締役CFO永見世央氏（以下、永見）[23]、2016年10月取締役CMO田部正樹氏（以下、田部）、2017年10月取締役COO福島広造氏などが参画。[24]現在のラクスルの中核を担う経営層を、次々と採用することに成功したのだった。

カルチャーを作り出す

優秀な人材の採用に成功した後、課題となってくるのは、いかに彼らに活躍してもらうか、ということである。松本はここでも徹底的に任せる姿勢が重要だと説いている。

「プロフェッショナル領域においては、完全に任せることを意識していましたね。口出しをしない。たとえば、一時期、TVCMを僕が作って回していたんですけれど、それを全部田部が壊しました。でも、任せるって決めたからそれでいいや、と。任せると決めた領域に関しては口出しをしないのが重要ですね」[25]

〝ラクスル〟by ラクスル株式会社

永見であればファイナンス、田部であればマーケティング、というように、彼らが専門としている領域は徹底的に任せる。細かい報告も要求しない。これこそがチーム経営の実現にとって重要だ、と松本は考え、実践してきた。

現在、ラクスルでは、ラクスルスタイル（行動指針）の制定、ビジョン・ミッションシェアリングデー（社員合宿）を開催するなど[26]、ビジョンを浸透させ、チームの結束を強めるための機会が数多く設けられている。これらの活動は、「いい人がいるだけではいい組織はできないし、いいカルチャーって自然発生しない」[27]という考えのもと、永見のリーダーシップをもとに始められた。松本はこう語る。

「毎週月曜日には朝会をやっていて、その場では会社のビジョンと行動指針に照らし合わせながら、これまでの振り返りをしています。あとは年に1回、ビジョン・ミッションシェアリングデーというものをやっていて、社員全員で合宿に行って、足元の事業と自分たちの実現したい将来の結び付きの話をしたりしています。僕が社内で話す言葉の、それこそ6割、7割はビジョンとか行動指針の話です」[28]

松本は、創業初期の組織崩壊の経験を踏まえ、経営を任せられる人材の採用に乗り出した。そして、ただ優秀な人材を採用するだけでなく、意図的にカルチャーを生み出す仕組みを構築することに力を入れてきた。

「ラクスルは30年後、日本の産業のインフラになることを目指す」[29]という松本のメッセージに表れているように、事業だけでなく、組織づくりにも長期的な視点で取り組んでいるのである。

〝ラクスル〟by ラクスル株式会社

Endnotes

1 ラクスル株式会社. 〝企業情報 ご挨拶〟. Available at: https://corp.raksul.com/about/message/.
2 ラクスル株式会社. 〝私たちのサービス〟. Available at: https://corp.raksul.com/services/.
3 松本恭攝氏へのインタビュー. ２０１８年10月９日実施.
4 ラクスル株式会社. 〝沿革〟. Available at: https://corp.raksul.com/about/history/.
5 組織づくりベース. 〝退職率30％からの組織改革. ラクスルの成長を支えた人事制度・カルチャーづくりとは？〟. Available at: https://www.hito-link.jp/media/interview/raksul.
6 AERA STYLE MAGAZINE. 〝ラクスル株式会社 代表取締役 松本恭攝インタビュー［前編］〟. Available at: https://asm.asahi.com/article/11196226.
7 日経クロステック. 〝「〝セクシー〟ではない印刷業界で革新を起こす」、ラクスル代表の松本氏語る〟. Available at: https://tech.nikkeibp.co.jp/it/atcl/column/15/043000112/043000005/.
8 PJ web news. 〝印刷通販比較サイト「raksul」２０００万件にのぼる料金データベースが武器〟. Available at: http://www.pjl.co.jp/issue/2011_tuhan11/2.html.
9 PJ web news. 〝印刷通販比較サイト「raksul」２０００万件にのぼる料金データベースが武器〟. Available at: http://www.pjl.co.jp/issue/2011_tuhan11/2.html.
10 松本恭攝氏へのインタビュー. ２０１８年10月９日実施.
11 Raksul Official Blog. 〝【ラクスルのいままでとこれから】創業者松本が振り返る10年―創業期を振り返って〈前編〉〟. Available at: https://blog.raksul.com/archives/1514.
12 松本恭攝氏へのインタビュー. ２０１８年10月９日実施.
13 INDUSTRY CO-CREATION. 〝カーライルからラクスルへ…ＣＦＯ永見氏が語る累計79億円の資金調達【K16-9C #2】〟. Available at: https://industry-co-creation.com/management/6387.
14 松本恭攝氏へのインタビュー. ２０１８年10月９日実施.
15 松本恭攝氏へのインタビュー. ２０１８年10月９日実施.
16 Raksul Official Blog. 〝【ラクスルのいままでとこれから】創業者松本が振り返る10年―創業期を振り返って〈前編〉〟. Available at: https://blog.raksul.com/archives/1514.
17 松本恭攝氏へのインタビュー. ２０１８年10月９日実施.
18 松本恭攝氏へのインタビュー. ２０１８年10月９日実施.
19 松本恭攝氏へのインタビュー. ２０１８年10月９日実施.
20 松本恭攝氏へのインタビュー. ２０１８年10月９日実施.
21 ＤＤ（Due Diligence）…企業の買収・投資などに際し、事前に対象企業の調査・査定などを行うこと。収益性やリスクなどを複数の視点から調査し、適正な企業価値を算定する
22 松本恭攝氏へのインタビュー. ２０１８年10月９日実施.
23 FastGrow. 〝【ラクスル ＣＥＯ×ＣＦＯ対談】ＣＥＯは万能ではない。創業者ではないＮｏ・２が、組織成長のためにやってきた

こと〟. Available at: https://www.fastgrow.jp/articles/raksul-matsumoto-nagami.

24 ラクスル株式会社.〝企業情報 役員紹介〟. Available at: https://corp.raksul.com/about/officer/.

25 松本恭攝氏へのインタビュー．２０１８年10月９日実施.

26 Raksul Official Blog.〝事業をつくることだけが〝創業〟じゃない！「組織づくり」とともに歩んだもうひとつのラクスル創業ストーリー〟. Available at: https://blog.raksul.com/archives/24.

27 Raksul Official Blog.〝事業をつくることだけが〝創業〟じゃない！「組織づくり」とともに歩んだもうひとつのラクスル創業ストーリー〟. Available at: https://blog.raksul.com/archives/24.

28 松本恭攝氏へのインタビュー．２０１８年10月９日実施.

29 THE ACADEMIA.〝採用ができないリーダーは評価しない。ラクスルの「強い組織を作る人事制度」〟. Available at: https://theacademia.com/articles/rakusul_event2.

〝ラクスル〟 by ラクスル株式会社

松本恭攝（まつもと・やすかね）

１９８４年富山県生まれ。慶應義塾大学卒業後、A.T.カーニーに入社。コスト削減プロジェクトに従事する中で、６兆円の市場規模がある印刷業界に効率化が行われていないことに注目し、インターネットの力で印刷業界の仕組みを変えるべく２００９年９月にラクスル株式会社を設立。「仕組みを変えれば、世界はもっと良くなる」をビジョンに掲げ、伝統的な産業の構造変革に取り組んでいる。印刷・広告のシェアリングプラットフォーム事業「ラクスル」、物流のシェアリングプラットフォーム事業「ハコベル」を展開している。

"hey"
ヘイ株式会社

ヘイ株式会社は、2018年2月、コイニー株式会社とストアーズ・ドット・ジェーピー株式会社が経営統合する形で生まれたスタートアップである。[1] 当社は、2社がそれぞれ行っていた、事業者向け決済サービス「Coiney」、オンラインショップ開設サービス「STORES.jp」の2つを主事業とし、[2] 現在、佐藤裕介氏（以下、佐藤）が代表取締役社長を務めている。本ケースは、主に佐藤の視点から、創業時から現在にわたるまでの採用、マネジメント方針など、ヘイにおけるチーム構築の過程を描写したものである。

ヘイは、「Coiney」「STORES.jp」の2事業を通し、個人や小規模事業者のビジネスを支援するサービスを提供している。2018年2月には経営統合。当社が掲げる「Just for Fun」という方針は、[3] 社内外を問わず多くの共感を呼んでいる。創業時から、強固なチームを構築している当社だが、その背景には佐藤のフリークアウト時代の経験、そしてそこから得られた学びが存在していた。

応援してもらえる組織になる

大学在学中、中古ロードバイクのECで起業した佐藤は、2008年にGoogle（日本法人）に入社。[4]その後、本田謙氏[5]（以下、本田）との出会いをきっかけに、2010年には株式会社フリークアウト（2012年6月に取締役COOに就任）、2012年には取締役として株式会社イグニスに参画、2013年6月、両社ともをマザーズ上場に導いた。[6]このような経歴を持つ佐藤が現在取り組んでいる事業が、ヘイである。

当社は、自社の顧客を「ライジング・セラー」（自分の手の届く範囲でこだわりを持ってモノづくりをしているストアオーナー）[7]と定義し、小規模ながらもアパレルグッズなどを製作、販売している個人、事業者を支援するサービスを提供している。

また、当社が特徴的なのは、自社でもグッズを製作、販売し、組織内部においても「ライジング・セラー的な特性や習慣」[8]を埋め込んでいる点だ。顧客が行うビジネスに関して理解を深めるこ

"hey" by ヘイ株式会社

とで、顧客目線に立ったサービスの改善が可能となっている。

当社は、採用にも力を入れているが「『heyを応援したい』と思ってくれる人を増やす」[9]、つまりライジング・セラーと同じように、自社のファンを増やすことを重視している。佐藤がこの方針を掲げるに至るまでには、フリークアウト時代のマネジメント方針に対する、深い反省があった。

まるで〝戦国武将〟

「一番結果を出したやつを上に上げていくという、戦国時代みたいな世界観の組織でしたね。マネジャーにフィットするとかしないとかにかかわらず、宮本武蔵みたいなやつを戦場に送り込んで、生き残った人が偉い、みたいな」[10]

フリークアウト在籍時を振り返り、佐藤はこう語る。

フリークアウトは、国内で最初にリアルタイム広告取引（RTB: Real-Time Bidding）を仕掛け[11]、広告領域において新たな市場を開拓した企業である。それぞれヤフー、Googleにおいて広告事業に携わっていた本田、佐藤によって2010年に創業。その技術力ゆえに注目を集め、3年9ヶ月というスピードで東証マザーズ市場への上場を果たした。[12]

しかし、上場後、業績は一時程の輝きを見せなくなる。急激な伸びを見せていた売上が鈍化し、増加する固定費が利益率を圧迫し始めた。他社が市場に参入し、次第にシェアを奪い合う構造になっていったのが原因だった。

そして、業績の悪化につられるように、上場後、組織内部には不穏な空気が流れ始めていた。佐藤はこの原因をこう分析する。

「企業として勝つためには、事業複雑性と組織複雑性、少なくともどちらかの強みがあるべきだと思っています。フリークアウトの場合、最初は事業複雑性があったので、この期間で資金調達を行い、成長していくことができました。でも、長期で成長するためには組織複雑性のマネジメントが重要。ここをほぼ無視した結果、成長のモメンタムがあるときに働いてくれていた人たちがごっそり抜けて行きました」[13]

ここで佐藤は、技術力や専門性など、他社が模倣困難な「事業複雑性」か、あるいは事業推進に必要なチームを表す「組織複雑性」の少なくともどちらか一方を持つことが重要だと述べている。佐藤の言葉を借りれば、当初は「事業複雑性」ゆえに成長できたフリークアウトも、上場後その

"hey" by ヘイ株式会社

成長が鈍化した結果、成長以外に会社に人を惹きつける磁力がなかった、「組織複雑性」を持つことができていなかったことが明らかになったのだ。

マネジメント方針、大転換

では、なぜフリークアウトは佐藤の言う「組織複雑性」を持てていなかったのか。佐藤はこの原因を、自身を含めた経営陣によるマネジメントの失敗だと分析している。

「今振り返ると、僕が社員のキャリア形成にまったく関心を持っていなかったんですね。僕自身、キャリアのほとんどが経営者なので、『キャリアとか、目の前のことをちゃんとやっていればどうにかなるでしょ』くらいの感じだった。その結果、着実にキャリアを積み上げていっている人たちがフリークアウトに定着しないんですよ。自分と似たような人以外を無意識に切り捨て、また相手からも見限られた結果、野生児みたいなやつらしか残らなかったんです」[14]

佐藤は、過去の振る舞いを振り返り、自身のマネジメント方針が無意識に、組織内部の単一化を招いていたのではないかと考えた。これでは、佐藤の言う「組織複雑性」は構築されない。

この反省を踏まえ、現在ヘイでは社員個々人のキャリア形成に注力し、自社の成長に必要な、多様な人材に定着してもらうことを重視していると言う。

「heyは、大きいマーケットで、市場が長く拡大していくところにいるので、毎年何倍で成長などの派手な数字を追うよりは、むしろ30%の成長を長期にわたっていかに蓋然性高くやり続けられるかが大事だと思っています。そしてこれができる組織にしていくためには、僕と違った、きちんと自身のキャリアを構築できるタイプの人が必要です。なので、経営陣も含めて、個々人のキャリアに敬意を持ったり、一緒に『開発していこうぜ』というスタンスを大切にしています。昔とは少しキャラを変えていますね」[15]

より具体的には、社員個々人のWill（やりたいこと）、Can（できること）、Must（やらなければならないこと）を把握し、そのために会社は何ができるか、そして個々人の目標達成が組織全体にどのような影響をもたらすのかを整理、伝達していると言う。

20回にわたる面接

佐藤は過去の反省を踏まえ、ヘイにおいて自身のマネジメントスタイルを大きく変えた。しかし、組織が拡大する中、トップ自らが個々人のマイクロマネジメントをするにはどうしても限界がある。

では佐藤はどのようにチームビルディングを行っていったのだろうか。佐藤はこう語る。

「明確にミドルから採用するようになりました。上からはめていく感じですね。採用したミドルの人たちとマネジメントの方針を議論して、1on1で各社員に落としていってもらっているという感じです」[16]

佐藤はヘイにおいて、まずミドルマネジメントを行える人材を採用し、そこから組織をつくっていった。それにより、個々のメンバーに自社のマネジメント方針を行き渡らせるためだ。

しかし、そうすると次に課題となるのはミドルマネジメントの採用である。仮にこの採用でミスマッチが生じ、期待するパフォーマンスが発揮されなかった場合、組織全体にまで問題が波及する。この点において佐藤は強いこだわりを見せる。

「ミドルやエグゼクティブの採用はかなり時間を使います。たとえばCoineyの社長になったトップのときは、エクセルシートを作って、面接を20回やりましたね。ここは失敗できないので、面接も食事も何度も繰り返して、本当に信頼できる人かどうかを見極めていきました」[17][18]

佐藤は通常の面接フローよりもはるかに多くの時間を費やし、ミドル、エグゼクティブの採用に取り組んでいる。信頼できる人材を中心に据えることが、「組織複雑性」の構築につながると自身の経験より痛感しているからだ。

ヘイにいる理由を作る

佐藤がチーム構築に注力するのは、過去の反省からのみではない。これまでの産業の発展のあり方を踏まえ、今後はより組織として戦うことが重要になってくると考えているからだ。佐藤はこう語る。

"hey" by ヘイ株式会社

「インターネットセクターの会社は成熟しているので、一人の天才でぶち抜ける時代はもうほぼこないと思うんですよね。エンジニアにしてもデザイナーにしても、各分野の専門性が深くなりすぎていて、フルでカバーできる人なんていない。そうするとチーム戦になるんですよ。チームとして結果を出せるか、役割分担できるかが大事になってくるんです」[19]

実際にヘイでは、「チームにどう貢献できたか」、そしてチームとしてどう活躍できたかという点に注目し、ここのみを評価の対象にしているという。[20] 佐藤は、現在のマネジメント方針についてこう語る。

「『この場所にいる理由』をきちんと作るようにしています。フリークアウトのときは、会社にいる理由がモメンタムとSO（ストックオプション）だけで、業績が悪くなったとき多くの社員が抜けてしまいました。なので、ヘイでは個々人が『ここにいる理由』をきちんと作り、僕自身もそれをきちんと管理するケイパビリティを持つことを意識しているんです」[21]

「ここにいる理由」は個人によってさまざまだ。しかし、だからこそヘイは個々人に目を向け、会社は何をすることができるのか、ということを模索し続けているのである。

Endnotes

1 ヘイ株式会社. “COMPANY” . Available at: https://hey.jp/company/.

2 THE BRIDGE. 〝「Coiney」と「STORES.jp」、4月からサービスブランドを統合し「STORES（ストアーズ）」に〟. Available at: https://thebridge.jp/2020/01/coiney-stores-jp-rebranded-into-stores.

3 ヘイ株式会社. 〝JOBS〟. Available at: https://hey.jp/jobs/.

4 ONE CAREER. 〝Google出身：30歳で2社上場。新時代の若き経営者、「経営に近づくキャリア論」〟. Available at: https://www.onecareer.jp/articles/902.

5 本田謙…現・株式会社フリークアウト・ホールディングス 代表取締役社長 Global CEO

6 株式会社フリークアウト・ホールディングス. 〝企業情報 役員紹介〟. Available at: https://www.fout.co.jp/company/officer/.

7 ITmediaビジネスオンライン. 〝天才プログラマー・佐藤裕介は限界を感じていた――知られざる過去、そこで得たメルカリ対抗策 (4/6)〟. Available at: https://www.itmedia.co.jp/business/articles/1808/27/news058_4.html.

8 ITmediaビジネスオンライン. 〝天才プログラマー・佐藤裕介は限界を感じていた――知られざる過去、そこで得たメルカリ対抗策 (4/6)〟. Available at: https://www.itmedia.co.jp/business/articles/1808/27/news058_4.html.

9 キャリアハック. 〝佐藤裕介の審美眼「みんなが良いというものを疑え」〟. Available at: https://careerhack.en-japan.com/report/detail/986.

10 佐藤裕介氏へのインタビュー. ２０２０年1月23日実施.

11 キャリアハック. 〝フリークアウトがぶつかった「難題」、本田謙が貫いた正義〟. Available at: https://careerhack.en-japan.com/report/detail/1013.

12 株式会社フリークアウト・ホールディングス. 〝企業情報 沿革〟. Available at: https://www.fout.co.jp/company/history/.

13 佐藤裕介氏へのインタビュー. ２０２０年1月23日実施.

14 佐藤裕介氏へのインタビュー. ２０２０年1月23日実施.

15 佐藤裕介氏へのインタビュー. ２０２０年1月23日実施.

16 佐藤裕介氏へのインタビュー. ２０２０年1月23日実施.

17 ト部宏樹…コイニー株式会社 代表取締役社長

18 佐藤裕介氏へのインタビュー. ２０２０年1月23日実施.

19 佐藤裕介氏へのインタビュー. ２０２０年1月23日実施.

20 佐藤裕介氏へのインタビュー. ２０２０年1月23日実施.

21 佐藤裕介氏へのインタビュー. ２０２０年1月23日実施.

佐藤裕介（さとう・ゆうすけ）

ヘイ株式会社 代表取締役社長
2008年、Google（日本法人）に入社し、広告製品を担当。2010年末、COOとしてフリークアウトの創業に参画。また、株式会社イグニスにも取締役として参画し、2014年6月にはフリークアウト、イグニス共にマザーズ上場。2017年1月、フリークアウト・ホールディングス共同代表に就任。エンジェル投資家としても活動。

CASE 10

“SPEEDA”

株式会社ユーザベース

株式会社ユーザベースは梅田優祐氏（以下、梅田）、稲垣裕介氏（以下、稲垣）、新野良介氏（以下、新野）の3名により、共同設立されたスタートアップである。当社は「経済情報で、世界を変える」というミッションのもと、経済情報プラットフォーム「SPEEDA」[1]、ソーシャル経済メディア「NewsPicks」[2]などの経済サービス事業を数多く提供している。本ケースは、創業期の採用、組織崩壊の危機など、ユーザベースにおけるチーム構築の過程を、主に梅田の視点から描写したものである。

ユーザベースには「The 7 Values」というバリューが存在している。The 7 Valuesには「自由主義で行こう」「創造性がなければ意味がない」など、組織全体に共通した価値観が描かれており、[3] これによって一体感のある経営が実現できている。[4] しかし、これらのバリューは創業時から制定されていたものではなく、組織崩壊の危機などを乗り越え、梅田たちが独自に紡ぎ出したものであった。

気心の知れた創業メンバー

ユーザベースは、梅田、稲垣、新野の三人によって共同創業された企業である。梅田にとって稲垣は高校時代からの友人であり、新野はUBS証券時代の同僚だった。気心の知れた仲間と創業に乗り出したことに関して、梅田はこのように述べている。

「三人で始められたのは運がよかった。僕らはお互い得意分野があるので、三人でようやく一人分みたいな感じなんですよね。たとえば1年目だったら、新野が営業、稲垣が開発、僕が商品の企画というように。今でも、その時々の組織の状態や戦略の優先順位によって、三人それ

ぞれがどういうフォーメーションで経営するかを決めています」

しかし、今でこそ固い結束を持つ彼らだが、当初からすべてがうまく機能していたわけではない。品川の狭いワンルームマンションで働いていた創業期、彼らは何度もぶつかり、ときには口を利かなくなる「冷戦期」をも経験していた。

「マンション冷戦期」

三人は梅田のつながりを元に集められたメンバーだ。稲垣と新野は初対面であり、当初からお互いの考えを完全に理解できているわけではなかった。梅田は当時の様子をこう振り返る。

「稲垣と新野は合わなかったね、最初。新野はすごくビジョナリーで、売上ゼロのときからビジョン、バリューみたいな言葉を使うんですよね。一方で稲垣は、現場でコードを書いているから、『そんなふわっとしたこと言ってないで、手動かしてよ』みたいな感じで。僕と稲垣も結構喧嘩したな。マンションの1室で働いているので、メールをすぐ返さないとか、トイレの使い方が汚いとか、そういう小さなことが気になってくるんですよ。でも、そういうことを

言って、小さい男だと思われたくないから、自分の中に溜め込んでしまう」[6]

梅田の発案によって始まったSPEEDAの開発であったが、当初は互いの考えていること、仕事の重要度などに大きな乖離が存在した。そして、ときには「冷戦期」と呼ばれるほど、互いが口を利かなかった時期もあった。

「僕と稲垣が口を利かない『冷戦期』があったんです。当時、やっちゃんという初期の社員がいたんですが、やっちゃんを通して2人が話すみたいな、異様な光景でした。僕の不満の源泉は、一緒に創業したにもかかわらず、稲垣はいつもエンジニアの利益目線で話していて、経営目線で話していないことでした。なんでこんな目線の低いことを言ってるんだ、と」[7]

当時は資金調達も難しく、彼らは自己資金と借入のみで経営を行っていた。[8] 一刻も早く売上を立てなければ資金が尽きてしまうという苦しい状況の中、互いに疑念を持ち、ときには会話すら難しい状況になってしまっていた。

しかし、ここで彼らにとっての転機が訪れる。梅田はこう語る。

「まったく話をしないと崩壊してしまうので、その前にムカついている気持ちを全部ぶつけて

やろうと稲垣を新橋の和民に呼びました。こっちは怒りを吐き出してやろうと思っていたのですが、稲垣はそこですっと紙を出してきたんです。そこには、俺は今後ユーザベースをこうしていきたいとか、そのための戦略とか、めちゃめちゃ目線の高いことが書いてあったんですね。その瞬間、『なんだ、俺が一人で勝手にムカついてたんだ』と、怒りがすっと全部消えちゃいました。単にコミュニケーションを取っていなかっただけだったんです」[9]

この経験から、彼らは「どんなことでも不満があったら絶対に言う」「逆に何も不満を言っていないということは、何も不満を持っていないことの証明とみなす」「言わないことに責任がある」[10]などといったルールを制定し、互いに大切にし合うことを決めた。これにより、彼らはオープンなコミュニケーションを取ることができるようになっていった。

天才プログラマー・竹内のマネジメント

チーム状況は改善した一方、プロダクト開発の進捗は芳しくなかった。

当時、東京工業大学でソフトウェア工学を専攻していた竹内秀行（以下、竹内）の参画により[11]、開発は順調に進むかと思われていたが、ここでまた梅田は1つの問題に直面した。梅田はこう振り返

“SPEEDA” by 株式会社ユーザベース

る。

「竹内はコンサル時代で一番出会わなかったような人種でした。『期限を決めたら絶対守る』とか、社会人として当たり前じゃないですか。でも竹内は、9時からミーティングと言ったのに普通に夕方に来たりして、しかも一言の謝罪もなく仕事を始めたりする。でも彼にしかできないプログラミングという才能があるのは事実だったので、どう働いてもらえばいいか、当時すごく悩んでいました」[12]

周りに人がいる環境だと集中できないタイプ[13]の竹内にとって、決められた時間に、決められた場所で働く環境は、望ましくなかった。しかし、ここで梅田は、彼を管理するアプローチを取ってしまう。

「あまりにも期限を守らないから、僕や稲垣の横に座ってコーディングをして、毎日何をやったかレポートしろ、と彼を管理しようとしたんです。すると、日に日に彼の生産性が落ちていって、ある日竹内から『もうついていけません』というお別れメールをもらったんですよ。これは1つの大きな転機でした」[14]

梅田と稲垣に仕事を管理され自由に働けなくなった竹内は、ついにユーザベースを離れると梅田たちに通告した。この経験は、後に制定されるThe 7 Valuesの1つ、「自由主義で行こう」につながっていると梅田は話す。

「僕は竹内の才能を活かす方法をまったく考えていなくて、いかに自分たちと同じように働かせるかということばかりに目がいってしまっていた。でも、竹内がいなくなったら困ります。そこで、なんとか戻ってきてもらうために、管理を止めて、自由にすることにしたんです。そうすると彼がすごく生き生きし出して、あるとき僕の書いた仕様書を無視して、よりいいものを作ってきたんですね。そのときに、『自由にするってこんな力があるのか』と気づかされました」[15]

この経験は、梅田に「自由主義」の可能性を感じさせ、後のマネジメントに大きな影響を与えたのだった。

社員30人、組織崩壊の危機

その後、紆余曲折ありながらも、２００９年５月、ユーザベースはついにSPEEDAをリリースすることができた。創業から約1年後のことであった。

リリース当初こそ売上が伸び悩んだものの、ユーザーの声を聴きながら機能改善を繰り返すことにより、契約ＩＤ数は順調に推移。[16] メンバーも次第に増加し、２０１１年頃、その数は約30名にも上っていた。[17] しかし、ここで梅田はまたもやチームの課題に直面することになる。梅田は当時の様子をこのように語っている。

「業績が上がってきて、社員が30名ぐらいになってきたとき、僕はこの調子でいこうよと言っていたんだけど、社員が全然ついてこなくなった。そのときも最初はムカついたんです。『これだけ苦労して、ようやくうまくいき始めているのに、不平不満を言ってついてこれないやつはもういい』ぐらいに思っていました」[18]

当時、急成長の裏側で、組織内部に崩壊の危機が差し迫っていたのだ。この危機を感じ取った梅田は、当時休養期間に入っていた新野に相談することとなる。

「当時、病気で休んでいた新野に相談したんですよ。そうすると、『今こそ、ビジョンとバリューが求められているんじゃないか』と言われました。そのときに初めて、ビジョンとバリューってすごく大切なんだと気がついたんです。それまでは数字ばかりが頭にありましたが、1回立ち止まって、社内共通の価値観・共通語を作ってから、組織が本当に変わりました」[19]

社員30名の頃に経験したこの内部崩壊の危機こそが、後の「The 7 Values」策定につながったのだ。

“The 7Values”、ビジョンの策定

その後、梅田、稲垣、新野の三人は“The 7Values”、そして「世界一の経済メディアになる」というビジョンを制定、社員に向けて共有した。[20] この効果は絶大であり、内部崩壊の危機を通じて得た“The 7Values”とビジョンにより、ユーザベースチームの結束は、より一層強固なものとなっ

た。

これらの経験を通じ、あらためて梅田は、創業期における採用の重要性を提唱している。

「会社のDNAは最初の1、2年である程度の基盤ができ上がるので、この期間がとても大事です。うちの『The 7Values』も創業当初の1、2年にあったことをベースに作りました」[21]

「今、僕が米国にいながら、[22]**日本がこれだけ回っているというのは、自走する組織だからなんですよ。人に言われなくても、勝手に考えて、勝手に行動する。そしてこのベースにあるのが、自由です。当然、フリーライドをする人が出てくるかもしれないという負の側面はあるんですけれど、それはある程度仕方のないこと。それをミニマイズさせるためにも、最初の採用がめちゃくちゃ重要なんです」**[23]

ユーザベースには、創業当初から明確なビジョン、ミッションが制定されているわけではなかった。しかし、一つひとつの組織崩壊の危機を乗り越え、自らの方向性を定義・伝えることにより、強いチームの実現に取り組んできたのである。

Endnotes

1 株式会社ユーザベース. 〝サービス SPEEDA〟. Available at: https://www.uzabase.com/services/speeda/.

2 株式会社ユーザベース. 〝サービス NewsPicks〟. Available at: https://www.uzabase.com/services/newspicks/.

3 株式会社ユーザベース. "The 7 Values". Available at: https://www.uzabase.com/company/seven-rules/.

4 logmiBiz. 〝「ビジネス界のGoogleを目指す」NewsPicks´SPEEDAをつくったユーザベースの7つのルール〟. Available at: https://logmi.jp/business/articles/295983.

5 梅田優祐氏へのインタビュー. 2018年10月25日実施.

6 梅田優祐氏へのインタビュー. 2018年10月25日実施.

7 梅田優祐氏へのインタビュー. 2018年10月25日実施.

8 梅田優祐氏へのインタビュー. 2018年10月25日実施.

9 梅田優祐氏へのインタビュー. 2018年10月25日実施.

10 梅田優祐氏へのインタビュー. 2018年10月25日実施.

11 リクナビNEXTジャーナル. 〝【20代の不格好経験】起業後にサービス開発担当者が「自分には作れない」と白旗。売り上げゼロの状態で一から技術者探しに奔走～ユーザベース代表 梅田優祐さん〟. Available at: https://next.rikunabi.com/journal/20141027/.

12 梅田優祐氏へのインタビュー. 2018年10月25日実施.

13 SUPER CEO. 〝ユーザベースの革新的プラットフォームの強さは〝掛け合わせ〟にあり～天才エンジニアが語る～〟. Available at: https://superceo.jp/tokusyu/manga/100570.

14 梅田優祐氏へのインタビュー. 2018年10月25日実施.

15 梅田優祐氏へのインタビュー. 2018年10月25日実施.

16 NewsPicks. 〝【ユーザベース】インフォグラフィックで見る「創業物語」〟. Available at: https://newspicks.com/news/1853892/body/.

17 株式会社ユーザベース. "The 7Values". Available at: https://www.uzabase.com/company/seven-rules/.

18 梅田優祐氏へのインタビュー. 2018年10月25日実施.

19 梅田優祐氏へのインタビュー. 2018年10月25日実施.

20 Forbes JAPAN. 〝ユーザベース 梅田優祐・新野良介・稲垣裕介―「世界一の情報インフラ」への道 後編〟. Available at: https://forbesjapan.com/articles/detail/10856.

21 梅田優祐氏へのインタビュー. 2018年10月25日実施.

22 梅田は2020年2月時点で、買収先のQuartzの経営のため米国を拠点にしている

23 梅田優祐氏へのインタビュー. 2018年10月25日実施.

"SPEEDA" by 株式会社ユーザベース

梅田優祐（うめだ・ゆうすけ）

株式会社ユーザベース代表取締役CEO

戦略系コンサルティングファームのコーポレイトディレクション（CDI）、UBS証券投資銀行本部の東京支店でさまざまな産業や企業の分析業務に従事。そのときの経験から誰もが簡単に使える経済情報プラットフォームの必要性を感じ、2008年にユーザベースを創業。ニューズピックス代表取締役会長CEO、およびQuartz Media, Inc. Chairmanも務める。

CASE 11

〝ビズリーチ〟

Visional

ビジョナル株式会社（Visional）は、南壮一郎氏（以下、南）によって創業されたスタートアップであり、２００９年創業のグループ会社の株式会社ビズリーチでは「ビズリーチ」「HRMOS（ハーモス）」「キャリトレ」「スタンバイ」「ビズリーチ・キャンパス」などHR Tech領域におけるサービスを次々と立ち上げている。本ケースは、南が「ビズリーチ」の着想を得た後、この事業を実現するためのメンバーをどのように集めていったのか、その過程の一部を描写したものである。

〝ビズリーチ〟 by Visional

ビズリーチは国内初の「ダイレクトリクルーティング」サービスとして2009年にスタートした。多くの転職サイトが、第二新卒やスタッフ向けにサービスを展開していたのに対して、ビズリーチは管理職や専門職といった即戦力人材に特化して展開するなど、独自の施策を数々投じてきた。人材業界に新たな風を吹かせてきた試みで注目を集めた本サービスであるが、その裏側には幾度にもわたる失敗、挫折、そして当社のバリューである「事業づくりは、仲間づくり」という言葉に象徴される南の地道な採用活動があった。

突きつけられた「無理だよ」

「当初、ビズリーチはなかなか立ち上がりませんでした。振り返ってみると、僕のワンマンプレーがいけなかった。一人で事業のすべてに関わり、必要な人はその都度巻き込めばいい、ぐらいに考えていました。事業を創る姿勢としては間違っていたと反省しています。そして、そこから仲間の大切さを身をもって学びました。これまで多数の新規事業を立ち上げてきてわかったことは、採用にかける情熱や時間的投資こそが事業づくりを推し進めるエンジンだということです」[1]

創業初期に自身が行ってきたチーム構築に向けた行動と過程、そして何よりも失敗の連続を通じて得た学びを、南はこう語る。

2007年、楽天イーグルスを退職した南は、[2] 自身が転職活動中に人材紹介会社を活用し、親身に相談に乗ってもらいながらも、プロセス全体に大きな「非効率」を感じたことをきっかけに、[3] インターネットを活用した新たな「ダイレクトリクルーティング」サービスを構想していた。

日本の正社員採用において重要な採用経路となっている人材紹介会社の多くでは、主な収入源が、成功報酬型で支払われる採用先の企業からの人材紹介料である。一部、固定で支払われるリサーチの着手金（リテイナー）もあるが、一般的には採用した人材の年収から一定割合を徴収する仕組みだ。そのような状況の中、南は、小売業界においてEコマースの仕組みが成り立ったように、人材データベースを企業に直接開放することで、採用市場を可視化し、転職活動における選択肢と可能性を広げられないか、と自身の転職活動を通じて感じていた。

Eコマースのプラットフォームのように、求職者が職務経歴をオンライン上で公開し、採用したい企業が主体的に直接スカウトできる仕組みを作れば、求職者のみならず、採用企業の選択肢と可能性も最大化し、雇用の流動化につながり、社会全体の生産性向上につながる、と南は直感的に思った。

「業界のルールを変えるチャンスだ」[4]――そう確信した南は、早速、事業づくりに乗り出した。

しかし、南はＩＴや人材業界で働いたこともなければ、インターネットサービスの運営に携わったことすらなかった。まったく何もわからないところからのスタートであるため、まずは事業づくりをともにしてくれる仲間が必要だった。手探り状態であったものの、自身で作成した簡単な事業計画を片手に、人材業界や企業の人事部に携わる知人に会って、構想を語り続けた。

しかし、そこで得られた反応はまったく予想と反するものだった。当時を振り返り、南はこのように語る。

「起業当時、僕はともに戦ってくれる仲間を集めるために、数ヶ月で数百人に声をかけ、自分の想いや事業構想を懸命に伝えました。でも、『無理だよ』『絶対に成功しない』と、誰も賛同してくれず、一時は自信を失いかけました」[5]

当時、すでに海外では、ダイレクトリクルーティングが一般的だった。[6]しかし日本の中途採用においては、採用企業が自ら主体的に考え、能動的に行動するダイレクトリクルーティングを実行するサービスはなく、依然、人材紹介会社に依存するモデルに留まっていた。

「一人目の仲間」との出会い

周囲からの反応に落胆し、ダイレクトリクルーティングのビジネスモデルへの自信を失いかけていた南にとって、佐藤和男氏（以下、佐藤）との出会いは、ようやく見えた一筋の光のように思えた。

2008年1月末、知り合いの紹介で参加したとあるセミナーで南と佐藤は出会った。[7] 当時佐藤は、新卒向けの就職メディアを運営する会社に所属しており、若手社会人とのコミュニティを形成するため、そのセミナーを企画・運営していた。[8] 自身も将来の起業を目指し、マイクロソフトではシステムエンジニア、リクルートでは営業、そして現職では新規事業の立ち上げを行っていた佐藤に南は興味を抱いた。[9] 当時を回想し、南はこう語る。

「初めて僕の構想に賛同してくれたのが佐藤でした。それが、どれだけ嬉しく、そして彼の存在がどれだけ自分に勇気を与えてくれたか。この人に必ず恩返ししなくてはならない。だからこそ、何が何でも事業を成功に導こうと心に誓った」

南が目指している「ダイレクトリクルーティング」サービスに可能性を感じた佐藤は、ビズリーチへの入社を決意。2008年4月、一人目の仲間としてチームに加わった。[10]

南は当時、マイクロソフトでシステムエンジニアの経験がある佐藤がチームに加わったことにより、「これでサイトの設計・開発が進むだろう」と目論んでいた。しかし、佐藤の入社後に、南は自身が大きな勘違いをしていたことに気づく。佐藤が経験してきたシステムエンジニアの仕事とインターネットサービスを設計・開発する仕事では、求められているスキルがまったく違ったのだ。

「草ベンチャー」の立ち上げ

インターネットサービスの立ち上げ方がまったくわかっていないことを痛感した南は、他にできることもなく、再度サービスを一緒に創ってくれるエンジニアを探す旅に出た。

金融とプロ野球界で社会人経験を積んできた南のまわりには、当然、エンジニアの知り合いはいない。そこで、南はまず、インターネット業界で働く知人を集めたブレスト会を企画した。[11] 彼らと接点を持ち、ともにビジネスを考えることで興味を持ってもらうだけでなく、人材との出会いにもつながるのではないかと考えたのだ。

このとき、南が打ち出したキャッチコピーが「草野球」ならぬ、「草ベンチャー」だった。それぞれ日中に本業がある中、平日のビジネスアワー以外の時間や週末に集まって、まるで草野球をするかのように、事業をゼロから立ち上げる。スタートアップで働くことへの抵抗が強かった状況の中で思いついた仲間づくりの工夫だった。当時を振り返り、南はこのように語る。

「どうしたらみんなが一緒に働いてくれるのかなと考えたとき、『草ベンチャー』という言葉を思いつきました。とにかくないものだらけの当時の僕らに、さすがにフルコミットはしてくれない。じゃあ飲み会だったり、週末草野球をやっている時間を事業づくりのためにくれないか、というのがネーミングの入り口でした」[12]

当時の南は彼らに対して給与を支払うことはできなかったが、新規事業の立ち上げなど、なかなか若手にはできない経験ができると語り、ブレスト会への参加者を募っていった。当初15〜20人いたメンバーは、結果的に5〜6人に絞り込まれていったものの、[13]残った仲間たちは、その後、南にとってはかけがえのない仲間になっていった。

しかし、なかなかサービスを開発してくれるエンジニアには出会えない。ついに痺れを切らした南は、一刻も早くリリースにこぎつけるため、サイト構築を外注した。[14]当時を回想し、南はこう語る。

「ITサービスを立ち上げようとすると、どんなに素晴らしいプランを書こうが、ものづくりの人がいないと立ち上がらない。ビジネスプランの前に、何よりもものづくりに強いチームを作らないと、動き出さないと痛感しました」[15]

一緒に起業してくれるエンジニアが見つからないものの、サイトの開発を外注したことで、南はひとまず物事は前進していると思っていた。

しかし、この判断が最大のミスだったと、南は後に振り返る。当初は2ヶ月後のリリースを目標にしていたものの、サービスの開発は思うように進まなかった。[16] 原因は、南自身にインターネットサービスを創るためのプロジェクトマネジメントの経験がなかったこと。指示の出し方や物事の進め方がわからないため、外注先のシステム会社を振り回して開発が行き詰まり、まったくリリースの目処が立たなかったのだ。

難航したエンジニア採用

開発は、振り出しに戻った。南は再度、仲間になってくれるエンジニアを探さなくてはならない現実に直面する。

ＩＴ企業で働いたことがなかった南は、それまでも、エンジニアとの出会いを求めて、なりふり構わずエンジニアの集まりなどに顔を出しては、新事業への想いを語っていた。しかし、インターネットサービスのバックグラウンドがない南は、ときに反発も受けたという。

「とにかくエンジニアとの接点を持たなければいけないと思い、エンジニアのコミュニティ内で開催されていた会合に出席したりもしました。しかし、当時の自分は、インターネット企業で働いたことがなかったこともあり、ものづくりの本質とは何かを理解していなかった。エンジニアの方をリスペクトするコミュニケーションがうまくとれず、ときには嫌われることもありました。『二度とこの会に来ないでください』と言われたりもしましたよ」[17]

エンジニアとの接点を持つため、ありとあらゆる方法をとった南であったが、その多くは徒労に終わってしまった。

サイトの開発が進まない状況を見て、南は腹を括った。それまでサイトの開発をお願いしていた外注先の会社との契約を打ち切り、まず退路を断った。そして、それまで自身が会ったエンジニアの中でもっとも優秀だと感じていた竹内真氏（以下、竹内）を、なんとしてでも引き入れることに決めたのだ。[18]

誓った約束

竹内は、リクルートで働いた後、自身でウェブ開発などを手掛ける株式会社レイハウオリを設立。[19] 過去にも一度南から誘われていたものの、月1回程のペースでアドバイザーとして関わり、一定の距離感を保っていた。[20]

南から誘われ、再度会うことになった2人だが、あらためて会った南の様子は、初対面のそれとまったく違っていたという。当時の南の様子を、竹内はこう述べる。

「そのとき、あらためて私のところへ来た南の姿は今でも忘れません。『あの南がうなだれている』『いったいどんな変化があったのか…』と、思考を巡らせました」[21]

当時、南は100人以上ものエンジニアに誘いを断られ続け、開発も進まず、自信を喪失していた。そんな南にとって、竹内こそ最後の希望だった。再会後、南は何度も竹内に頭を下げ続け、ビズリーチのために力を貸してくれないかと迫った。[22] そして、ある約束を誓った。

「1つだけ約束します。竹内さんには、必ず『南と仕事をしてよかった』と言ってもらえるよ

うにすると約束します。そしてその約束を、僕は全力で守ります」[23]

自身の限界を知り、憔悴しきった様子で何度も頭を下げている南の姿に、竹内は動かされた。そして、2ヶ月という期間限定でビズリーチを助けることに決めたのだった。[24]

自分より優秀な人を採用する

竹内の参画後、サービス開発は急速なスピードで進み、約束の2ヶ月後にはベータ版をリリースできる状態までになっていた。そして2009年4月14日、ビズリーチはついにグランドオープンを果たす。[25]

南は常々、事業づくりをする上で「自分より優秀な人を採用すること」[26]の重要性を説いている。危機的状況を救った竹内もそうだが、ビズリーチに集まった創業メンバーには、それぞれに光る個性があり、同時に、南とは異なる強みを持っていた。

「考え方や価値観が合うことはとても大事なことで、その上で僕が得意なこともあれば、あなたが得意なこともある。それを持ち寄るのが強いチーム。だからリクルーティングをするの

が、創業者もしくは社長の一番の役割です。一番問題なのは創業期に雇いやすい人を雇ってしまうこと。それは違います。本当は一番優秀な人を採用すべきです」[27]

あらゆるリソースが不足している創業期、とにかく事業を推進するため、声をかけやすい人材を登用することは珍しいことではない。しかし、南は自身の仲間づくりの経験からこのように語っている。

「この事業にとってもっとも必要な人が、どういうふうにしたら加わってくれるのかこそを考えるべきです。でも大体は、断られます。それでも数百人会えば一人ぐらい賛同してくれるかもしれない。なぜかといえば、断られたときになぜ断られたのかを考えるからです。『なぜこの会社でこの事業を、一緒にやりたいのか』『どうしたらチームに加わってくれるのか』、そういうことをしっかり考えてからチームを作る。これが一番重要です」[28]

南は創業当時、エンジニアの採用の誘いを断られ続けてきた。しかしその度に、自分には何が欠けているのかということを考え続け、粘り強く人に会い続けた。そして自前主義を捨て、自分ができないことを認め、仲間を頼ることの重要性に気がついたとき、ともに危機を乗り越えられるチームを作ることができたのである。

Endnotes

1 DIAMOND online. 〝何でもかんでも一人でやろうとしていないか? ――プロジェクト上手は、「仲間づくり」が得意 元楽天イーグルス創業メンバー対談【小澤隆生×南壮一郎】(その１)〟. Available at: https://diamond.jp/articles/-/34322.

2 『ともに戦える「仲間」のつくり方』.(ダイヤモンド社、２０１３年) p.6.

3 日本の人事部. 〝日本には新たな人材プラットフォームが必要 〝人材市場の可視化〟で企業に採用力を取り戻す〟. Available at: https://service.jinjibu.jp/article/detl/innovator/1003/.

4 日経トップリーダー. 〝常識を切り崩す経営 ＩＴで業界のブラックボックスを壊す〟. ２０１４年１月１日. p.77.

5 日本の人事部. 〝日本には新たな人材プラットフォームが必要 〝人材市場の可視化〟で企業に採用力を取り戻す〟. Available at: https://jinjibu.jp/article/detl/topinterview/1314/3/.

6 the Entrepreneur. 〝０から価値を創るもの以外やらない〟. Available at: https://bbank.jp/entrepreneur/interview/it-web/141.

7 『ともに戦える「仲間」のつくり方』.(ダイヤモンド社、２０１３年) p.34.

8 CCL. 〝7年で従業員が６５０人に。ＤＮＡ共有が急成長を支える。〟 Available at: https://consult.nikkeibp.co.jp/ccl/atcl/20160916_1/.

9 『ともに戦える「仲間」のつくり方』.(ダイヤモンド社、２０１３年) p.43.

10 『ともに戦える「仲間」のつくり方』(ダイヤモンド社、２０１３年) p.46.

11 『ともに戦える「仲間」のつくり方』(ダイヤモンド社、２０１３年) p.48.

12 南壮一郎氏へのインタビュー. ２０１８年10月22日実施.

13 南壮一郎氏へのインタビュー. ２０１８年10月22日実施.

14 ITmedia ビジネスオンライン. 〝ビズリーチ社長が明かす創業秘話(3/3)〟. Available at: https://www.itmedia.co.jp/business/articles/1701/17/news025_3.html.

15 南壮一郎氏へのインタビュー. ２０１８年10月22日実施.

16 『ともに戦える「仲間」のつくり方』(ダイヤモンド社、２０１３年) pp.54-55.

17 logmiBiz. 〝起業や転職に踏み切る前に―ビズリーチ南氏による〝草ベンチャー〟の勧め〟. Available at: https://logmi.jp/business/articles/190919.

18 『ともに戦える「仲間」のつくり方』(ダイヤモンド社、２０１３年) p.138.

19 KeyPlayers. 〝ビズリーチ竹内真さんが語るエンジニア採用の教科書&ビズリーチサービス誕生秘話〟 Available at: https://keyplayers.jp/archives/4065/.

20 『ともに戦える「仲間」のつくり方』.(ダイヤモンド社、２０１３年) p.140.

21 KeyPlayers. 〝ビズリーチ竹内真さんが語るエンジニア採用の教

科書&ビズリーチサービス誕生秘話〞. Available at: https://keyplayers.jp/archives/4065/.

22 『ともに戦える「仲間」のつくり方』.（ダイヤモンド社、2013年）p.145.

23 『ともに戦える「仲間」のつくり方』.（ダイヤモンド社、2013年）p.144.

24 『ともに戦える「仲間」のつくり方』.（ダイヤモンド社、2013年）p.153.

25 株式会社ビズリーチ. 〝日本初 有料会員制求人サイト（年収1000万円以上限定）グランドオープン〞. Available at: https://www.bizreach.jp/content/service/pressrelease/20090414/.

26 東洋経済ONLINE. 〝マネジメントの肝は自分より優秀な人を雇うこと〞. Available at: https://toyokeizai.net/articles/-/ 219092.

27 南壮一郎氏へのインタビュー. 2018年10月22日実施.

28 南壮一郎氏へのインタビュー. 2018年10月22日実施.

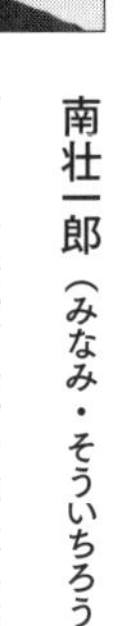

南壮一郎（みなみ・そういちろう）

ビジョナル株式会社代表取締役社長。1999年、米・タフツ大学数量経済学部・国際関係学部の両学部を卒業後、モルガン・スタンレー証券に入社。2004年、楽天イーグルスの創立メンバーとしてプロ野球の新球団設立に携わった後、2009年、ビズリーチを創業。2020年2月、グループ経営体制移行にともない、ビズリーチをはじめ、グループ会社の経営を支援するホールディングカンパニーであるビジョナル株式会社を設立、現職に就任。「新しい可能性を、次々と。」をミッションとし、グループ全体として、ビジネスの生産性向上を支えるさまざまな事業を創出し、「課題」を「可能性」に変え、未来創りに貢献することを目指す。2014年、世界経済フォーラム（ダボス会議）の「ヤング・グローバル・リーダーズ2014」の一人に選出。

第三章　プロダクトを作り、ユーザー検証する

事業のタネは、育てなければ事業にはならない。アイディアを形にし、使ってもらうためには、顧客の行動の本質に迫る検証が求められる。顧客をどう理解し、その理解をどうプロダクトに反映していけばいいのか、いくつかの定石を紐解いていく。

検証方法をどう設計するか

バットを振り続ける

起業のアイディアを見つけたら、いきなり法務局に行き会社の設立登記、ではない。アイディア、すなわち仮説の検証に進まなくてはならない。せっかく思いついたアイディアが、誰にも使われないことだってあるからだ。

米国の調査会社CB Insightsが行った、事業立ち上げに失敗した起業家へのアンケート調査によると、半数近くの起業家が「自分の考えたアイディアにユーザーニーズが無かった」ことを失敗の理由として挙げている（図5）。

あなたがラーメン屋を出したいならば、一番最初にするべきは看板商品が顧客に愛されるかの検証だ。土地を借りて、内装工事をして、従業員を採用し接客を覚えさせてから、ラーメンをお客さんに出したりしてはいけない。

図5　スタートアップの撤退要因

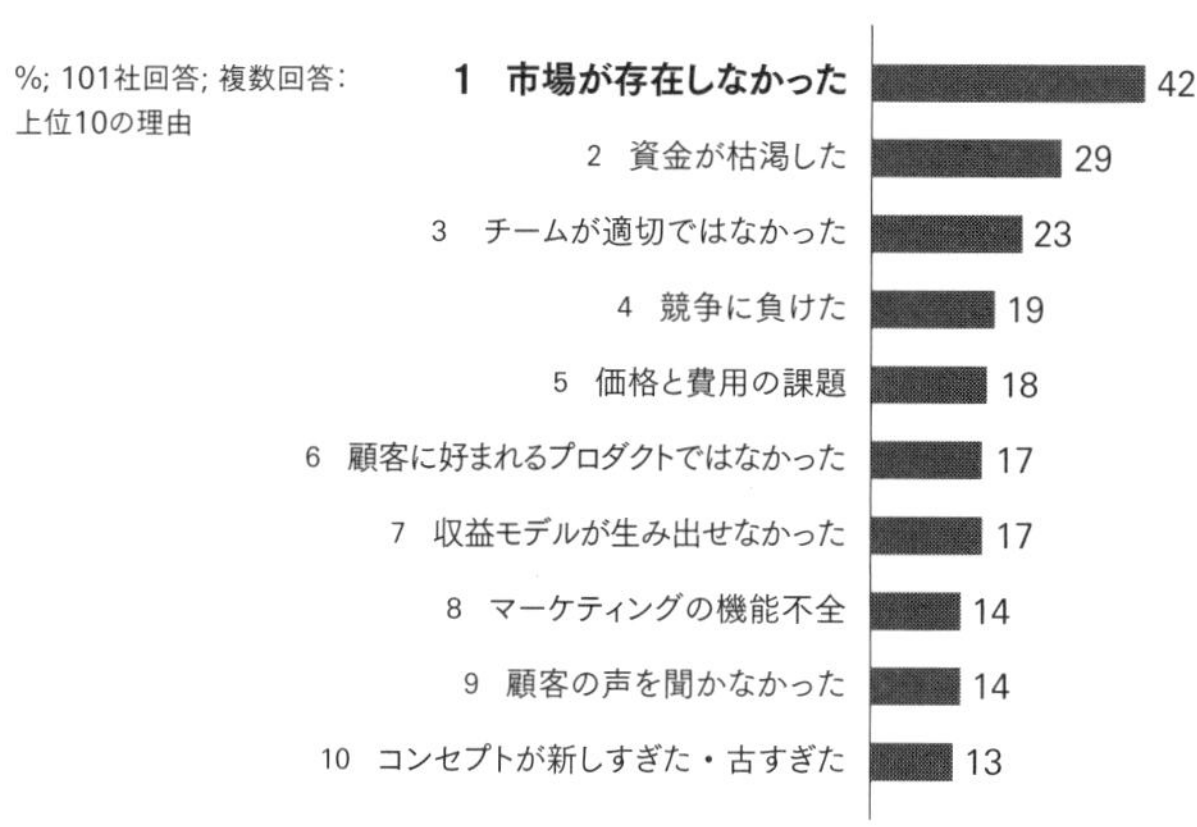

半数近くのスタートアップは市場の不在により撤退する

資料：CB Insights (2019) “Top 20 Reasons Startups Fail”

アイディアは、検証するまでは単なる「主観」だ。「きっとみんなはここを不便に感じているに違いない」という気づきは、自分自身の主観から生まれる。しかし、**自分の考えた仮説に対する思い込みが強すぎて、周囲の人が客観的に見れば「妄想」になってしまっているケースは多々ある。**

苦しい時間を経て、やっと思いついたアイディアが他人に否定されるのは誰だって怖い。だが、この恐怖を乗り越え、自分以外の**ユーザーに利用されるかを確かめなければ、当然事業の成功にはたどり着けない。**

本書で紹介している起業家も、世界的に有名な起業家も、成功に至るまでにはたくさんのボツとなったアイディアがあった。構想段階、プロダクト開発中、プロダクトリリース後にボッとなったものなど、その中身はさまざまだ。

優れた起業家は、成功するまで諦めずにアイディア創出〜検証を繰り返してきた（図6）。自分のアイディアを過信しないこと、空振りを恐れず挑戦を続けることが何より大切だ。

インターネットやプログラミングの普及により、仮説検証にかかる時間とコストは圧倒的に小さくなった。ユニコーン企業や上場企業がインターネット業界からたくさん輩出されるようになった現状には、仮説検証の高速化・低コスト化も貢献している。本章では、成功した起業家がどのようにアイディアを検証してきたかのエッセンスを紹介したい。

顧客の「声」ではなく「行動」にヒントがある

アイディアの検証と聞いて頭にすぐ浮かぶのが、顧客の声を聞くユーザーヒアリングではないだろうか。しかし、顧客の声は重要なインサイトをもたらす可能性がある一方、プロダクト開発を迷宮入りさせる危険な一面も秘めている。

実は、**構想段階のアイディアを利用するかどうかについて顧客の声を聞くことに意味はほとんどない**ということを、ここではっきり伝えておきたい。アンケートを取ったら、「8割の人が使いたいと答えました」だとか、ユーザーヒアリングをしたら、「全員が素晴らしいサービスだと言って

図6　スタートアップにおける戦略形成

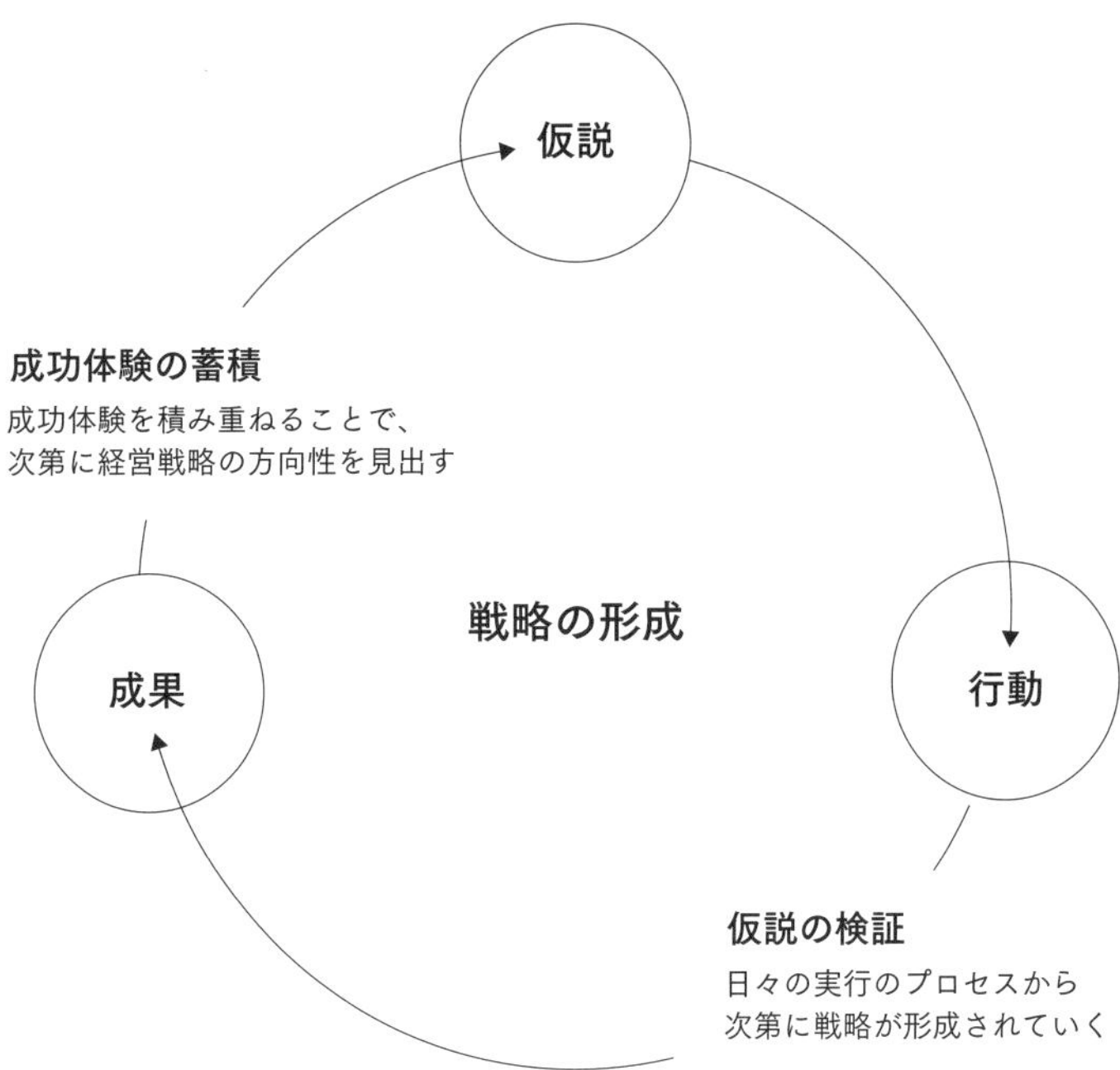
不確実性を前提とした戦略の立案
情報が限定されていることを前提に、
確実性が低いことを踏まえる
仮説
成功体験の蓄積
成功体験を積み重ねることで、
次第に経営戦略の方向性を見出す
戦略の形成
成果
行動
仮説の検証
日々の実行のプロセスから
次第に戦略が形成されていく
仮説を成果につなげるには必ず行動（検証）が必要

資料：『経営戦略原論』（第十章）、図解総研所属きょん氏作成の図をもとに著者改変

くれました」というような調査結果は、意味がないし、検証とは言えない。実際にプロダクトやサービスを触ってもらえたか、使い続けてくれたか、という「行動」こそがなによりも重要だ。

Gunosyを創業した福島は、プロダクトを検証する際、ユーザーの表面上の「便利」、「いいね」という言葉は参考にしなかったという。その代わり、何十人ものテスターにプロダクトを触ってもらい、彼らが帰宅後にサービスを使い続けてくれたかという行動だけを観察していた。

クラシルの堀江は、料理動画にたどり着くまでに美容・コスメ・ファッション・ペット・DIYとさまざまなカテゴリーの動画をFacebook上で配信し、どの動画がもっともパフォーマンスが高いか（再生完了率、いいね数など）を定量的に測った。すると、料理動画がもっともよく観られたためレシピ動画サービスの準備に踏み切った。ここでも、見たのは行動のみで、声は聞いていない。

ユーザーヒアリングでは、回答する側は思ったこと・感じたことを素直に答えるように求められる。しかし、ヒアリング相手が家族や友人であれば否定的なことは言いづらくなるものだ。また、口では「便利」や「使いたい」と言っていても実際に使わない・購入しないケースはごまんとある。**顧客の声はアイディアを創出する際のきっかけとしては活躍するが、アイディアの検証には役立たない。**

アイディアの検証時に見極めなくてはいけないなにより重要なポイントは、実際にお金を払ってプロダクトを購入したり、サービスを利用してくれるかどうかの「**課金ポイント**」。そして既存プロダクトやサービスに戻らず、新しい自社のプロダクト・サービスを使い続けてくれるかどうかの「**リピートポイント**」だ。

最小単位での検証ができているか

検証をするために、実際にアイディアの価値を体験できるプロダクトが欠かせないことは、ここまでで理解してもらえただろう。その際に重要なのは、**検証に必要な最小単位のプロダクトに開発を限定すること**だ。

たとえばの話だが、あなたがスマホで簡単に注文できるフードデリバリーのサービスを思いついたとしよう。多くの起業家はいきなりスマホのアプリ開発から入ってしまう。

昔に比べて、プログラミングを勉強し覚えれば誰でも低コストでアプリを開発・リリースできるいい時代になった。しかし、どんなにコストがかからなくなったといっても、AppleやGoogleにアプリの申請を通したりすると2週間以上は必要となる。しかも、ユーザーがアプリ内で商品を選択し、購入ボタンを押し、アプリ内でクレジットカード決済をするところまで作り込まないと、リリースできない。このアプローチだとアプリを開発する期間（現在だと大体1〜3ヶ月）はアイディアの検証がまったくできない。３ヶ月後に、ようやく完成したアプリで検証した結果、その開発がすべて無駄になることも多々ある。では、どういった検証をすべきか。

習い事の先生をインターネット上で探せるサイタをローンチした有安は、インターネット上でドラム教室の申し込みをするためのホームページを３日間でさくっと作成し、実際に申し込みが来るかを検証した。

世界的に民泊で有名なAirbnbは、今でこそ全世界に６００万室以上を提供しているが、一番最初は「自分のアパートのたった一室を他人がホテル代わりに予約するか」だけを検証した。

靴のＥＣで有名なZapposは「返品が可能であればユーザーはインターネットで靴を購入するか」だけをまず検証した。検証時には、近所で購入可能な靴の情報だけを掲載し、注文が入れば創業者自ら近所の靴屋まで靴を購入しに行き、手作業で靴を郵送していた。倉庫にたくさん靴を仕入れておく必要はなく、あらゆるメーカーの靴を掲載する必要もなかった。

こうした必要最低限の機能のプロダクトをＭＶＰ（Minimum Viable Product）と呼ぶ。アイディアの検証では、このＭＶＰの設計が肝になる。必要以上の機能を盛り込んでしまうと、開発コストがかかってアイディアの検証に至るまでの時間が浪費される。一方で、最低限の要素が盛り込まれていないと、検証すべき顧客の行動を観察できなくなってしまう。

MVPは何を検証したいのか、によって注力するポイントが異なる。

Pairsを立ち上げた赤坂は競合であるOmiaiをスマホに特化させたバージョンをリリースした。当時マッチングサービスにおいては業界内に先駆者がたくさんいたため、ユーザーがマッチングサービスに課金することはすでに充分証明されているとみなせた。そのため、赤坂は「スマホに特化したUI／UXがどれだけ求められているか」のみに注力して検証した。

経済情報プラットフォームであるSPEEDAをローンチした梅田のケースは逆に課金ポイントが重要だった。今までになかった付加価値（手作業だと時間のかかる業界分析を簡単に取得可能にする）だったため、「本当に顧客がお金を払ってくれるのか」をまず見極める必要があった。

ニュースをキュレーションするグノシーの場合は、ヤフーニュースだったり、RSSやメルマガといった競合がすでに存在した。メディアにユーザーが集まれば、広告収入などの形で課金できることはヤフーやGoogleがすでに証明していたので、「継続してユーザーが利用し、長く滞在してくれるか」のリピートポイントの検証が重要だった。

また、メルカリやフリルのようなC to Cマーケットプレイスの場合はヤフオク！という先行者がいたため、スマホを通じて、「実際に出品してくれるか」「購入してくれるか」「リピートしてくれるか」といった点が検証ポイントだった。ユーザーにとって、PCよりスマホのほうが出品や購入において手軽で便利なのかが重要だった。

アイディアの検証のファーストステップは「検証するべき要素は何か」を明確にすること。その上で、最低限の機能に絞ったプロダクトを開発してはじめて、仮説検証に進むことができる。

既存サービスで検証できないかをまず考える

初めて起業する人と話をすると、プロダクト・サービスを世の中に送り出したい気持ちがアイディアの検証よりも先行してしまっていることが多々ある。

しかし、検証だけなら、既存のサービスプラットフォームを活用することだってできる。たとえば、旅行チャットコンシェルジュのサービスであれば、いきなりアプリを開発しなくてもＬＩＮＥやFacebookメッセンジャーで十分検証できるだろう。動画サービスであれば、FacebookやInstagramのタイムラインやYouTubeを使えばいい。Ｄ２Ｃであればヤフオク！やメルカリを使えばニーズがあるかは掴むことができる。お金やチームメンバーといったリソースが圧倒的に不足しているスタートアップにとっては、軽い検証をフットワークよく重ねていくことがなおさら重要だ。

ゼロからＭＶＰを作った場合、顧客数ゼロからスタートしなくてはならない。しかし、Facebookやメルカリを使って検証すれば、最初から数万人単位にアプローチすることが可能になる。

検証結果をどう判断するか

プロダクトマーケットフィットしているか

「プロダクトマーケットフィットしている」とは、顧客の課題を満足させるプロダクトを提供し、適切な市場に受け入れられている状態のことを指す。Y Combinatorという米国のアクセラレータではこのプロダクトマーケットフィットの水準として、**週次のアクティブユーザーが7％以上でオーガニックで**[1]**（広告を使わずに）成長していること**、と定めている。

スマホ上でゲーム実況を配信・視聴するサービスのMirrativは、ユーザーが集まりコミュニティを形成するプラットフォームであるため、ユーザーがプロダクトにハマり、「マーケティングをかけずに口コミのみでアクティブユーザーが積み上がるスパイラルが構築できるか」が重要だと初期から認識していた。リリース当初は苦戦したが、7週目からはアクティブユーザー数がY

Combinatorの教えどおりオーガニックで7％成長を達成。また、1ユーザーあたりの滞在時間・配信時間がダウンロードされた週から毎週右肩上がりで増え続けていたことから、自信を深めることができたと赤川は説明している。

ベンチマーク企業のKPIと比較する

シードステージの起業家と話をしている際によく出てくる質問が「何人の顧客に検証してもらえばよいですか?」「どこまで検証すればよいですか?」だ。

起業家の先輩にこの質問をすると、その時点で「正解を探し続ける学生のような考えなので、起業をやめたほうがいい」と言われてしまうだろう。アイディアの検証は、投資家に「合格」と言われたから事業の継続が判断できるようなものではない。

では、優れた起業家は、どういった判断軸を持っているのだろうか。1つ参考になるアプローチとして、ベンチマーク企業（その市場のトップ企業）のKPIと比較する方法を紹介したい。たとえば、CVR[2]やリピート率がベンチマーク企業より明確にパフォーマンスがよく、それが中長期的に持続可能であれば、競争を挑みにいくべきだろう。図7に典型的なKPIの例を挙げておいたので参考にしてほしい。

クラシルの堀江はクックパッドのKPIを事細かに調べていた。福島も赤坂も競合をベンチマークし、競合サービスのKPIを一定程度把握していた。実際、競合サイトのユーザーIDやクッキー情報の法則性からユーザー数の伸びを推測したり、注文番号の法則性から注文件数を予測したりと、入手できる情報から情報を紐解く方法は無数にある。

若い起業家からは「自分のアイディアは唯一無二のまったく新しいもので、競合は世界に存在しません」といったプレゼンをよく聞く。だが、それは単に市場調査を怠っているだけだ。

第一章でも触れたが、**完全に新しいアイディアというものは存在しない**。あなたのアイディアにニーズがあるなら、人々は不便を感じつつも代替手段を用いて生活をしている。オンラインだけでなく、オフラインまで視野を広げユーザーの行動を観察すれば、必ずベンチマーク企業は見つかる。

ベンチマーク企業が見つかったとしても「競合・類似サービスの情報なんて取れない」と思う人もいるかもしれない。しかし、まったく取れないということはほぼありえない。不完全でもかまわない。数値の感覚がつかめる程度のヒントは必ずどこかに隠れている。

現役バリバリに競合で働く社員に聞いても教えてもらえないだろうが、1年以上前に退職した元社員であれば当時の状況を教えてくれるかもしれない。海外の競合で日本進出を考えていない会社

図7　典型的なKPIの例

	KPIの名称	概要
顧客関連指標	•顧客獲得コスト（CAC） •顧客定着率（CRR） •顧客生涯価値（LTV） •SNS拡散率	•顧客一人の獲得にかかる費用 •顧客がサービスに定着する比率 •顧客が離脱までに自社に消費する金額 •顧客がSNSに自社情報を拡散する比率
UX関連指標	•タスク成功率 •タスク所要時間 •検索 / ナビゲーション比率 •エラー発生率	•顧客が必要な手順を成功させる比率 •顧客が手順を完了するまでの時間 •検索とナビゲーションの利用比率 •顧客が操作を誤る確率
財務関連指標	•LTV/CAC比率 •CAC回収期間 •バーンレート •ランウェイ	•顧客生涯価値と顧客獲得コストの比率 •顧客獲得コストの回収期間 •自社が消費する現金の量（月間・週間） •自社が資金を使い果たすまでの日数
外形情報	•アクティブユーザー数 •ページビュー •流通 / 決済総額 （GMV=Gross Merchandise Value）	•利用中の顧客数（日・週・月） •サービスのアクセス数（日・週・月） •流通、または決済総額（グロスまたはネット）

事業を数値で把握し、数値で他社と比較することが重要

資料：経営戦略原論第八章図表8-4より作成

であれば、あなたのことを将来の日本のパートナー候補だと思って特別に情報を共有してくれるかもしれない。展示会に出展している企業の営業担当者に顧客のふりをして聞けば、ヒントがつかめるかもしれない。

MERY創業者の中川は上場企業のAll Aboutをベンチマークとし、IR資料はすべてチェックしていた。また、分析プログラムを自分たちで用意し、全記事数、PV数[3]、PVあたり売上を調べ上げ、日次の記事数・PV・PVあたり売上を把握していた。中川以外の起業家も競合サービスの研究を簡単にはあきらめず、あの手この手を駆使していたことは強調したい。

「電流が走る感覚」があったか

起業家はどのタイミングで「仮説が検証できた」と感じることができるのだろうか。

クラシルの堀江は前述したとおり、さまざまなカテゴリーの動画を検証した結果、レシピ動画が他カテゴリーに比べて10倍近くのパフォーマンスを叩き出したので、手始めに取り掛かるコンテンツをレシピに決めたと語っている。この時点でレシピに対するニーズは明確だった。

サイタの有安は、初月の利用客がたったの10人しかいなかったが、翌月継続率が100%だったことから勝負に出ることを決めた。継続率がもっともカギになる変数だという仮説があったからこその判断だった。

Pairsの赤坂は初日で20人、1ヶ月で1・5万人のユーザーが集まりはっきりと手応えを感じた。

それぞれクラシル、サイタ、Pairsのサービスにたどり着くまでに、各社でボツになったアイディアは山ほどある。ただし、起業家の誰もが、最後のアイディアにたどり着いたときには「今までにない感覚。これはイケると思った」と口を揃えて言う。まさに電流が走るような感覚だ。

1つ目のアイディアで当たる人はほとんどいない。いくつものアイディアを検証し、試行錯誤を繰り返しながらサービスを運営していると、ふわっと浮上するタイミングが出てくる。そのチャンスを肌で感じ取るところまでアイディア出し〜検証を繰り返すことだ。

優れた起業家の特徴として、**この検証を高速で回していることは繰り返し強調しておきたい。** 初めての起業であれば、苦しんで作り上げたアイディアを否定されることは怖いだろう。一日も早く自分のアイディアを完成したプロダクトとして世に送り出したい気持ちはどの起業家にもある。そもそも、起業を志した理由がそのアイディアにあり、そのアイディアで仲間を集めているのであれば、それをあきらめることも、その骨格を変えてしまうことも重い意思決定であるはずだ。しかし、限られた時間の中で成功確度を高めていくためには、最初のアイディアに固執せず、ピボットをも受け入れる勇気を持つことが大切だ。

ピボット・撤退判断は自分でする

以前、起業を志す学生から「いつどうやってピボット・撤退の判断を下せばよいか」という質問を受けた。投資家に言われたから撤退する、という判断だけはしてほしくないが、顧客の行動を観察して得られたインサイトをもとにアイディアをブラッシュアップしたが、一向にベンチマーク企業のKPIに届かず、自分のモチベーションも維持できないと感じれば、ピボットするタイミングが近い。

ヤプリはプロダクトが完成し起業するまで2年、事業が軌道に乗るまで1年と構想から3年近くの年月をかけている。しかし庵原、佐野、黒田の3人の共同創業者はモチベーションを切らすことなく耐え忍んだ。

MERYの創業者の中川は撤退判断基準について、「いつお金が尽きるか、をまず逆算しました。売上が一切入らないと仮定して、毎月のチームメンバーの生活費から導かれる必要コストを最初に算出すると、9ヶ月先まで生き残れる。1つのアイディアを考えて、MVPを作って検証を実施するサイクルが3ヶ月。だから、9ヶ月間だと3回チャレンジができるな、と。3回やって1つも当たらなかったら解散するしかないと頭の片隅で考えていました」と話していた。このように期限を切るのも1つの方法だ。

中川のように、目標やデッドラインから逆算して具体的に設計するアプローチは誰にでもできる。しかし、実際に行動に移してやりきる人は意外と少ない。**成功している起業家と失敗している起業家の大きな違いとして、この逆算思考、そしてやりきる力**は特徴として挙げておきたい。

以下、MVPを設計する際のコツ、ユーザー検証の進め方について、先輩起業家の事例を読み解いていく。グノシーの福島、フリルの堀井、MERYの中川、サイタの有安、SPEEDAの梅田の事例を追体験することで、その要点を掴んでほしい。

Endnotes

1 オーガニック…広告を使わずに、検索エンジンやSNSの自然流入を利用した集客手法

2 CVR（Conversion Rate）…顧客がどれだけ申し込みや購買に至るかを示す指標

3 PV（PageViews）…ウェブサイト内の特定のページが開かれた回数

〝グノシー〟

株式会社Gunosy

株式会社Gunosyは福島良典氏（以下、福島）、吉田宏司氏（以下、吉田）、関喜史氏（以下、関）の3名によって共同設立されたスタートアップである。[1] 当社は「情報を世界中の人に最適に届ける」[2]という企業理念を掲げ、情報キュレーションサービス「グノシー」など、複数のサービスを展開している。[3] 本ケースは、創業サービスである「グノシー」が形作られ、複数の仮説検証を経てローンチされるまでの過程を、主に福島の視点から描写したものである。

「グノシー」は、個人のアクティビティ情報を解析し、個人の興味関心に合ったニュースを配信するサービスだ。[4] インターネット上に漂う膨大な情報の中から、個々人に適切な情報をリコメンドする点を特徴とし、2015年4月には東証マザーズへの上場、2017年には東証一部への鞍替えを果たしている。[5] 創業時から急速な成長を見せた当サービスだが、その裏側にはユーザーの行動に基づいたデータドリブンな経営手法があった。

「情報収集」のペイン

Gunosyは、東京大学の大学院生であり、同級生であった福島、吉田、関の3名によって設立された。当時、3名は大学院で機械学習を研究しており、次第にこの技術を活かして何か自分たちが欲しいものを作れないか[6]と考え始めるようになった。当時を振り返り、福島はこう語る。

「最初から『起業』をするつもりはなくて、ただ自分たちが研究している技術を使って、何かおもしろいものが作れたらいいよね、という感じでした。それまでも自分でいくつかサービスを作っていたので、その中の1つだった」[7]

2011年当時は、Googleが検索エンジンに機械学習のロジックを取り入れたり、スマートフォンの普及に伴いデータ量が激増したりと[8]、福島たちの研究と近い領域でいくつもの大きな変化が起ころうとしていたタイミングでもあった。

そんな中、福島たちはユーザーとしてあるペインを発見する。福島はこう語る。

「スマホが出てきて情報がどんどん増えていく中で、人が本当に求めている情報を手に入れづらくなっているのではないかと感じたんです。情報リテラシーが高い人は、検索エンジンやソーシャルメディアを駆使して、欲しい情報を手に入れられると思うのですが、それが難しい人もいる。ここにペインがあるのではないか、と」[9]

福島たちは、研究活動や、自身で先行するサービスを利用してみた肌感から、今後さらに情報収集が難しくなるのではないかという仮説を持った。そして、この仮説こそが、後のグノシーにつながることとなる。

検証 - 事業アイディア

福島たちは早速グノシーの開発に乗り出した。コンセプトは「あなただけのために発行される新聞」[10]。TwitterやFacebookなどのユーザーデータを解析することにより、興味関心を持ちそうな記事を抽出、個々人に最適な情報を届けられるのではないか、と考えたのだ。

２０１１年、夏休みの期間を活用して開発に乗り出した3名は、２週間程でプロトタイプを制作。[11] 当時は現在のものとは違い、メールで記事が届くサービスだった。

「コーディングができると言っても、当時僕らがやっていたのはアルゴリズムの実装だったので、デザインなどを含めたウェブサービスではなかったんですね。ウェブサービスもちゃんと作るのは結構大変だし、アプリも勉強するのに時間がかかるから『とりあえずウェブで作っちゃおうよ』という感じでした。『毎日見るもので、ニュースと相性のいいものってなんだろう？』『メールじゃない？』みたいな、そういう軽いノリで作っていました」[12]

短期間でプロトタイプを制作し、自分たちで実装した後、福島たちは大学の友人20～30人にテストを実施した。[13] 彼らにとって有意義なニュースが届けられているのか、そして実際に使用してくれるのかを検証する必要があったからだ。

「自分たち3人だけだと『いけてるじゃん』くらいしか思わず、手応えがつかめなかったので、他の人のデータを入れてみて反応を見てみることにしました。『こういうサービスあったらどう？　登録してみて』って周りの20～30人に声をかけ、その後1週間ほど本当に使ってくれているのかを確認しました。『いい感じの記事がきてるよ』のようにリアルな声を聞き、定

性的にチューニングしていきました」[14]

20〜30人にテストを行い再訪率などの数値を見た結果、福島たちは「このサービスは使われる」と判断。制作開始から2ヶ月後、2011年10月25日にサービスを本リリースした。[15] リリースに踏み切った理由を、福島はこう振り返る。

「当時は『使われてるね、じゃあリリースしよう』くらいの感覚だったのですが、今の感覚で言うと、やっぱり駄目なサービスって、放っておいたら本当に誰も触らないいんですよ。伸びるサービスって、マーケティングも未熟でプロダクトも未熟でも、なぜか使われるんですよね。何かしら人の困っていることに刺さっているから、勝手に伸びていく。この感覚を僕はすごく大事にしています。最初のグッといくかどうかという感覚でGoするかしないかを決めています」[16]

そしてリリース後、福島たちの「いける」という感覚は、確信に変わることとなる。

3人がTwitterやFacebookなどでリリースを告知した直後、想像を超えた登録数があり、サーバーが落ちてしまう程の反響を見せたのだ。[17]

検証 - 継続率、ライフタイムバリュー

グノシーは順調にユーザー数を伸ばし、リリースから約1年後、その数は数万にまで及んでいた。[18] この時点ですでにニーズがあるサービスを提供できていることは明白だったが、福島たちは継続して、ユーザーの継続率、ライフタイムバリューなどの指標を向上させるための施策を打っていく。

一例として、2012年5月3日、グノシーは大幅なリニューアルを実施した。ユーザーからのフィードバックを受け、UIやデザインの改善を行うためだった。[19] ユーザーからのフィードバックやヒアリング結果の捉え方について、福島はこう語る。

「一番重要なのは、『ユーザーが必要としているかどうか』を検証することです。たとえば、デザインを2つ見せたりアルゴリズムを変えて見せて『どっちがいいですか?』って聞いても、ユーザーはわからないんですよ。それはもう、統計的に判断するしかない。ユーザーが必要としているかどうか、というのはユーザーの声よりも、むしろ行動にすべて表れるので」[20]

〝グノシー〟by 株式会社Gunosy

「基本、ユーザーインタビューはユーザーの欲しいものを見つけるというよりも、みんなが当たり前に不満に思うことやみんながしてしまうような意図しない誤作動をあぶり出すためにやっていました。たとえば5人にインタビューして、その内4人が不満に感じることや引っかかることとって、多分対象を1000人に広げても同じように引っかかるんですよ。

実際に昔やっていた例で言うと、『今から30分で、このテーマについて何か調べてみて』とお願いして、どこで詰まるかを見たりしていました。本当に大事な『1週間後に継続して使っているか』とか、『滞在時間が長いか』という指標は、かなりの数が集まらないと判断できない。だから、根本的な需要が間違っていないかどうかを確認するために、不満や、詰まる部分のあぶり出しをやっていましたね」[21]

福島は「最初の500人とか1000人の数字は見てもしょうがない」[22]という考えのもと、創業初期は、ユーザーヒアリングを通して各施策の方向性が大きく間違っていないかを検証。その後、ユーザーが増加するにつれて、次第にデータドリブンな経営にシフトしていった。

実装したものに対するフィードバックだけでなく、ときにはユーザーヒアリングの中から機能改善の着想を得ることもあった。[23] ここでも、福島はユーザーの行動に着目する。

「ユーザーに欲しいものを聞こうという感覚はまったくないです。ユーザーが欲しいものは自

分たちで考えるので。逆に『10分余ったときに、何のアプリ見ます?』とか『こういうとき、どういう行動してますか?』とかユーザーが実際に何をしているかは聞いたりしますね。そこにサービスのヒントが隠れていたりします」[24]

「『自然に伸びていく』と検証できたら、あとはもう徹底的にデータドリブンになればいい」[25]と語る福島は、ユーザーが数万人を超えた時点ですでに、一つひとつの施策に対するユーザーの行動を数字で把握し、細やかな機能改善を行っていた。

本当に使われるサービスか?

福島にとって、グノシーは自身が手掛けた最初のサービスではない。

「過去にいくつかサービスを出したのですが、いけるかいけないかは初日でわかります。『あ、これは求められてないな』『自分が間違ってるんだな』と。この感覚は大事にしています」[26]

幾度ものサービス経験の末に培われたこの「進退を決する感覚」は、グノシーの成功を大きく文

"グノシー" by 株式会社Gunosy

えた。

実際に手応えを得た後の段階では、福島は「ユーザーが使い続けてくれているかどうか（＝再訪率）」をもっとも重要な指標として捉えている。

「創業期は、『何を解決しようとしているのか、ターゲットに使わせたときにちゃんと使い続けてくれているのか』が非常に重要です。初期はそこだけを見ていたらいいと思います」[27]

グノシーはサービス提供開始後、ユーザーが何度も訪問し、ダウンロード数も急速に伸びていった事実から、ユーザーのニーズを捉えていることが検証された。

そしてその後、ユーザーとの対話から得られるインサイトをもとに機能を拡充しつつ、母数として十分なユーザーが集まった段階で、彼らの行動をデータで分析するデータドリブンな経営に移行していったのである。

Endnotes

1 AERA dot.. 〝勢いを増す「グノシー」 一時は炎上も〟. Available at: https://dot.asahi.com/aera/2013060400039.html?page=1.

2 株式会社Gunosy. 〝企業情報 代表挨拶〟. Available at: https://gunosy.co.jp/company/message/.

3 株式会社Gunosy. 〝サービス〟. Available at: https://gunosy.co.jp/service/.

4 キャリアハック. 〝《Gunosy》開発チームから学ぶ、WEB業界人のための〝統計学入門〟〟. Available at: https://careerhack.en-japan.com/report/detail/81.

5 ITmedia NEWS. 〝Gunosyが東証1部に〟. Available at: https://www.itmedia.co.jp/news/articles/1712/15/news064.html.

6 ライフハッカー. 〝僕がGunosyを続ける理由〟. Available at: https://www.lifehacker.jp/2013/04/130415gunosy01.html.

7 FastGrow. 〝小さくても急成長する市場を狙え。データで掴んだGunosy成功の秘密〟. Available at: https://www.fastgrow.jp/articles/gunosy-fukushima.

8 ANGELPORT. 〝【福島良典】極めたものを捨て去る「覚悟」に投資したい〟. Available at: https://mag.angl.jp/fukkyy/2018/10/22/.

9 logmiBiz. 〝「AppleもGoogleも最初から世界を狙ってたわけじゃない」起業家らが語る、普遍性を目指す大切さ〟. Available at: https://logmi.jp/business/articles/197415.

10 ライフハッカー. 〝僕がGunosyを続ける理由〟. Available at: https://www.lifehacker.jp/2013/04/130415gunosy01.html.

11 福島良典氏へのインタビュー. 2018年10月29日実施.

12 福島良典氏へのインタビュー. 2018年10月29日実施.

13 THE BRIDGE. 〝情報の新しい流れをつくりたい―東大のエンジニア集団が立ち上げた次世代のマガジンサービスGunosy（グノシー）〟. Available at: https://thebridge.jp/2012/06/interview_gunosy.

14 福島良典氏へのインタビュー. 2018年10月29日実施.

15 type. 〝「精度高すぎ」と話題のニュースキュレーション『Gunosy』は、どんな設計思想で作られているのか?〟. Available at: https://type.jp/et/feature/3393.

16 福島良典氏へのインタビュー. 2018年10月29日実施.

17 gooニュース. 〝◎先駆者たち 福島良典 グノシー 代表取締役最高経営責任者〟. Available at: https://news.goo.ne.jp/article/senkei/bizskills/senkei-20180130133817691.html.

18 Forbes JAPAN. 〝株式会社Gunosy 福島良典 「エリート=大企業」の公式をも覆す、20代エンジニア社長〟. Available at: https://forbesjapan.com/articles/detail/1444.

19 THE BRIDGE. 〝情報の新しい流れをつくりたい―東大のエンジニア集団が立ち上げた次世代のマガジンサービスGunosy（グノシー）〟. Available at: https://thebridge.jp/2012/06/interview_gunosy.

20 福島良典氏へのインタビュー. 2018年10月29日実施.

21 福島良典氏へのインタビュー. 2018年10月29日実施.

〝グノシー〟 by 株式会社Gunosy

22 福島良典氏へのインタビュー．２０１８年10月29日実施．

23 THE BRIDGE.〝情報の新しい流れをつくりたい—東大のエンジニア集団が立ち上げた次世代のマガジンサービスGunosy（グノシー）〟. Available at: https://thebridge.jp/2012/06/interview_gunosy.

24 福島良典氏へのインタビュー．２０１８年10月29日実施．

25 福島良典氏へのインタビュー．２０１８年10月29日実施．

26 福島良典氏へのインタビュー．２０１８年10月29日実施．

27 福島良典氏へのインタビュー．２０１８年10月29日実施．

福島 良典（ふくしま・よしのり）

東京大学大学院工学系研究科卒。大学時代の専攻はコンピュータサイエンス、機械学習。２０１２年大学院在学中に株式会社Gunosyを創業、代表取締役に就任し、創業よりおよそ2年半で東証マザーズに上場。後に東証一部に市場変更。２０１８年にLayerXの代表取締役社長に就任。２０１２年度ＩＰＡ未踏スーパークリエータ認定。２０１６年Forbes Asiaよりアジアを代表する「30歳未満」に選出。２０１７年言語処理学会で論文賞受賞（共著）。２０１９年６月、日本ブロックチェーン協会（ＪＢＡ）理事に就任。

CASE 13

"フリル"

株式会社 Fablic

株式会社Fablic（2018年7月、楽天株式会社へ吸収合併[1]）は堀井翔太氏（以下、堀井）によって2012年に設立されたスタートアップである。当社はフリル（Fril）という日本初のフリマアプリを開発し、主に若い女性を対象に、簡単にモノの売買ができるCtoCプラットフォームを運営していた。本ケースは、堀井がフリルの着想を得た後、丹念なユーザーヒアリングを行いながらサービスを形作っていったストーリーを描写したものである。

"フリル" by 株式会社Fablic

フリルは、そのネーミングから想起されるように、若い女性層に特化したフリマアプリである。しかし、堀井は初めからこの層をターゲティングし、プロダクトを開発していたわけではない。フリル完成の裏側には、幾度もの仮説検証フェーズが存在し、ときには事業のピボットを迫られる場面もあった。

サンフランシスコで体感したＣtoＣの波

堀井がＣtoＣサービスの可能性を感じたのは、VOYAGE GROUPの同僚であり、後に会社を共同創業するメンバーとサンフランシスコを訪れたことがきっかけだった。堀井はVOYAGE GROUP子会社の代表を務めており、企業で働く傍ら、週末に仲間と集まっては、何かおもしろいサービスを作ることができないかと画策していたのだ。

当時、現地ではZaarly（個人間便利屋サービス）やZipcar（シェアリングサービス）などのスタートアップが多額の資金調達を行っており、[2] いわゆるＣtoＣと呼ばれるサービスが隆盛を極めていた。堀井は、TechCrunchなどのイベントに参加、また実際に現地のスタートアップやコワーキングスペースなどを回る中で、[3] ＣtoＣサービスの可能性を強く実感することとなる。

「スタートアップの本場であるサンフランシスコに行って、ZipcarやZaarlyなどの存在を目の当たりにしました。また当時、ニューヨークの方のTechCrunchでもGetaround（車のシェアリングサービス）が優勝していて、このムーブメントはじきに日本にもくるのではないかと思いましたね。なので、日本に帰った時点で、CtoCのサービスをアプリで作ろうと決めていました」[4]

また、滞在中にスタンフォード大学で目の当たりにした光景も、フリルの着想に大きな影響を及ぼした。

当時、大学では日常的に、卒業生が不要になったものを広場の掲示板に貼り出し、在学生に売っていた。[5] この光景を見た堀井は、個人間のモノの売買にニーズが存在するのではないかと考えるようになった。

「スタンフォード大学に行ったとき、広場の掲示板に『要らないもの売ります』と書いた紙がめちゃくちゃ貼ってあったんですよ。自転車とか、教科書とか。思い返してみると、大学時代、僕自身もミクシィを使って要らなくなった教科書を売っていたんですね。このとき、自分のネットワークを通じてモノを売るのはいいアイディアなんじゃないかと思い、帰国してプロトタイプを作り出し始めました」[6]

〝フリル〟by 株式会社Fablic

帰国後、堀井がまず目をつけたのは子供服だった。着なくなるまでのサイクルが早く、実際にリアルのフリーマーケットでも売買されているため、C to Cサービスのアプリを作れば可能性があるのではないかと考えたのだ。

また、当時堀井は、Craigslistのような「位置情報ベースでモノを売り買いするC to Cフリマ」[7]を作ることを考えていた。つまり、現在流行している、誰とでも売買が成立するフリマアプリではなく、自分のリアルなつながり、もしくは位置情報をベースに、必要なものを売買できるアプリを目指していたのだ。

検証 - 事業アイディア

プロトタイプを作成した堀井は、アイディアを検証するべく、近くの児童館に出向いた。ユーザーとして想定される、子どものお母さん層にヒアリングを行うためだ。当時、児童館や託児所では、スタンフォード大学と同じように、掲示板を活用して、不要になったおもちゃや服が譲り合われていた。まさに堀井が思い描いていたターゲットのイメージ通りだった。

しかし、ヒアリングを行う中で、堀井はアイディアのピボットを迫られることとなる。堀井はこう振り返る。

「まず、位置情報ベースでのマッチングは難しいなと思いましたね。近くにいたとしても、互いに欲しいモノを持っているわけではないし、それにお母さんに話を聞いた限りだと、もうすでにその場でマッチングができていた。別にこのプロダクトは要らないなと気づいたんです」[8]

プロトタイプ作成からヒアリングによる仮説検証、そしてピボット。ここまでで、すでに帰国から6ヶ月が経過していた。

違和感から得られたインサイト

ピボットの後、堀井が目をつけたのは、前職のバナー広告の営業先だった、女子大生ブロガーであった。当時、彼女たちはCROOZ blogやDecologなどを活用し、自身の写真を掲載したり、着用している服を販売していたのだ。しかし、服をオンライン上で販売するのであれば、すでに存在していたヤフオク！やモバオクなどのサービスのほうが便利なはず。この矛盾に堀井は違和感を覚えた。

8 〝フリル〟by 株式会社Fablic

「当時はInstagramとかもないので、みんなブログに自分の着画を載せていました。また、一部の人はブログを通して自分が着ている服を売ってたんです。前職の頃から『なんでこんなに不合理なことをしているのかな』というのはすごく不思議に感じていました。それを、ピボットを考えたときにふと思い出したんです」[9]

その後、堀井はこの違和感を深掘るべく、若年層の女性約50人を対象に「なぜブログで服を売っているのか」を聞き始めた。[10]その結果、次のような課題が明らかになった。

- 当時の10代、20代前半の女性はガラケーしか持っておらず、PCユーザーを想定して作られていたヤフオク！などのサービスを使うことができない
- そもそもオークション形式で価格が上がっていく売り方を望んでいない
- かといって古着屋に持っていくと、サイズが合わないなどの理由から、新品のまま保管されている衣類であっても安く買い叩かれてしまう

つまり、客観的には不合理に見える行動にも、当事者からすると合理的な理由があったのだった。

堀井はこのインサイトを見つけたことをきっかけにVOYAGE GROUPを退職。[11] 自身がサービスにフルコミットできる状況を構築した上で、再度、新たなプロトタイプ作成に乗り出した。

徹底的なユーザーヒアリング

堀井は、アプリのプロトタイプ作成に3ヶ月を費やした後、[12] 若年層の女性を対象にユーザーテストを行った。実際に動くアプリを目の前に、「このサービスを使うか」を検証する必要があったからだ。大学を回り、実際に女子大生に話を聞く中で、返ってきた反応は以下のとおりだった。

「ほとんどの人は『使わない』って言いましたね。『着なくなった服はどうしますか?』と質問すると、7~8割の人が『捨てる』と答えましたし、『売ります』と言った人なんてごくごく少数でした。しかも、『売る』と答えた人も大多数は古着屋で売っていて、ブログやミクシィで服を売っていたのは、古着屋で売っても二束三文で買い叩かれるのがすごく嫌だ、というほんの一部の層だったんです。そもそもニッチなところからスタートしていたので、当時は『ニッチなまま終わる可能性はあるな』と思いながら作っていました」[13]

〝フリル〟by 株式会社Fablic

多くの女子大生からのフィードバックは厳しいものだった。しかし、この結果を受けてもなお、堀井はプロダクトの開発を止めることはなかった。堀井はその理由をこう語る。

「事前にヒアリングをしてインサイトを発見していたので、仮説は正しいとは思っていました。使う人が少なくても、誰にも使われないものを作るよりはるかにマシです。このプロダクトで、少なくとも100人はハッピーにできる感覚はありました」[14]

市場としてはニッチで、スケールせずに終わってしまう可能性が高い。しかし堀井はこのとき、自身がフリルを完成させることによって幸せになるユーザー像が明確に描けていた。

検証 - プロダクトマーケットフィット

堀井はその後も、徹底的にユーザーテストを実施し、プロダクトの改善を重ねていった。その期間はおよそ2ヶ月間にわたり、修正箇所は細かいものを含めて200カ所にも及んだ。[15]

2012年7月、リリース以前に考えられる修正ポイントを改善した後、堀井は晴れてフリルをリリースした。当初の機能は、タイムラインとカテゴリーのみが表示され、出品と購買機能のみを備えた簡素なものだったが、堀井は出品数300件を担保できた時点でリリースに踏み切った。[16]初期ユーザーが好むであろう特定ブランドごとに最低商品数を設定し、その合計がおよそ300だったこと、300件あればタイムライン、カテゴリー上に一定の商品数があるように見えることからまずは300件集めることが重要だったのだ。

ではリリース後、プロダクトマーケットフィットの検証のためにどんな指標を重要視していたのか。堀井はこう語る。

「僕らのサービスの場合、実際にどれだけ売り買いされているのかが重要な指標でした。当時はプロダクトマーケットフィットという言葉もなかったのですが、何もしなくても物流（取引数）が伸びていて、しかもその数が月ごとに倍々に増え、数千万ほどの規模になったのを見て、『これはうまくいくな』と思いました」[17]

C to Cサービスにおいて、売り手と買い手のマッチング数は非常に重要な指標である。フリルの場合、「少なくとも100人はハッピーにできる」[18]という気持ちでリリースしたものの、実際には日を追うごとにマッチング数は急激に伸びていった。

「リリース後、毎日一定数はダウンロードされていたのですが、ある朝起きると、1日のダウ

"フリル" by 株式会社Fablic

ンロード数が5000を超えていたんです。初めは『バグかな？』と思ったんですけれど、よくよく調べたら、有名な雑誌の読者モデルの方が『これからはブログじゃなくて、フリルで売ることになりました』とブログを書いてくれていました。それを見たファンの子たちがこぞってアプリをダウンロードしてくれていたんです。僕はこの出来事を『確変』と呼んでいるのですが、同じようなことがどんどん積み重なって、次第に大きくなっていきました」[19]

ユーザー数、及びマッチング数の急激な伸長は、フリルが世の中に必要とされているサービスであることを堀井に確信させた。

ユーザーの隠れた欲求

堀井はピボットの後、徹底的にユーザーの声を聞くことによって、明確なインサイトを発見できた。しかし、その一方で、ユーザーヒアリングについて、以下のような見解も示している。

「当時はインタビューも体系的に洗練されていなかったので、『これを欲しいか』みたいな曖昧な質問が多かったですね。今だったら、普段どういう行動をしているのかなど、客観的な事実

を深掘って、そこからプロダクトを作ります」[20]

一般的に、インサイトにはユーザー自身も気がついていない場合が多い。堀井は過去のヒアリングを振り返り、やや直接的に質問し過ぎたと感じていた。

一方で、ユーザーテストの際は、「ユーザーの声を聞き過ぎない」ことに注意したという。

「ユーザーテストのときは、ユーザーからの言葉通りに直すのではなく、その引っかかりは本質的にどのような欲求と結び付いているのかを考えながら作り込んでいきました」[21]

つまり、ユーザーの声は重視しつつも、それを絶対視し、あらゆるリクエストをプロダクトに反映させたわけではなかったということだ。堀井は自身の仮説検証方法を振り返り、こう語っている。

「アイディアの検証は、僕自身が他人の行動の中からふと感じたペインやインサイトが、本当の課題なのかどうかを客観的事実を聞きながら埋めていって、自分ならもっといいものが作れるかを考えます。『こういう人が使ってくれるだろうな』と具体的な一人をイメージしながら作っていることが多いので、プロダクトマーケットフィットの検証もその人たちに見せたり、

〝フリル〟by 株式会社Fablic

実際にリリースをしてその人たちが他の代替手段から乗り換えてくれるかを観察しますね」[22]

堀井は、「起業家にはさまざまなタイプがいる」と前置きした上で、自身は「インサイトからイシュー（本質的な問題）を深掘りして始めることが多い」[23]タイプだと分析している。

フリルの立ち上げにおいても、徹底的にユーザーの声を聞き、彼女たち自身も気が付いていない隠れた欲求を発見できたことが、アイディアの着想、その後のリリースにつながったのである。

Endnotes

1 楽天株式会社. 〝当社完全子会社（株式会社Fablic）の吸収合併（簡易合併・略式合併）に関するお知らせ〟. Available at: https://corp.rakuten.co.jp/news/press/2018/0329_02.html.
2 apricot ventures. 〝起業家は最初から視座を高く持つべき – Fablic創業者／ＣＥＯ堀井 翔太さん Vol.2〟. Available at: https://apricot.vc/interview-3-2/.
3 サイボウズ チームワーク総研. 〝中毒女子急増中？——女心くすぐるフリマアプリを男性中心チームが生み出せた理由〟. Available at: https://teamwork.cybozu.co.jp/blog/1971.html.
4 堀井翔太氏へのインタビュー. ２０１８年９月19日実施.
5 apricot ventures. 〝起業家は最初から視座を高く持つべき – Fablic創業者／ＣＥＯ堀井 翔太さん Vol.2〟. Available at: https://apricot.vc/interview-3-2/.
6 堀井翔太氏へのインタビュー. ２０１８年９月19日実施.
7 apricot ventures. 〝起業家は最初から視座を高く持つべき – Fablic創業者／ＣＥＯ堀井 翔太さん Vol.2〟. Available at: https://apricot.vc/interview-3-2/.
8 堀井翔太氏へのインタビュー. ２０１８年９月19日実施.
9 堀井翔太氏へのインタビュー. ２０１８年９月19日実施.
10 堀井翔太氏へのインタビュー. ２０１８年９月19日実施.
11 THE BRIDGE. 〝僕がフリマアプリを創った理由【寄稿】〟. Available at: https://thebridge.jp/2018/06/why-did-i-start-up-fril.
12 東洋経済ONLINE. 〝「フリル」, 10億円調達で次のステージへ〟. Available at: https://toyokeizai.net/articles/-/48881.
13 堀井翔太氏へのインタビュー. ２０１８年９月19日実施.
14 堀井翔太氏へのインタビュー. ２０１８年９月19日実施.
15 東洋経済ONLINE. 〝「フリル」, 10億円調達で次のステージへ〟. Available at: https://toyokeizai.net/articles/-/48881.
16 東洋経済ONLINE. 〝「フリル」, 10億円調達で次のステージへ〟. Available at: https://toyokeizai.net/articles/-/48881.
17 堀井翔太氏へのインタビュー. ２０１８年９月19日実施.
18 堀井翔太氏へのインタビュー. ２０１８年９月19日実施.
19 堀井翔太氏へのインタビュー. ２０１８年９月19日実施.
20 堀井翔太氏へのインタビュー. ２０１８年９月19日実施.
21 堀井翔太氏へのインタビュー. ２０１８年９月19日実施.
22 堀井翔太氏へのインタビュー. ２０１８年９月19日実施.
23 堀井翔太氏へのインタビュー. ２０１８年９月19日実施.

〝フリル〟 by 株式会社Fablic

堀井翔太（ほりい・しょうた）

VOYAGE GROUPに新卒入社後、子会社Zucksの代表を経て、2012年、日本初のフリマアプリ「ラクマ（旧フリル）」を運営する株式会社Fablicを創業。

2016年に楽天株式会社に同社を売却。双子の弟で兄と一緒に共同創業。

日米で20社ほどのエンジェル投資とマッチングサービスのANGEL PORTを運営。

現在は2度目の起業にチャレンジ中。

CASE 14

"MERY"

株式会社ペロリ

株式会社ペロリ（2014年10月、株式会社ディー・エヌ・エーによって買収）[1]は中川綾太郎氏（以下、中川）によって2012年8月に設立されたスタートアップである。当社はMERYという女性ファッションに特化したキュレーションサービスを開発し、各分野のキュレーターによって厳選されたまとめ記事を提供していた。本ケースは、中川がMERYの事業アイディアを着想し、仮説検証を繰り返しながら、サービス開始に至るまでの過程を描写したものである。

"MERY" by 株式会社ペロリ

MERYは「ほしいものが見つかる」[2]をコンセプトに、若い女性層をターゲットに、ファッション領域のまとまった情報を提供するキュレーションサービスだ。創業当時、これらの情報は、主に女性向け雑誌のみに掲載されており、ウェブ上で信頼性のある情報を見つけることは困難だった。中川はこの課題を発見し、仮説検証を行う中で、ウェブ上でまとまったファッションの情報を得られるサービスを構築していく。

判断軸は「自分がやりたいかどうか」

中川にとってMERYは、2つ目のサービスである。

インターネットに慣れ親しみ、ウェブサービスを立ち上げたいという想いを持っていた中川は、学生時代、成田修造氏、石田健氏らと共に、アトコレという会社を設立、[3]特化型のウェブメディア（アート作品の解説など）を運営していた。

結果としてこの事業は失敗に終わってしまったものの、この経験を踏まえ、後に中川はMERYのアイディアを着想することになる。アイディアの成否を分ける要素を、中川はこう分析する。

「自分のパターンでいうと『やりたいかどうか』ですね。やり切れるテンションになっている

か。あとは、いつ跳ねるかわからないけど我慢して続けるのではなく、検証する課題が明確で、一歩ずつ前に進められるものであること。これが揃って初めて『マーケットがあるか』を評価する、という順番です」[4]

当時、中川の頭の中にはクラウドファンディングなど複数のアイディアがあったが、[5]アトコレでの失敗経験を踏まえ、自分たちが生き残るためにはマーケットに一定の規模が必要だと考えていた。そこで、十分な規模があり、かつ、コンテンツが完全にはインターネットに移り変わっていなかった雑誌業界に目をつけたのだ。

その後中川は、さまざまな人物にヒアリングする中で、[6]特に女性向けのファッション、ヘア、ネイルなどの情報は、依然、情報元が雑誌に集中していること、ネット上にも情報がないわけではないが、情報があふれていて好みのコンテンツに出会いづらい、という課題を発見した。

そしてこの課題感をもとに、中川は女性向けファッションに特化したまとめサイトの開発に乗り出した。これこそ、後にMERYと呼ばれるサービスだった。

"MERY" by 株式会社ペロリ

「ウェブかアプリか」

創業当時、ペロリにはプログラマーとして河合真吾氏（以下、河合）が参画していた。河合と中川はアトコレ時代の同僚であり、河合は創業時からサービス構築を任されていた。[7]

事業立ち上げまでのスピードを求められるスタートアップにおいて、仮説検証と同時にプロダクト開発を進めることは珍しくない。MERYにおいても、検証と開発は並行して進められた。

プロダクト面において、まず彼らは「ウェブ版にするのかアプリ版にするのか」の選択を迫られた。情報をどこで提供するかも、事業の成否を分ける大きな要因となる。当時を振り返り、中川はこう語る。

「当時はスタートアップにお金が全然入ってこない時期でした。かつ、創業メンバーの河合も1年前にPHPの勉強を始めたばかりだし、僕もほとんどビジネス経験がなかったので、小資本で戦わなければいけない、という前提があったんです。当時は、『アプリ超全盛期』だったので、アプリでリリースする選択肢もあったのですが、コストもかかるし、開発も大変だということで、ウェブから始めることになりました」[8]

当時は、グノシー、SmartNewsなど、ネット上の情報をまとめてユーザーに提供する、キュレーションサービスが隆盛を極めた時期だった。[9] これまで新聞やネットに展開されていた情報が、アプリに移り始めようとしていたのだ。

潤沢な資金がなかったとは言え、この潮流の中でウェブ版のサービスをつくるのは、簡単な意思決定ではない。ウェブ版でのサービス提供に踏み切れた理由を、中川はこう分析する。

「当時は、ニュース系が一番早くアプリに移行していった時期でした。でも、ファッション領域はそもそもほとんどインターネットにコンテンツが移っておらず、しかもECのマーケットサイズも大きかったので、チャンスがあるのではないかと考えました」[10]

ファッションは、ウェブ上のスペースがまだ空いている。そう確信できたことが、ウェブ版の開発を進める決め手となった。

“MERY” by 株式会社ペロリ

検証 - コンテンツクオリティ、コスト

中川はまず事業モデルを構築し、その上で検証するべきポイントを明確にしていった。

「多くの人はコストの前に、どれくらい売上が上がれば利益が出そう、という順番で考えているんですけれど、僕は逆で、このモデルはこれくらいの売上しかいかないから、どのくらいのコストで収めないと、という順番で考えるべきだと思っています。現実的な売上ラインから適正なビジネスモデルを先に作り、このコスト構造でいけそうかを検証している感じですね。その後、何ヶ月でこれくらいの本数が必要で、そのために人は何人、コンテンツ発注数はこれくらい必要で、結果的にコストはこれくらいになる、という順番で考えていきました」[11]

事業モデルを明確にできたら、次にうまく機能するかどうかを確かめる必要があった。この時点で、MERYが検証するべきポイントは主に2つだった。

「うちがまず検証しないといけなかったのは、ユーザーに意味のあるコンテンツを作れるの

か、そしてそれがどの程度のコストでできるのかでした。MERYはコンテンツが増えればユーザーがグロースするという式だったので。当時はAll Aboutなどをベンチマークして、記事数やPVなどを分析していました」[12]

中川はこの2点を最小限のコストで検証するべく、自身で記事を作成した。そしてそれをNAVERまとめに掲載し、見込みユーザーからの反応や、どれくらいのコストがかかるのかを検証した。中川は当時をこう振り返る。

「まずは自分で、『女性におすすめしたい男性漫画』などのコンテンツを作ってNAVERまとめに掲載しました。そうすると、予想以上に反応がよかった。このようなコンテンツはおもしろいし、伸びるとわかったんです。低コストでもニーズのあるものは作れることを検証できました」[13]

自身で記事を作ることで、コストを最小限に抑えつつ、肌感を持ちながら、記事のコンテンツクオリティ、コストの2点が検証できた。

検証 - ライター確保

次に中川が検証しなければならなかったのは、「十分な数のライターを確保することができるのか」だった。コンテンツの質、コスト面は検証できても、それを作成する人材がいなければ、ビジネスを成立させることができない。この点について中川は、事業開始以前から「いける」という確信を持っていた。中川はこう語る。

「当時はライターになりたい人が多かったんですよね。需要と供給で言うと、お金を払っても書きたい人が世の中に多いぐらいだった。たとえば昔、ファッション誌でインターンしたい人って多分、1000人とか1万人の規模でいたんですよ。でも、ファッション誌の編集部って激務なので、インターンの枠はごくわずかでハードルが高い。なので、ポテンシャルはあるだろうなと思っていました」[14]

中川は当時の市況感を読み、ライターを確保できるポテンシャルを感じていた。ここで彼が検証しなければならない点は主に2つだった。

「1つはコスト、もう1つはスケーラビリティです。コストが安いかどうかだけだと、安くやってくれる人を一人見つければ成立してしまうので、これだと検証になりません。スケーラビリティがあるかが大事なんですよね。実際にTwitterでアカウントを作って、『ライター募集』と打ち出すと、応募が殺到し、サービス開始までに100人くらいから応募がありました。これでスケーラビリティも十分にあることが検証できました」[15]

ここでも中川は、Twitterなどのツールを活用し、最小限のコストでライターのコスト、スケーラビリティの2点を検証することに成功した。これらの検証を踏まえ、中川は、MERYを実現できると確信するに至った。

1プロダクト、検証3ヶ月

MERYは、サービスリリースからわずか1年半後に月間アクティブユーザー（MAU）が1200万人を突破した。[16] しかし、MERYのように、すべてのサービスが成功するわけではない。そのため、事業アイディアの検証にもスピード感が求められ、ときにはピボットを迫られる場面もある。

"MERY" by 株式会社ペロリ

中川は、事業アイディアの検証期間について、このような考えを示している。

「1プロダクトに必要な検証は大体3ヶ月くらいだと思っています。もちろん、1ヶ月で出せるものはすぐに出しますけれど、LPを作ることも含めて、大体3ヶ月あれば、このアイディアがいけそうか、いけなそうかぐらいはわかります。プロダクトを作らなくても検証できることも多いですし」[17]

この考え方は、自身の経験から培われたものであり、決して理想論ではない。創業当時を振り返り、中川はこのように語る。

「資本金は500万円、メンバーは3人。人件費が一人月15万円で、プラス家賃だったので、バーンレートは月40～50万くらい。1年以内に立ち上げないと潰れるってわかっていたから、かなり必死でした」[18]

中川はアイディア着想から、何度もスピーディに検証を繰り返し、事業の成否を見極めていった。そしてその結果、雑誌からネットに情報が移行されていなかったファッションという新たな市場を発見し、事業を創り上げたのである。

Endnotes

1 TechCrunch Japan. 〝DeNAがiemoとMERYの２社を計50億円で買収、キュレーション事業に参入〟. Available at: https://jp.techcrunch.com/2014/10/01/jp20141001dena-iemo-mery/.
2 logmiBiz. 〝「MERY」はどうやって生まれたのか？ ペロリ創業メンバーの頭の中にあった〝成功への道筋〟. Available at: https://logmi.jp/business/articles/156213.
3 THE BRIDGE. 〝メンバーズが旧・アトコレを数億円で買収、４年の時を経て学生起業家たちは次の道へ進む〟. Available at: https://thebridge.jp/2015/09/miner-studio-is-acquired-by-members.
4 中川綾太郎氏へのインタビュー．２０１８年11月９日実施.
5 logmiBiz. 〝「MERY」はどうやって生まれたのか？ ペロリ創業メンバーの頭の中にあった〝成功への道筋〟〟. Available at: https://logmi.jp/business/articles/156213.
6 logmiBiz. 〝「MERY」はどうやって生まれたのか？ ペロリ創業メンバーの頭の中にあった〝成功への道筋〟〟. Available at: https://logmi.jp/business/articles/156213.
7 THE BRIDGE. 〝MERY創業を支えた若き「文系」技術者—隠れたキーマンを調べるお・ペロリ河合氏インタビュー〟. Available at: https://thebridge.jp/2015/10/takanori-oshiba-interview-series-vol-24.
8 logmiBiz. 〝「MERY」はどうやって生まれたのか？ ペロリ創業メンバーの頭の中にあった〝成功への道筋〟〟. Available at: https://logmi.jp/business/articles/156213.
9 logmiBiz. 〝「MERY」はどうやって生まれたのか？ ペロリ創業メンバーの頭の中にあった〝成功への道筋〟〟. Available at: https://logmi.jp/business/articles/156213.
10 logmiBiz. 〝「MERY」はどうやって生まれたのか？ ペロリ創業メンバーの頭の中にあった〝成功への道筋〟〟. Available at: https://logmi.jp/business/articles/156213.
11 中川綾太郎氏へのインタビュー．２０１８年11月９日実施.
12 中川綾太郎氏へのインタビュー．２０１８年11月９日実施.
13 中川綾太郎氏へのインタビュー．２０１８年11月９日実施.
14 中川綾太郎氏へのインタビュー．２０１８年11月９日実施.
15 中川綾太郎氏へのインタビュー．２０１８年11月９日実施.
16 TechCrunch Japan. 〝DeNAがiemoとMERYの２社を計50億円で買収、キュレーション事業に参入〟. Available at: https://jp.techcrunch.com/2014/10/01/jp20141001dena-iemo-mery/.
17 中川綾太郎氏へのインタビュー．２０１８年11月９日実施.
18 中川綾太郎氏へのインタビュー．２０１８年11月９日実施.

中川綾太郎（なかがわ・あやたろう）

1988年生まれ、兵庫県出身。2012年に株式会社ペロリを創業、2014年にディー・エヌ・エーに事業を売却。投資家集団「Tokyo Founders Fund」に所属するなど、個人投資家としても活動。2017年に株式会社newnを創業。

CASE 15

〝サイタ〟

コーチ・ユナイテッド株式会社

コーチ・ユナイテッド株式会社（2013年10月、クックパッド株式会社へ売却）は有安伸宏氏（以下、有安）によって2007年に設立されたスタートアップである。当社は「サイタ」という習い事レッスンのマーケットプレイスを運営し、当社独自の選抜を経た講師と習い事ニーズを抱えるユーザーとをオンライン上でマッチングさせるサービスを提供している。本ケースは、事業アイディア構想の後、いかにサービスを形作り、検証を重ねながら、ユーザーに求められるものに近づけていったのか、その程を描写したものである。

〝サイタ〟by コーチ・ユナイテッド株式会社

サイタは有安の構想をもとにスタートした。有安は当時、オンライン上でユーザー同士を結び付けることによって、従来のスクールビジネスでは提供できなかった、ニッチ領域も含めたあらゆる「習い事」を実現できるのではないかと考えていた。本事業の着想後、有安は自身でウェブサイトを構築。ユーザー視点に立ち、細やかな機能改善を重ねることによって、ユーザーに求められるサービスへと磨きをかけていった。

サイタ構想

サイタの構想は、およそ1～2週間で作られた。有安は当時をこう振り返る。

「大まかなバリュープロポジション[1]とコスト構造は1週間くらいで仮確定させました。頭の中で『完全にハマった』と思ったんですよ。共通ポイントを発行しよう、集客はロングテールSEOをひたすら狙おうなどのアイディアが40個くらい出てきた。どう考えてもビジネスとして成り立つ、これでプラットフォームが作れるぞと」[2]

有安は構想の段階でバリュープロポジション、つまり自社サービスが顧客に提供できる価値を明確に描き、他の習い事サービスとの差別化ポイントまで考案していた。

その後、有安は頭の中の構想を実現するべく、早速サービスの設計に取り掛かる。「プログラミングは大学の授業で半年間やっただけで、大規模システムを開発するスキルはなかった」[3]ため、初期のプロトタイプは自身で構築したウェブページに、ドラマーであった弟の写真を載せただけの簡素なものだった。[4]しかし、予想に反し、初月には10人ものユーザーからの応募があった。[5]

「最初のプロトタイプは3日で作りました。具体的には、自分でウェブサイトを立ち上げ、買ってきたPHPの本を参考に、コンバージョンフォームの細かい仕様を作って実装しました。ここまでで大体3日かかりました」[6]

「サイタは今の言葉でいうと、サービス初期からプロダクトマーケットフィットが存在していたんですよ。自分でプロトタイプのウェブサイトを作って、ローンチした8時間後には申し込みがありましたからね。初めは弟のいたずらかと思いました」[7]

ユーザーからの反応を受け、ニーズがあることを確信した有安は、よりよいサービスを提供するべく、さらなる検証、サービスの改善・拡大を重ねていくことになる。

"サイタ" by コーチ・ユナイテッド株式会社

検証 - コンバージョンレート

サイタにおいて、初期の仮説検証ポイントは主に2つあった。1つ目がコンバージョンレート、2つ目がLTVである。コンバージョンレートとは、自社サイトへのアクセス数のうち、どれだけの割合がサイトの成果（サイタの場合は、授業の申し込み）に結び付いているのかを意味している。サービスリリース後、すぐにユーザーからの応募があったものの、これが単なる偶然なのかどうか、あるいはさらに伸ばしていくためにはどうすればいいのか、などを検証する必要があった。

1つの事例として、有安はこう振り返る。

「はじめてのお客さんは、たまたま来てくれたんだと思うんですよ。たまたまインデックスされたてのウェブサイトに、ロングテールクエリー（複数キーワードによる検索）で流入してくれて、たまたまコンバージョンしちゃった。でもお客さんがちらほら来始めて、よくよく調べてみると、本当にドラムを『マンツーマン』で、かつ『渋谷』で習いたい人にとって、この価格のサービスがなかったんです。既存大手サービスは時間も価格も固定だったので、フレキシブルに学べる強みを打ち出して訴求すれば、お客さんは来るというのが、『楽器の対面レッスン』

というニッチ市場の特性だとわかりました」[8]

「コンバージョンまでのＵＸのスムーズさは結構検証しました。たとえば、お客さんにとって申し込みやすい動線になっているのかとか。特にリニューアル直前の時期には頑張りました」[9]

検証 - ＬＴＶ

ＬＴＶ（Life Time Value）は、ユーザーがサービスを利用し始めてから終えるまでの期間において、どれだけの利益を自社にもたらすのかを表す。有安は、サイタのＬＴＶについてこう語っている。

「このビジネスでもっとも重要な経営指標は、ＬＴＶです。習い事なので続けてもらわないといけない。顧客獲得コストを数ヶ月間〜数年かけて回収する収益モデルです。たとえば、一人のユーザー獲得に３万円かかったとしても、その人が平均２年ぐらいレッスン受講を続けてくれて、毎月９０００円払ってくれるとなると、そのうちの粗利率が何％なので、何ヶ月以上続けたら黒字化するよね、という計算が成り立つ」[10]

"サイタ" by コーチ・ユナイテッド株式会社

サイタは生徒と講師を結び付けるプラットフォームであるため、生徒側だけでなく、講師側のＬＴＶも追いかけなければならない。両サイドのユーザーにサービス利用を継続してもらうため、特に初期はユーザーに頻繁にヒアリングをかけた。

「たとえば新しい機能を追加するときは、先生と生徒の両ユーザーに電話でヒアリングしていました。いつでもライトに仮説検証できるよう、先生10人くらいと親密な関係性をつくろうと一緒にオフィスで鍋をつついたこともありました」[11]

「僕らの場合、サービスが新しかったので、ベンチマークできる企業、参考になるサービスが国内外に存在しませんでした。だからユーザーに会って話を聞かないと論理を立てられなかった。社内でも、サービスの仕様に関していろいろ意見が出るわけですけれど、最後はユーザーの意見を尊重して、わからなかったら検証しようというスタイルでいましたね」[12]

このように有安は、多くの仮説検証を繰り返し、自社サービスの改善に努めてきた。

しかし、創業時におけるサービス構築、仮説検証もすべてがうまくいっていたわけではない。検証の中には、失敗したものも数多くあった。

致命的な失敗

後に、有安が「失敗だった」と振り返る検証事例がある。

創業当時、サービス提供を開始したばかりの黎明期のTwitterに目をつけた有安は、「受講生同士がフォローし合う仕組みを実装したら、生徒同士の交流が起き、結果としてLTVが上がるのではないか」[13]という仮説を立てた。

そこで、早速エンジニアに相談し、実装を決定。フォロー、フォロワーという機能が重く、時間こそかかったものの、何とか実装できる状態にまでこぎつけた。しかし、結果は惨敗。その機能はまったくユーザーに使われなかった。有安はこう振り返る。

「コードを書く前に、もっと一生懸命仮説を検証するべきだったなと思います。もし仮説検証のしようがないのであれば、がっつり作ればいいと思うんですよ。たとえば、僕は決済周りを自分たちで持つということは必須中の必須だと思っていたから、それを『スマホ及びPCからできるようにするべきか』って検証する必要がないんです。だから、工数はかかるけど『全部やりましょう、以上！』でいい。ですが、そもそも使われるかどうかわからない、ユーザーが

"サイタ" by コーチ・ユナイテッド株式会社

求めているかどうかわからないものは、ちゃんと検証しないといけないなと学びました」[14]

これらの失敗経験から、有安はまずユーザーに価値がある施策なのかを検証する重要性を再認識した。[15]

経営をサイエンスする

有安が行った仮説検証は他にもたくさんある。楽器以外にどのカテゴリーを追加したらいいのか、どのような先生を採用したらユーザーの満足度が上がるのかなど、課題は山積みだった。

「結構頭を使ってやっていましたね。フレームワークを1個1個作りながら、何とかサイエンスで会社を伸ばそうと一生懸命でした。たとえばどんなタイプの先生だとLTVが長いのか、先生を採用する前に事前にその要素があるかを知る方法はないか、電話面接で評価できないかなどですね。結果的に、採用は対面の面接をしないとダメだという結論になったのですが、泥臭いことをしつつ、サイエンスでビジネスパフォーマンスを上げるためにどうするのかをひたすら考えていました」[16]

本づくりで大事にしていること

井上慎平

NewsPicksパブリッシング編集長。1988年生まれ。京都大学総合人間学部卒業。ディスカヴァー・トゥエンティワン、ダイヤモンド社を経てNewsPicksに。担当書に『シン・ニホン』『STARTUP 』『D2C』など。

ビジョン、イシュー、ソリューションの3つが揃った本であること。こういう世の中であってほしい、という願い(ビジョン)がまずあり、そのため、新たな論点(イシュー)を打ち出す。そして、それが絵に描いた餅に終わらないための具体案(ソリューション)も持つ、そんな著者の声を世に届け、揺さぶりたい。
思えばいつも、「世の中はすでに変わっているのに、仕組みや価値観が変わっていないがために生じるひずみ」を見つけては、それを本で解消しようとしてきた。本質的なモチベーションの根元は怒りかもしれない。すでに多くの人が取り組む問いを、より効率的に解く方法には惹かれない。答えよりも、新しい問いを見つけたときに何より興奮する。

富川直泰

NewsPicksパブリッシング副編集長。早川書房および飛鳥新社を経て現職。手がけた本はサンデル『これからの「正義」の話をしよう』、ディアマンディス&コトラー『2030年』、リドレー『繁栄』、近内悠太『世界は贈与でできている』など。

ビッグアイデア・ブック(新しい価値観を提示する本)であること。人間と社会の本質を摑んだ本であること。rational optimism(合理的な楽観主義)がベースにあること。そして、日本人には書けない本であること。最後の点について説明します。翻訳書ってお値段も張るし、日本人読者を想定して書かれていないのでピンとこない面ってあるじゃないですか。それでもぼくが海外の本を紹介し続けているのは、専門分野に閉じこもらず、「文系・理系」の垣根を越えた知見を総動員して大きなビジョンを示す胆力が、こうした本にはあるからです。

中島洋一

NewsPicks パブリッシング編集者、Brand Design ChiefEditor。筑波大学 情報学類卒業。幻冬舎、noteを経て現職。 担当した主な書籍に、宇田川元一『他者と働く』、石川善樹『フルライフ』、堀江貴文『君はどこにでも行ける』など。

おもしろい本であること。基準として、「この本を読むために生まれてきてよかった」という実感が最上級で、以降「この本のおもしろさに(一時でも)救われた」、「おもしろすぎて、(数ヶ月)頭から離れない」「(読後)ああ、おもしろかった」というような体験を大事にしています。
編集は、著者がすでに知っていることを深掘り、まだ知らないことを書き当て、高い純度で閉じ込める作業のお手伝いと心得ます。ビジネス書においても、ときに変化の痛みすら伴う深い学びを、快く受け入れ、鮮やかに記憶できるような編集を意識しています。

子書籍がお得にご購入いただけます！

ーシャル経済メディア「NewsPicks」の
員になると、NewsPicksパブリッシング
電子書籍がお得に購入できます。
wsPicksの無料会員の方は10%オフ、
ミアム会員の方は20%オフでご購入
ただけます。
一部、対象外の書籍もございます。

書籍の購入・
詳細はこちら

2030年

すべてが「加速」する世界に備えよ

ピーター・ディアマンディス
&スティーブン・コトラー【著】
土方奈美【訳】

療、金融、小売、広告、教育、都市、環境…。先端
クノロジーの「融合」によって、大変化は従来予想
20年早くやってくる。イーロン・マスクの盟友投資
がファクトベースで描く「10年後の世界」の全貌。

価 2,640円（本体2,400円＋税10%）

他者と働く

「わかりあえなさ」から始める組織論

宇田川元一【著】

忖度、対立、抑圧……技術やノウハウが通用しない「厄介な問題」を解決する、組織論とナラティヴ・アプローチの超実践的融合。HRアワード2020 書籍部門 最優秀賞受賞。

定価 1,980円（本体1,800円＋税10%）

インスタグラム

野望の果ての真実

サラ・フライヤー【著】
井口耕二【訳】

ジネスと「美意識」は両立できるか？ 「王者」フェ
スブックの傘下でもがくインスタグラム創業者の、
想と決断、そして裏切り。主要媒体の年間ベスト
ック賞を総なめにしたビジネス・ノンフィクション。

価 2,640円（本体2,400円＋税10%）

パーパス

「意義化」する経済とその先

岩嵜博論・
佐々木康裕【著】

「パーパス（＝企業の社会的存在意義）」の入門書であり実践書。SDGs、気候変動、ESG投資、サステナビリティ、ジェンダーギャップ…「利益の追求」と「社会を良くする」を両立させる新しいビジネスの形とは。

定価 2,530円（本体2,300円＋税10%）

大人に、新しい「問い」を。

なぜ、何のために働くのか。

価値を生むことと、お金になることは、イコールではないのか。
1兆円のビジネスを成長させた先に何があるのか。

わかり合えない他人と、どう関わっていけばいいのか。
差別や偏見に、打ち勝つことはできないのか。

すぐ役に立つ最適解。
すごい人が成功した秘訣。

それは今ここで、私が選ぶべき答えなのだろうか。

日々遭遇する「多面的な物事」を、
自分の頭で考えられる大人になっただろうか。

いくつもの問いが駆け巡り、不安をおぼえる。
そしてふと、期待が高まる。

今、私たちに必要なのは、
本質をとらえなおす新しい「問い」だ。

“経済を、もっとおもしろく”するなら、おもしろさの根源を。
“経済情報で、世界を変える”なら、世界の再定義を。

私たちNewsPicksパブリッシングは、
解くべき問いを立てなおし、無数の希望を創り出していきます。

１つの具体例として、新たなカテゴリー追加を考案する際、有安はGoogle AdWords（現Google広告）を用い、もっとも効率的に顧客が獲得できる領域を見定めていたという。

「Google AdWordsの管理画面から取れるサーチボリュームや競合度は見ていましたね。ジャンルによって、特定のワードで固まっていたり、キーワードストラクチャーが違うので。それで『ここ結構いけそうだな』とか『ゴルフ厳しいな』とか判断していました。『なんでゴルフは厳しいんだろう』『そっか、ゴルフダイジェスト・オンラインとか大手が結構いっぱいいて、その人たちがオウンドメディアを持っているから、サーチワードでやっても上位表示は厳しいわけね』みたいに」[17]

どのカテゴリーに進出すればもっとも効率的にユーザーの目に留まるのか、そしてその結果実際にサービスを使ってもらえるのかは、事業を運営する上で非常に重要なポイントだ。有安はここでも、直感ではなく、サイエンスを持ち込むことで意思決定を行っていた。

ときにはユーザーから想像していないフィードバックを受けることもあった。たとえば、有安は創業当初、「目標に一直線」などの熱いフレーズでもってバリュープロポジションを打ち出していたが、しばらく経って、ユーザーが求めているのはまず「楽しさ」なのだと認識した。[18]

〝サイタ〟by コーチ・ユナイテッド株式会社

個別の施策を打ち、ユーザーからフィードバックを受け、自分の中の仮説を柔軟に組み替える。有安は、ユーザーに求められるサービスを実現するべく、常に顧客と対話し、サイエンスを用いることによって仮説を検証し続けたのである。

Endnotes

1 バリュープロポジション…顧客に対して提供する価値、あるいはその組み合わせのこと
2 有安伸宏氏へのインタビュー．２０１８年９月11日実施．
3 有安伸宏氏へのインタビュー．２０１８年９月11日実施．
4 ITmedia NEWS.〝「思いつく人はたくさんいるが、実際に作った人はごく少なかった」〝学び〟を流通させる「Cyta.jp」（1/3）〟. Available at: https://www.itmedia.co.jp/news/articles/1109/01/news102.html.
5 日経クロステック.〝「コードを書く前に検証すべきだった」、コーチ・ユナイテッドの有安伸宏氏〟. Available at: https://tech.nikkeibp.co.jp/it/article/COLUMN/20140624/566344/?P=2.
6 有安伸宏氏へのインタビュー．２０１８年９月11日実施．
7 有安伸宏氏へのインタビュー．２０１８年９月11日実施．
8 有安伸宏氏へのインタビュー．２０１８年９月11日実施．
9 有安伸宏氏へのインタビュー．２０１８年９月11日実施．
10 有安伸宏氏へのインタビュー．２０１８年９月11日実施．
11 有安伸宏氏へのインタビュー．２０１８年９月11日実施．
12 有安伸宏氏へのインタビュー．２０１８年９月11日実施．
13 有安伸宏氏へのインタビュー．２０１８年９月11日実施．
14 有安伸宏氏へのインタビュー．２０１８年９月11日実施．
15 THE BRIDGE.〝Cyta.jpの有安伸宏さんが共有する「２週間で検証できることに6ヶ月かける失敗」［FailConレポート］〟. Available at: https://thebridge.jp/2014/06/failcon-cyta-jp-ariyasu.
16 有安伸宏氏へのインタビュー．２０１８年９月11日実施．
17 有安伸宏氏へのインタビュー．２０１８年９月11日実施．
18 ANGELPORT.〝【有安伸宏】ユーザーは「新しいもの」を求めているのではなく、より良い解決策を求めているだけ〟. Available at: https://mag.angl.jp/ariyasu/2018/05/01/.

“サイタ” by コーチ・ユナイテッド株式会社

有安伸宏（ありやす・のぶひろ）

起業家・エンジェル投資家

ユニリーバ・ジャパンを経て、２００７年にコーチ・ユナイテッドを創業。２０１３年に同社の全株式をクックパッドへ売却。２０１５年にTokyo Founders Fundを共同設立。米国シリコンバレーのスタートアップへの出資等、エンジェル投資も行う。投資先はマネーフォワード、キャディ、Kanmu、OLTA、Azoop、MaterialWorld、レンティオ、WAmazing等、日米約90社。慶應ＳＦＣ卒。

CASE 16

"SPEEDA"

株式会社ユーザベース

株式会社ユーザベースは梅田優祐氏（以下、梅田）、稲垣裕介氏（以下、稲垣）、新野良介氏（以下、新野）の3名により、共同設立されたスタートアップである。当社は「経済情報で、世界を変える」というミッションのもと、経済情報プラットフォーム「SPEEDA」[1]、ソーシャル経済メディア「NewsPicks」[2]などの経済サービス事業を数多く提供している。本ケースは、創業サービスである「SPEEDA」が形作られ、リリースされるまでの過程を、主に梅田の視点から描写したものである。

ユーザベースの創業サービスであるSPEEDAは、2019年8月時点で契約数2878IDを突破しており、[3]ローンチから10年以上経った現在もなお、四半期ベースで過去最高のID純増数を誇っている。だが、開発時には想定外の事態が頻発し、梅田は幾度も事業の進退を意思決定する必要に迫られていた。

ビジネス界のGoogleを目指す

SPEEDAは梅田の原体験をもとに形作られたサービスだ。

梅田は大学卒業後、戦略コンサルティングファームであるコーポレイトディレクション、外資系金融機関であるUBS証券を渡り歩き、常に企業情報に触れ、分析を行ってきた。そして梅田は、日々の業務において、次第に既存の企業情報サービスに問題意識を抱くようになる。

「あるとき、国会図書館で資料を大量に印刷し、持ち帰ってそれをひたすら打ち込む仕事がありました。そのときふと、これはおかしいなと思ったのです。ちょうど僕が大学生の頃にGoogleが登場し、これで世界が変わると強く感動したのに、いまだに企業では非効率なことをしている」[4]

梅田は既存の企業情報サービスの限界を痛感し、自らサービスを立ち上げようと志すようになる。そのときに声をかけたのが、高校の同級生であり、アビームコンサルティングでプログラマーとして働いていた稲垣、そして商社出身であり、ＵＢＳ証券の同僚であった新野の２人だった。[5]

自由と苦悩

共同創業することを決めた梅田、稲垣、新野の３人は、各人資金を持ち寄り、銀行から融資を受け、マンションの1室でプロダクト開発に乗り出した。２００8年4月のことだった。梅田は当時をこう振り返る。

「創業した最初の6ヶ月はとにかく楽しくてしょうがなかったですね。それまでは投資銀行やコンサルで働いていて、どうしてもどこか組織の奴隷みたいなところがあった。それが自分の好きな仲間たちと、ワンルームのマンションの1室で好きなものを作るようになって……自由ってこういうことかと」[6]

しかし、すべての開発プロセスが思い通りに進んだわけではない。SPEEDAは当初、半年でのリリースを予定していたが、開発途中において梅田たちはさまざまな課題と直面した。

「大きくやらないといけないことは2つありました。1つはシステムを作ること、もう1つは企業情報などのコンテンツを集めることです。前者は稲垣に任せて、後者は僕が担っていたのですが、あるとき稲垣に、『俺、これは一人じゃ作れないかも』と言われたんです」[7]

稲垣はデータベースを専門とするエンジニアであったため、アプリケーションやサーバー関係には別のエンジニアが必要だった。「当初は、勉強すればできるんじゃないか、とすごく楽観的に始めた」[8]ものの、梅田は早速、新たな人材を登用する必要に迫られた。

「はじめの1～2ヶ月は、なかなか開発は進まず、ただ資本金が減っていくだけでしたね。ただただエンジニアを探すために時間を使いました。最終的には、稲垣が竹内を連れてきてくれ、やっとの想いでシステム開発が軌道に乗り始めることになったのですが」[9]

危機的状況にあったユーザベースを救ったのは、竹内秀行氏（以下、竹内）であった。竹内は当時、東京工業大学でソフトウェア工学を専攻し、自身で受託開発業務を行う会社を興していた。[10]

ソフトウェアに精通していた竹内はSPEEDAのアイディアに関心を持ち、早速、稲垣とともに開発に乗り出した。

リーマンショック、直撃

竹内の参画により、システム開発は大幅な前進を見せた。一方、コンテンツサイドを担っていた梅田、新野も、リリースに向け仕事を着々と進めていた。当時、SPEEDAのコンテンツサイドの仕事は主に2つあった。

「僕の仕事は主に2つありました。1つが外部からコンテンツを集めること、そしてもう1つは自らコンテンツを作ることです。前者は、企業の財務データや業界の統計データを持っている会社と連携して、提供してもらう必要があったので、その交渉。後者は当時3000社くらいあった上場企業を、業界ごとに分けて、その業界概要を作成していくことでした」[11]

当時、梅田は、戦略コンサルタントという過去の経歴を生かし業界分析コンテンツを作成する一方、企業データを保持している企業との交渉に明け暮れていた。

しかし、梅田はここで、またもや大きな危機に直面することとなる。リーマンショック、そして、それに伴うデータプロバイダーとの契約破棄である。

「当時、財務データを持っている企業と契約を進めていました。データベースもその企業に合わせた型で開発しており、あともう少しでサービスリリースできるところまで来ていたんです。ところがリーマンショックの影響を受け、この契約が破談になった。2008年10月のことでした。半年経ってデータベースの型をすべて変える必要性が出てきたのです」[12]

企業情報サービスを標榜する以上、コンテンツの提供元を見つけることは必要不可欠。にもかかわらず、サービス開発から半年後、提携企業との契約が破談になってしまったのだ。

当時、すでに資金は底をつき始めていた。継続するためには新たな借入が必要だったが、当時の社外取締役からは「一度会社を畳み、タイミングを見て再起を図ってはどうか」とアドバイスをされた。[13] まさに絶体絶命であった。梅田自身、この危機は「今後の進退を考える大きなターニングポイントだった」と述べている。[14] 梅田は、当時、創業者3名で話した内容をこう振り返る。

「社外取締役の方から意見をもらった後、3人で品川のルノアールに行って話したんですね。そのとき、正直僕は稲垣も新野もこの船から降りたいと思っているんじゃないかと、不安にな

る気持ちもありました。でも2人はまったくそういうことは考えていなくて、どうすればSPEEDAを実現できるかにしか意識が向いていなかった。これには本当に勇気づけられましたね。僕も家で作りかけのSPEEDAを触ってみて、これは何としてでも世に出したい、続けたいという想いを再確認しました」[15]

絶体絶命の状況に立たされてもなお、3人にとって諦めるという選択肢はなかった。何としてでもSPEEDAを完成させたいという気持ちが、彼らに事業の継続を選ばせた。

自分が「喉から手が出るほど欲しいもの」を作る

メンバー、そして作りかけのSPEEDAから勇気をもらった梅田は、再度、コンテンツを提供してくれる企業探しに奔走。最終的にはレベニューシェア[16]という条件のもと、野村総合研究所と契約を締結することができた。この時点で、すでに創業から8ヶ月。[17]当初リリースを予定していた6ヶ月を越えながらも、ようやくコンテンツの目処が立った。

その後、2009年5月、創業から約1年後にSPEEDAはリリースされた。梅田は当時をこう振り返る。

"SPEEDA" by 株式会社ユーザベース

「正直、無理矢理リリースした感じなんです。当時は資金調達も難しく、すべて自己資金と借り入れだけでやっていたので、とにかく何か売れるものが必要だった。まだ理想の形にはなっていなかったのですが、生き残るために、これまでお世話になってきた人たちに頭を下げて買ってもらっていました」[18]

「当時は、MVPみたいに、必要最低限の機能でリリースして、お客さんからのフィードバックをもとに機能改善をしていく、というプロセスを踏む余裕はありませんでした。とにかくキャッシュが減っていく中で、まずはSPEEDAをリリースすることだけに必死だった。ただ、リリース後はお客さんの声を必死に聞き、高速回転で改善を繰り返しました。そして、リリース6ヶ月後に、徐々にプロダクトを評価して買ってもらえるクオリティになっていった」[19]

一般的にサービスは、最低限の機能を備えた段階でニーズがあるかを検証した上でリリースすることが望ましいとされている。しかし、リーマンショック直後、十分な資金調達ができない状況において、梅田はとにかく自分たちの信じる仮説をユーザーにぶつけることを優先した。

「プロダクトを世に問うときってあるじゃないですか。そういうとき、やはりプロダクトは

尖っていないといけない。はじめからまわりの意見をすべて聞いていると、どんどん丸くなっていってしまうんです。なので、まず自分たちの仮説をもとに製品を世に出してみる。最初は『自分たちが欲しいものを作る』という軸が重要で、これを徹底しているとぶれることがありません。その上でリリース後は、目の前のお客さんに徹底的に満足してもらうためには何ができるのか、お客さんの声を聞きながら、突き詰めて改善していきました」[20]

梅田たちは、まず自分たちが欲しいプロダクトを作った上で、企業との商談の中で「どのような機能が必要か」を徹底してヒアリングした。そして機能を徐々に拡充することによって、SPEEDAを評価してもらえるプロダクトへと進化させていった。

もし当時、十分な資金調達が実施できる市況であれば、梅田は満足のいく仮説検証を実施することができたのかもしれない。しかし、当時のユーザベースにとってそれは困難だった。ただ、「自分が喉から手が出るほど欲しいモノか」[21]という明確な基準があったからこそ、幾度もの危機を乗り越え、SPEEDAを世に送り出すことができたのである。

Endnotes

1 株式会社ユーザベース.〝サービス SPEEDA〟. Available at: https://www.uzabase.com/services/speeda/.

2 株式会社ユーザベース.〝サービス NewsPicks〟. Available at: https://www.uzabase.com/services/newspicks/.

3 NewsPicks.〝〈ユーザベース〉売上高が順調に増加。Quartz有料課金への規律ある投資を継続（2019年第2四半期 最新決算ハイライト）〟. Available at: https://newspicks.com/news/4137344/body/.

4 GLOBIS知見録.〝梅田優祐×伊藤羊一（1）ある日の大手町駅で降臨、ユーザベースを起業〟. Available at: https://globis.jp/article/3895.

5 GLOBIS知見録.〝梅田優祐×伊藤羊一（1）ある日の大手町駅で降臨、ユーザベースを起業〟. Available at: https://globis.jp/article/3895.

6 梅田優祐氏へのインタビュー．2018年10月25日実施.

7 梅田優祐氏へのインタビュー．2018年10月25日実施.

8 梅田優祐氏へのインタビュー．2018年10月25日実施.

9 GLOBIS知見録.〝梅田優祐×伊藤羊一（1）ある日の大手町駅で降臨、ユーザベースを起業〟. Available at: https://globis.jp/article/3895.

10 リクナビNEXTジャーナル.〝【20代の不格好経験】起業後にサービス開発担当者が「自分には作れない」と白旗。売り上げゼロの状態で一から技術者探しに奔走～ユーザベース代表 梅田優祐さん〟. Available at: https://next.rikunabi.com/journal/20141027/.

11 梅田優祐氏へのインタビュー．2018年10月25日実施.

12 梅田優祐氏へのインタビュー．2018年10月25日実施.

13 梅田優祐氏へのインタビュー．2018年10月25日実施.

14 梅田優祐氏へのインタビュー．2018年10月25日実施.

15 梅田優祐氏へのインタビュー．2018年10月25日実施.

16 レベニューシェア…提携手段の1つ。委託契約ではなく、予め取り決めた配分率で事業売上を分配すること

17 GLOBIS知見録.〝梅田優祐×伊藤羊一（1）ある日の大手町駅で降臨、ユーザベースを起業〟. Available at: https://globis.jp/article/3895.

18 梅田優祐氏へのインタビュー．2018年10月25日実施.

19 梅田優祐氏へのインタビュー．2018年10月25日実施.

20 梅田優祐氏へのインタビュー．2018年10月25日実施.

21 Venture Navi.〝0から1を作り出す。NewsPicks誕生秘話 ユーザベース 梅田優祐社長（第3話）〟. Available at: https://venturenavi.dreamincubator.co.jp/articles/interview/2257/.

梅田優祐（うめだ・ゆうすけ）

株式会社ユーザベース代表取締役CEO
戦略系コンサルティングファームのコーポレイトディレクション（CDI）、UBS証券投資銀行本部の東京支店でさまざまな産業や企業の分析業務に従事。そのときの経験から誰もが簡単に使える経済情報プラットフォームの必要性を感じ、2008年にユーザベースを創業。ニューズピックス代表取締役会長CEO、およびQuartz Media, Inc. Chairmanも務める。

"SPEEDA" by 株式会社ユーザベース

第四章 ユーザーを獲得する

アイディアが見つかり、プロトタイプを開発して仮説検証が済むと、いよいよサービスのローンチだ。ローンチに成功し、ひとたび売上が立てば、次の資金調達に向けて、どの起業家も右肩上がりの成長曲線を描きたい。そのためにも広告に投資したくなるところだが、失敗したときのことを考えるとかなりの勇気がいる。限られた資金で、優れた起業家たちはどのようにユーザーを獲得してきたのかを、本章では見ていきたい。

プロダクトをどう磨き込むか

一人でも多く顧客を獲得するには

ユーザーを獲得する手段は、Facebook、Googleやヤフーへのオンライン広告出稿、ＴＶＣＭ、チラシ、または飛び込み営業などオフラインのものを含めさまざまある。しかし、細かい手段の話に入る前に、ユーザー獲得の本質について最初に共有しておきたい。

それは「**一人でも多くのターゲット顧客を、1円でも安く獲得する**」ことだ。重要なのは、集めるべきは「ターゲット顧客」であること。誰でもいいからただ集めればいいわけではない。

ここでいう「ターゲット顧客」には2パターンある。

1つは、金銭的なリターンを提供してくれる顧客。つまり、多くの対価を、できるだけ早く、何度も繰り返し支払ってくれる顧客のことだ。

もう1つは、自社の提供価値に共感し、非金銭的なリターンを提供してくれる顧客だ。たとえ実際の消費額が限られていても、商品やサービスの支持者となり、その告知に貢献してくれる顧客がいる。レビューを書いたり、コメントを残したり、商品改善を提案してくれる自社のファンは、特に初期においては大きな価値を持つ。

第一の前提として、**ただ数を集めればいいわけではない**ことをまずは覚えておこう。

機能改善による顧客獲得

商品力を向上させる方法は大きく2つに分けられる。1つは、UI／UX改善に代表される「機能改善」だ。

ZOZOTOWNでは、楽天やAmazonといった従来のECサイトと異なり、洋服選びに特化したUI／UXを実装した。スマホのファーストビュー（アプリを開いてすぐに表示される画面）に9枚（3×3）の商品画像が大きく表示されたり、画面をスクロールするとそのときどきのトレンドが紹介されたり、スクロールに応じてヘッダーやフッターが閉じたりするなど、顧客がアプリでストレスなく商品を購入できるよう、一つひとつの動作に非常に細かく気が配られている。

Pairsをリリースした赤坂がもっとも注力したのも、このUI／UXの改善だった。すでにFacebookを活用したマッチングサービスのOmiaiという競合が存在していたことから、「使いやすさ」で勝つことにこだわり、日々改善を重ねた。

マッチングサービスは、会員同士のプロフィール欄の充実度が体験向上のカギを握る。自己紹介の情報量が少ないと、結果的にマッチング率が下がってしまう。赤坂はプロフィール入力率を上げるために、ストレスの無いＵＩ／ＵＸ設計にとにかくこだわった。

たとえば、自己紹介文のサンプルを表示させることで、ユーザーのプロフィール入力のハードルを下げた。さらに、自己紹介で自分のことを伝えるのが苦手な人に対しては、コミュニティ機能を実装した。「〇〇の映画が好き」「△△の音楽が好き」「週末は××する」といったコミュニティに参加するとバッジがもらえ、自分のプロフィール欄にコミュニティバッジが表示される機能だ。また、学歴や所属企業、年収などプロフィールを詳しく入力してもらえるよう、ウェブ・アプリ・メールなどさまざまな場面で案内を徹底した。

当時のPairsでは、スタンダード会員は気になるパートナーに30回まで「いいね」のリアクションを送ることができた。さらに「いいね」を送るためには、プレミアム会員になるかポイントを購入するといった追加課金が求められる仕様だった。そこで、2枚目以降の写真を投稿すればポイントを付与するといった施策を実施することでプロフィール欄のリッチ化を図っていった。

グノシーの福島は初期に大きくＵＩ／ＵＸを変更した。ローンチの1年以上後にニッチ向けからマス向けのサービスへ脱却を図り、デザインや機能を一気に刷新した。この大胆なリニューアル

資料　グノシーの旧UI（左）と新UI（右）

資料：グノシーより提供

は、実はデータに裏打ちされていた。

「どのようなデザインにすれば一番読まれるのか、細かいテストを繰り返してデータを取り、確信を持って切り替えていきました。デザイン変更後に回遊率がどう変わったのか。回遊のKPIをブレイクダウンし、本当にデザイン変更の効果があったのか、都度チェックしていました」と福島は当時を振り返っている。

このように、日々の絶え間ない検証と機能改善の繰り返しが、ユーザーが病みつきになるサービスの背後には存在する。

機能拡充による顧客獲得

もう1つの商品力向上による顧客獲得の道筋は、新機能をリリースするなどの「機能拡充」

だ。

すでに紹介したZOZOTOWNでは、ツケ払いというサービスをリリースしたことによって、今まで購入したくても購入できなかった層を取り込むことに成功した。リリース記事によれば、開始10ヶ月でツケ払い利用ユーザーは100万人まで拡大したそうだ。[1]

BASEの鶴岡は、機能拡充に誰よりもこだわり抜いている起業家の一人だ。出店者のストレスを少しでも軽減したいという思いから、商品の販売支援を行うショッピングアプリ、低価格で配送を代行してくれるサービス、広告効果測定システム、SNSとの販売連携など、毎月新機能をリリースしていく。この姿勢が、多くの出店者の心を鷲掴みにしていった。

ユーザー同士が商品を売買する際のボトルネックを段階的に解消していったメルカリの機能拡充も参考になる。「メルカリ便」の匿名配送サービスは、取引相手に自分の住所や名前が知られることを危惧していたユーザーの新規の取り込みに成功した。「梱包・発送たのメル便（旧：大型らくらくメルカリ便）」は、大型商品で特に手間となる梱包と配送を一括してメルカリが引き受けることで、流通する商品の幅を広げた。

機能拡充は、BtoCと同様BtoBサービスでも重要となる。法人向け経済情報プラットフォーム「SPEEDA」を展開するユーザベースの初受注は、機能拡充から始まった。

営業時にクライアントから「抽出した企業情報をPER[2]でソートする機能があれば発注する」

と言われた共同創業者の梅田は、同じく共同創業者で開発責任者の稲垣に確認しないままその場で「今開発中です」と〝嘘〟をつき、商談が終わるや否や稲垣に電話をして、PERソート機能の開発にすぐさま取り組むように指示を出した。結果、2週間後の商談までにPERソート機能を実装し、受注に至った。

1つ気をつけておきたい点として、**サービスのリリース当初から機能を大量に盛り込む必要は無い。**サービスの価値がぼやけ、エンジニアリングリソースが分散し、結果につながらない可能性のほうが高いからだ。

まず重要なことは、自分たちのサービスの根幹にある付加価値を最大化すること。次にそれを段階的に拡張しながら、より多くの潜在顧客にリーチを広げていく。この順番が基本だ。

ユーザー獲得と聞くと販促活動（プロモーション）を真っ先に思い浮かべる読者もいるかもしれないが、実はプロダクトの提供価値を磨き上げること、すなわち商品力向上というアプローチがプロモーションの前に存在することを覚えておいてもらいたい。

マーケティングの発明

1円でも安く顧客を獲得するには

資金調達後の資金を何に使うのかを経営陣に質問すると、大きく2つの答えが得られる。1つは採用。もう1つがマーケティングだ。

優れた起業家に共通しているのは、そこまで考えるのか、と驚かされるほど「1円でも安く顧客獲得する」ことにこだわり抜く姿勢だ。成功する会社と失敗する会社の大きな違いは、マーケティング予算の使い方にあると言ってもいいかもしれない。

CAC（顧客一人あたりの獲得単価）を下げる方法は3つに分類される。

1―ターゲット顧客に限定したアプローチを探す

2｜Non-Paidを活用する
3｜誰も気づいていない獲得方法を発見・発明する

(1) ターゲット顧客に限定したアプローチを探す

ＴＶＣＭのような「マス向け広告」と、自社のサービスを使う可能性が高い人に「ターゲットを絞った広告」では、当然広告を見てから購入に至る人の割合に大きく差が出る。顧客のターゲティングを行う段階で、どういった層に広告を打つか、顧客セグメント[3]をあらかじめ細分化することが重要だ。自社サービスを利用してくれる顧客の中でもＬＴＶが高い顧客からアプローチしなくてはならない。投下できるリソースが限られている初期の段階においては、ＬＴＶの観点はなおさら重要となる。

メルカリは、スマホのフリマアプリの初期ターゲットを、ＰＣでオークション（ヤフオク！など）を経験したことのない、若年層の女性に定めた。ＰＣ時代からオークションサイトで中古品取引は行われていたが、若い女性たちは主にスマホでインターネットデビューしたため、ＰＣに慣れていない。だからこそ、個人がスマホで気軽に商品を売買できるサービスに勝機があると見込んだのだ。

即戦力人材向けの転職サイト「ビズリーチ」は、創業当初、六大学などを卒業している20代後半~30代のビジネスプロフェッショナルを中心に広告を出し続けた。Facebookのフィルター機能を活用し、たとえば慶應大学出身者には「慶大卒のあなたに1000万円以上の転職情報」と書いたバナーを露出させターゲットユーザーを続々と獲得した。同様に早稲田大学の出身者、東京大学の出身者と、それぞれ別の広告を流すことで、獲得効率を上げ、コストを抑えた。

ターゲット顧客に絞り込んだアプローチを継続すると、新たなプラスの効果も生まれてくる。フリルの堀井は、ブログやミクシィで洋服を売買していた若い女性を徹底的にマークし、彼女たちにメールやメッセージを送り座談会を開催したり、実際に利用してもらいユーザー体験を完了できるかの確認を進めたりしていた。その内に、フリマのヘビーユーザーのライターの目に留まり、紹介記事を何度も書いてもらえたため、初期の認知拡大に大きな効果があったという。

SNSの普及により、マイクロインフルエンサーとも呼ばれる、一定の発信力と影響力のある顧客が増加している。こうした顧客に対しては丁寧に個別対応を行うことで、その時間的コストに見合う数字を挙げられる可能性が十分にある。

女性向けファッションメディア「MERY」を創業した中川は、ターゲット顧客を明確にF1層

（20〜34歳の女性）に絞っていた。さまざまなジャンルの女性向けコンテンツを公開し、初月でPV数200万、3ヶ月で1000万と瞬く間に成長していったが、その裏では緻密な分析が繰り返されていた。

恋愛記事を出すとPV数は稼げるが、広告単価は下がってしまう。しかし、よくよく分析してみると、恋愛記事を見た人が、MERYのメインコンテンツで広告単価も高いファッション記事に流れていく傾向が見て取れた。

ここから、中川は新規訪問ユーザーのアクションをカテゴリー別に細かく分析し、いかに広告単価の高い記事にユーザーを呼び込むかを追求していく。F1層という1つの顧客セグメントを、データ分析を活用することでさらに細分化し、リピート率・回遊率を上げるためにカテゴリーのバランスを日々調整した。恋愛記事でアクセスさせ、その後スムーズにファッション記事に誘導するなどの施策を打つことで、トータルの顧客獲得費用を削減したのだ。

この考え方は、ソーシャルゲームが、ユーザー数を集めやすいゲームで人を集め、その後収益を上げやすいゲームに誘導する考え方とも共通している。

ここまで見てきたように、ターゲット顧客に限定してアプローチする手法は数多く存在する。それぞれの属性に合わせ訴求内容を変え、影響力のある顧客を仲間に引き込み、ターゲット顧客がユーザーになるまでのプロセスを分解し、丹念に動線を設計すれば、顧客獲得コストは削減できる。

⑵ Non-Paidを活用する

販促・プロモーションは有料（Paid）と無料（Non-Paid）の２つに大きく分類されるが、最初からPaidだけを考えていないだろうか。少ないリソースで市場競争に勝っていくためには、Non-Paid（検索エンジンからの自然流入、メディアへの掲載、口コミの活用など）がカギとなる。

第一章でも触れたが、ＢＡＳＥの鶴岡はアイディアを探し、プロダクトを作ってから会社設立をした起業家の一人だ。鶴岡は起業前の段階から、毎月のプレスリリースのスケジュールを先に作った。メディアに取り上げてもらうよう、先々のスケジュールを決め、そこにプロダクト開発を合わせていった。

ビズリーチの南もメディアとの対話を重視していた。具体的には、定期的にビジネスプロフェッショナルの採用市場に関するレポートを各メディアにメールやＦＡＸで送っていた。そのほか、就職サイトが発表している「大学生が就職したい企業ランキング」に対抗し、「ビジネスプロフェッショナルが就活生に薦める人気企業ランキング」を自社で企画し、メディアから興味を持ってもらえるような関係性を作っていた。

さらに、社会情勢に合わせ「震災後の仕事観の変化調査（２０１１年）」、「平均年収１０００万円強のビジネスパーソンが選ぶ２０１０年十大ニュース＆注目企業」といった時事的なＰＲネタも、積極的に発信し続けた。

単に、話題になるニュースを提供するだけではない。ターゲットメディアを研究し、メディアごとにそのメディアの指向に合わせた企画案を送ることもあった。

「この媒体はこういうターゲットに対してこういうテーマで書くことが多いから、この情報とこの情報を組み合わせておこう」

「記事にしやすいような写真を添付しておこう」

「社会トレンドとして興味を持ってもらいやすいよう、参考資料として他社情報も入れておこう」

こうした、メディアに寄り添った丁寧な準備を徹底することも忘れてはならない。

Non-Paidはメディアを使ったＰＲに限らない。

たとえば、フリマアプリのフリルは、オフラインを地道に活用した。

フリマアプリのビジネスモデルは、売り手と買い手の顧客獲得にコストがかかりすぎるとまったく儲からなくなる。そのため、いかにしてコストをかけずに両方の顧客を獲得するかが事業成功のカギだった。

フリルの堀井は、出品者の獲得のためリアルのフリマに何度も出かけた。若い女性にフリルでの出品をお願いするために、怪しまれないよう女子大生のインターンにも同行してもらい、一人ずつ丁寧に交渉を重ねていった。さらに、ターゲットが女子大生だったこともあり、女子大の学生団体に声がけし、一人5品以上持ち寄ってもらう企画も開催した。大学に白紙の大型方眼紙を持参し、それをスクリーンとして商品を撮影し、その場で出品してもらう。また、お手製の出品マニュアルを配り、商品の撮影角度やカット数にもこだわり、商品の品質を担保した。これも、潜在顧客の使えない理由、使わない理由を丹念に潰す作業だ。一度使ってみれば、二回目への抵抗は少ない。潜在顧客がいるところに出向き、まずは体験してもらうことの価値は思いのほか大きい。

ターゲットが充分に絞り込めていれば、このようにオンラインではなくオフラインでの顧客獲得作戦がより効果的なこともある。

プロダクト開発・検証だけでも大変で、Non-Paidプロモーション活動に割く余裕がないという起業家もいるだろう。しかし、成功している企業はどこも、誰もやりたがらない面倒くさいNon-Paidに厭(いと)わず取り組んでいる。**顧客獲得コストを増大させる最大の要因は競争だ。**競争のない場所での顧客獲得が、もっとも効率はいい。

⑶ 誰も気付いていない獲得方法を発見・発明する

ヤフーやGoogleのリスティング広告、Facebook、InstagramやTwitterのタイムライン広告などは2020年時点で多くのスタートアップが当たり前のように取り組んでいる代表的なPaidプロモーションだ。これらの広告は単価も固定化しつつある。誰にとっても同じ価格なら、自然と広告予算が大きい会社が強くなる。また、TVCMをやろうものなら、広告代理店に「最低でも1クール3億円は用意してください」と言われ、ジリ貧のスタートアップにはなかなか手が出せないのが現状だ。最近ではラクスルのTVCMサービスを活用すれば数百万円でも検証ができるが、創業したてのスタートアップには、それでもハードルは高い。

初期のジリ貧状態で各社がどうやって顧客獲得をしてきたのか起業家にヒアリングしていく中で、1つの法則を見つけることができた。**「誰も気付いていない獲得方法の発明」**だ。すでに販売されている広告商品を使おうとすると、競合の企業と同じ料金表を見ることになる。優れた起業家たちはその横並びの競争には加わらず、自ら誰も知らない方法を発明し、急成長を遂げてきた。

フリルの堀井はFacebook広告が英語の管理画面のみで、国内の代理店がまだどこも取り扱っていない時期に、法人アカウントを開設し、自前で、手作業で広告を運用した。国内のネット系企業が誰もFacebook広告を出稿していなかったことから、CPA[4]8円で獲得に成功した。

2〜3ヶ月経つと続々と広告代理店が参入し広告費が高騰したが、次は誰も広告出稿していなかったTwitterで同じように広告を出稿し、継続して低CPAで顧客獲得に成功した。

各大学の卒業生に向けて個別の広告をFacebookに出稿した前述のビズリーチは、ターゲティング機能をハックしたことで、従来の広告と比較しCTR[5]を3・5倍に、会員登録費用は40％削減することに成功した。この先進的な取り組みはFacebookのアジア本社から表彰されたほどで、当時もっとも画期的な広告手法だった。

サイタの有安は手段を選ばず、「何がもっとも効率がいいか?」をゼロベースで日々追求した。まずチラシを2000枚印刷し、真夏日にインターンの学生と2人でチラシを撒いたが、2週間経っても成約は0。オンラインに特化したほうがいいと結論づけた。さまざまなチャレンジを続けていく中で見つけたのが、ロングテール・キーワードのSEOだった。ドラム教室を探している人は、「ドラム　スクール　渋谷　初心者」といったロングテールのキーワードで検索しているとわかったのだ。ロングテール・キーワードのSEOを実験してみたところ、1ヶ月で10人弱の申し込みを獲得できた。

このように、まだ誰も思いついていない集客方法を発明すると、マーケティングの成功確度は一気に高くなる。

広告を投入するのはLTV＞CACを成立させてから

シード期の起業家からよく、「いつから有料広告を出せばよいか？」という質問を受ける。理想は広告予算をかけずにオーガニック（自然流入）で顧客が獲得できる状態だが、競合がひしめくマーケットでは、そんな理想論は言っていられない。

プロダクトの導入期に有料広告を出す場合は、LTVとCACのバランスをはっきりと認識しておくことが重要だ。一人の顧客を獲得するのにいくらかかるのか、まずは大火傷にならない程度の金額で有料広告を試し、検証することをオススメしている。

サイタでは、ベンチマークとなるオンラインサービスが当時まったく存在しなかったので、Googleやヤフーのリスティング広告に10〜20万円／月ほど投下した。ここでの目的は仮説検証に必要な見込み顧客数を増やすことだったので、最小限の予算に留めた。

広告投資のタイミングは、一人の顧客が将来もたらす利益であるLTV（売上ではなく、利益であることに注意）が、顧客獲得コスト（CAC）を上回っていることを確認できてからにしたい。

ただ、プロダクト導入初期においては、CACはわかるものの、LTVが一体いくらなのかわからないことが多い。なぜなら、LTVに大きく影響するリテンション（継続率）は、一定期間経過後でなければ推計が難しいからだ。

自社のLTVがわからない場合は、ベンチマーク企業のLTVを参照するといいだろう。本書に登場しているスタートアップでは、PairsはOmiaiの、クラシルはクックパッドの、MERYはAll AboutのLTVを参考にしていた。

マーケティングは、顧客獲得の戦略を考える上で大切な要素の1つだ。Winner takes allになりやすいプラットフォーム事業においてメルカリ・フリル、グノシー・スマートニュース、クラシル・DELISH KITCHENなど同一カテゴリーに手強いライバルがいる場合は、マーケットシェアの獲得が企業の生死を分ける。

グノシーは成長を加速させないと競争に負けると考え、50万ダウンロードを超えたタイミングで、マーケティング戦略を変え、SNSのタイムライン上でグノシー経由の記事がSNS上でバイラル[6]に拡散する仕組みを導入した。しかし、この試みは結果的に失敗に終わる。
バイラルの典型的な成功例として挙げられるInstagramの場合は、おしゃれに加工された写真をTwitterやFacebookのタイムラインで見かけたユーザーが、自分もInstagramを使ってみようと考える。しかし、グノシーのようなニュースアプリの場合は、FacebookやTwitterのタイムラインに流れてきてもユーザーはどのニュースアプリの記事なのかを気にせず、バイラル施策が機能しなかった。この結果を受けて、グノシーはマスの認知を一気に取りに行く別の作戦に挑むことになった。業界を震撼させた、未上場スタートアップによるＴＶＣＭの始まりである。

フリマアプリでフリルと激しい競争を繰り広げていたメルカリも、グノシーに続いてＴＶＣＭを打ったことで、フリルとの差を一気に広げた。

メルカリの小泉氏はメルカリ参画前からフリルのファンだったためアプリをよく分析していたが、利用可能な顧客を女性に限定していることに違和感を持っていた。大型資金調達後のタイミングで、全国でのＴＶＣＭを開始し、フリマアプリをマス層に訴求した結果、1ヶ月でアプリダウンロード数を１００万も増やし、当時２００万だったダウンロード数を３００万にまで伸ばすことに成功した。グノシー、メルカリに続いてＴＶＣＭを打つスタートアップは増えてきている。

シード期の起業家にとっては遠い未来の話に聞こえるかもしれないが、自社のサービスの特性（マーケットシェアの重要性）や、市場の競争環境を踏まえ、広告の大量投下のタイミングを見定めてほしい。

ただし、サービスが未熟であるにもかかわらず、ユーザー獲得にばかり気を取られてもいけない。顧客が短期間で次々に去る状態では、どれだけ獲得してもアクティブユーザー数は増加しない。いわゆる「バケツの底に穴が開いている」状態だ。一度獲得したユーザーが長期間使い続けてくれるために何をすればいいのかを考え続けることは、新たに顧客を獲得すること以上に重要となる。リピート顧客は収益の源泉であると同時に口コミのハブだ。いわば、自社サービスの応援団の一員と考えよう。

第一章の「誰の何の課題を解決しているのか」という問いを覚えているだろうか。ユーザー獲得に頭を悩ませる前に、今一度自社サービスが解決している課題に立ち戻ってもらいたい。ターゲットユーザーが明確になっていれば、おのずとアプローチする媒体は見えてくる。

ここまで触れたユーザー獲得の手法を、図8にまとめた。

本書で紹介している起業家は、誰もが最後まであきらめず地道にこれらのユーザー獲得の定石を実践している。これから紹介するＢＡＳＥの鶴岡、ビズリーチの南、MERYの中川、Pairsの赤坂、クラシルの堀江、メルカリの山田・小泉のケースを読み解くことで、彼らのやり切る力を感じてもらいたい。

図8　ユーザー獲得のための５つの問い

		ユーザ獲得に向けた問い	先行事例
商品力向上	機能改善	ユーザーの求める根源的な価値を提供できているか？	•リテンションを重視したUX改善 •プロフィールの記入仕様改善
	機能拡充	リーチを増やせるユーザーペイン（顧客課題）は無いか？	•指標によるソート機能 •配送、写真撮影
マーケコスト削減	ターゲットを絞る	ターゲット顧客を明確化、絞り込み出来ているか？	•年収1000万円以上の転職層 •ネットオークション経験のないブランド服愛好者
	Non-Paid活用	ありとあらゆるPRの機会を活用できているか？	•Facebook無料診断アプリ •メディア露出、講演登壇 •大学ネットワーク
	独自手法の開発	誰も実践していない集客方法を探し続けているか？	•ロングテールキーワード指定SEO •FacebookでのDM広告 •YouTube動画広告

ユーザー獲得は地道な取り組みの積み重ね

資料：Code Republic Startup School講義資料

Endnotes

1 ZOZO.〝ZOZOTOWN〟決済サービス「ツケ払い」の利用者数が１００万人を突破！「ツケ払い」の利用者属性を初公開〟. Available at: https://corp.zozo.com/news/20170818-2508/.

2 ＰＥＲ（Price Earnings Ratio）…株価収益率。今の株価が「１株当たり純利益」の何倍にあたるかを指す

3 セグメント…何らかの属性によって区別された特定のグループのこと

4 ＣＰＡ（Cost Per Acquisition）…顧客獲得単価。成果報酬型やクリック課金型の広告で、顧客一人を獲得するのにかかったコスト

5 ＣＴＲ（Click Through Rate）…表示された数（インプレッション数）のうち、クリックされた数の割合

6 バイラル…主に口コミを通じて、不特定多数に広がること．その様がウイルス(virus)が拡散していく様子に似ているため、このように呼ばれる

CASE 17

"BASE"

BASE株式会社

BASE株式会社（以下、BASE）は、鶴岡裕太氏（以下、鶴岡）によって、2012年に設立されたスタートアップ企業である。当社は「BASE」というネットショップ作成サービスを運営し、これまでインターネット上でモノを販売できなかった人々に対し、2〜3クリック、ショップ開設まで30秒〜1分[1]という手軽さで自身のショップが開けるサービスを展開している。本ケースは、創業期におけるBASEがどのように初期のユーザー獲得を行ってきたのか、そのストーリーを描写したものである。

BASEの特徴は何よりもその手軽さであり、ショップURL、メールアドレス、パスワードの3つの情報を準備すれば[2]、誰でもすぐに自分のネットショップを作成することができる。サービス開始時から急速にユーザーを伸ばしているBASEであるが、その裏側には膨大なPR活動、そしてユーザーの利便性を追求した細やかなプロダクトの機能改善があった。

BASE設立までの経緯

BASE誕生のきっかけは、大分で婦人服の小売店を営んでいる鶴岡の母が放った何気ない一言だった。

「母親が『ネットでものを売ってみたい』と言い出したんです。そのとき僕は、『大手のモールサービスを使ってみれば?』と言ったんですが、実は大手だと売れなくても費用がかかってしまうリスクがあった。そのときに、こういう人でも簡単にカートや決済が使えるプロダクトがあったらいいなと思い、BASEを作ることにしました」[3]

その頃、ネットショップを作成するためには、細かい商品情報の更新や、決済の仕組みを導入する作業などが必要だった。[4] それゆえ、鶴岡の母親のように、自身でウェブ開発をした経験がない人や人を雇う予算がない事業者にとって、ネットショップ開店のハードルは高かった。

当時、学生だった鶴岡は、2011年からハイパーインターネッツ(現CAMPFIRE)という企業で

"BASE" by BASE株式会社

エンジニアとしてインターンシップを行い、[5] 家入一真氏（以下、家入）のもとでウェブサイトやサービスの開発を行っていた。[6]

エンジニアではなかった鶴岡は、ふとした母親の一言をきっかけにほぼ独学でプログラミングを勉強し、[7] 自身のサービス開発に着手することになった。

「家入さんのサービスを作っていたときは決済にまつわる仕事をすることが多かったんですが、当時使っていたPayPalというサービスがとても楽だった。こんなにすぐ決済を実装できて楽だな、将来こんなサービスを作れればなと思っていました。それに、家入さんに育ててもらっていたこともあって、『小さなチームでも大企業ばりにメリットが受けられたり、ハンデを無くせるような世の中にならないかな』と思っていた。そんなときに母の出来事があり、決済がはじめからついているショッピングカートみたいなサービスを作れば、すべてを満たせるんじゃないかなと考えました」[8]

その後、家入や投資家である松山太河氏にアイディアを相談、[9] 2人からの後押しもあり、2012年11月にサービスを開始した。

週1回のプレスリリース

BASEは2012年12月、つまりサービス開始から1ヶ月後に法人化している。当初、鶴岡は「ただただサービスを作るのが楽しくて、とくに野心もなかった」[10]が、サービス開始時から数千人以上のユーザーが集まり、個人でやるのではなく、法人化することでより安全性の高いサービスを提供すべきと判断し、法人化を決めた。

サービス開始時から家入など、鶴岡のまわりにいた著名人が拡散したことも注目を集めた大きな要因だろうが[11]、鶴岡自身はBASEの初期ユーザー獲得において、どのような施策を講じていたのだろうか。

「リリース時からメディアに取り上げてもらえたこともあって、一定数のユーザーには使ってもらえていました。加えて、最初はプレスリリースを頑張って打っていました。機能開発もネタづくりと捉えてリリースと連動させていた。幸いなことにインターネットのコミュニティには入れていたので、まずとりあえず業界の人に知ってほしいなと思って、テックメディアに出られるように、モチベーション高くやっていましたね」[12]

BASEのHPを参照すると、たしかに創業期から高頻度でプレスリリースを打っていること

〝BASE〟by BASE株式会社

が確認できる。[13] 鶴岡は「サービスはPRがすべて」[14]という考えのもと、週1回は必ず何かのプレスリリースを打ち、メディアに出ることに注力していた。[15] まずは業界内の人材に知ってもらい、そこから波及することを狙っていたのだ。

口コミによる普及

2012年12月末には、すでに1万以上もの店舗からの登録があった。[16] 前述したPR活動もプラスに影響していると考えられるが、その一方で、メディアへの露出はBASE発案のきっかけとなった自身の母親のような層には直結しない。

それでは、なぜBASEはここまで急速なスピードでユーザーを獲得することができたのか。鶴岡は、口コミの要素が大きいと語る。

「最近でこそCMを打ったりしているんですけれど、それでも基本的には口コミ、自然増が多いんですよ。CMをやっているときでさえ、自然増の方が多い。ショップさんがショップさんに伝えてくれたり、あとは新しくショップが増えるとそのショップに来たユーザーに対してBASEの広告が出るようになっているので、さらに新たなショップが増える構造になってい

ます。ショップさんが宣伝灯になってくれている」[17]

利便性が高いプロダクトを作ることによって、結果として営業をかけることなく店舗間での口コミで広がっていったのだ。

当時、BASEで売られていたのは、「アーティスト、画家、陶芸家や農家など、個人でモノづくりをしている人たちの商品」[18]。衣類など特定の商品だけでなく、さまざまなモノを販売したい人たちが、それぞれのコミュニティの中でBASEを広めていった。ユーザーの拡大という文脈においても、鶴岡が目指す「出店者の周りの小さな経済圏」[19]が実現されていたのだ。

「いいプロダクト」を作る

口コミによる自然増を実現するためには、プロダクトの質が何よりも重要になる。BASEの場合、誰でも手軽に、すぐにショップを開店できる必要があった。

鶴岡はプロダクト面においても、創業時から徹底的に「いいものを作ること」にこだわってきた。鶴岡は当時を振り返り、このように語る。

〝BASE〟by BASE株式会社

「GMV（総流通額）をいくらにしようとか、店舗の手数料をいくらに設定するかという目標はここ数年でできたもので、当初は『いいプロダクトを作ろう』ということしか頭になかったですね。オーナーさんがBASEを使って商売ができているという、意義が大切だから。大手モールは1兆円を回していたけれど、一方でBASEじゃないと商売できない人もいる。大手モールには無い意義のあるものを作っていること自体がモチベーションでした」[20]

BASEは創業当初から「ショップURL」「メールアドレス」「パスワード」の3つを準備すれば誰でも、すぐに開店できるという手軽さを追求している。また、近年では、販促の面において課題を抱えているユーザーのために「Instagram販売」（Instagramにアップした画像に商品の販売ページをタグ付けできる機能）[21]を開始したり、実店舗出店スペースを設けることで、ユーザーがリアルな場所でモノを販売することができる機会も提供している。[22]その他にも、販促面だけでなく、ユーザーの資金繰りを支援するため、売上金の入金を最短1日にするなど、[23]ユーザー目線に立った、かゆい所に手が届く機能改善を欠かさない。

創業時から一貫してユーザーにとってよいプロダクトの設計に取り組んだ結果、それがユーザー間の口コミを呼び、自然増を促しているのだ。

2020年2月時点において、BASEのショップ数は90万を突破した。[24]また、2019年10

月25日には東京証券取引所マザーズへの新規上場を果たし、[25] さらなる拡大に向けて、日々数多の仕掛けを施している。

鶴岡は当初から、ある意味においてユーザー数を気にせず、自分が作りたい、価値があると感じられるサービスにこだわった。そしてその想いがプロダクトに反映され、今もなお、多くのユーザーを惹きつけているのである。

〝BASE〟by BASE株式会社

Endnotes

1 The First Penguin. 〝お母さん目線で作ってみたら、「BASE」はシンプルなサービスになった〟. Available at: https://bit.ly/2JzrQk0.

2 DIAMOND online. 〝誰もが自分の経済圏を持てるように！ MAKERSトレンドで勢いに乗る注目のネットショップ制作サービス「BASE」〟. Available at: https://diamond.jp/articles/-/30675.

3 鶴岡裕太氏へのインタビュー．2018年9月26日実施.

4 DIAMOND online. 〝誰もが自分の経済圏を持てるように！ MAKERSトレンドで勢いに乗る注目のネットショップ制作サービス「BASE」〟. Available at: https://diamond.jp/articles/-/30675.

5 DIAMOND online. 〝引きこもりを経験した男がネット出店支援サービスで大成功できた理由〟. Available at: https://diamond.jp/articles/-/138203?page=3.

6 リバ邸. 〝【BASE代表／鶴岡裕太】小さなプロダクトがLivertyを生み、Livertyがリバ邸を生んだ。〟. Available at: https://liverty-house.com/yutaturuoka.

7 Forbes JAPAN. 〝「未来の孫正義」を目指す若者たち～20代起業家最前線～後編〟. Available at: https://forbesjapan.com/articles/detail/10811.

8 鶴岡裕太氏へのインタビュー．2018年9月26日実施.

9 リバ邸. 〝【BASE代表／鶴岡裕太】小さなプロダクトがLivertyを生み、Livertyがリバ邸を生んだ。〟. Available at: https://liverty-house.com/yutaturuoka.

10 キャリアハック. 〝BASE 鶴岡裕太の回顧録「サービスは好調なのに、仲間が去ってしまった」〟. Available at: https://careerhack.en-japan.com/report/detail/1018.

11 リバ邸. 〝【BASE代表／鶴岡裕太】小さなプロダクトがLivertyを生み、Livertyがリバ邸を生んだ。〟. Available at: https://liverty-house.com/yutaturuoka.

12 鶴岡裕太氏へのインタビュー．2018年9月26日実施.

13 BASE株式会社. 〝プレスルーム〟. Available at: https://binc.jp/category/press-room/news/press-release.

14 valuepress. 〝もし僕がもう1度起業するなら、1日目から広報を置く〟. Available at: https://www.value-press.com/top_interview/base.

15 valuepress. 〝もし僕がもう1度起業するなら、1日目から広報を置く〟. Available at: https://www.value-press.com/top_interview/base.

16 DIAMOND online. 〝誰もが自分の経済圏を持てるように！ MAKERSトレンドで勢いに乗る注目のネットショップ制作サービス「BASE」〟. Available at: https://diamond.jp/articles/-/30675.

17 鶴岡裕太氏へのインタビュー．2018年9月26日実施.

18 DIAMOND online. 〝誰もが自分の経済圏を持てるよう

に！ MAKERSトレンドで勢いに乗る注目のネットショップ制作サービス「BASE」〟. Available at: https://diamond.jp/articles/-/30675.
19 DIAMOND online. 〝誰もが自分の経済圏を持てるように！ MAKERSトレンドで勢いに乗る注目のネットショップ制作サービス「BASE」〟. Available at: https://diamond.jp/articles/-/30675.
20 鶴岡裕太氏へのインタビュー．２０１８年9月26日実施.
21 コールセンタージャパン. 〝BASE 誰でも簡単にネットショップを開設〟. Available at: https://callcenter-japan.com/magazine/3840.html.
22 コールセンタージャパン. 〝BASE 誰でも簡単にネットショップを開設〟. Available at: https://callcenter-japan.com/magazine/3840.html.
23 日経産業新聞. 〝売上金入金、最短1日で〟. ２０１６年8月3日. p.17.
24 BASE株式会社. 〝ネットショップ開設実績3年連続No.1の「BASE」 ショップ開設数が90万ショップを突破 – ありがとうキャンペーン実施&今後の新機能をご紹介–〟. Available at: https://binc.jp/press-room/news/press-release/pr_20200213.
25 BASE株式会社. 〝東京証券取引所マザーズへの上場に関するお知らせ〟. Available at: https://binc.jp/press-room/news/press-release/pr_20191025.

鶴岡 裕太（つるおか・ゆうた）

BASE株式会社　代表取締役CEO

平成元年生まれ。大学在学中の２０１２年に22歳でBASE株式会社を設立。「Payment to the People, Power to the People.」をミッションに、決済の簡易化とリスクの無いあたたかい金融を主軸にした国内最大級のEコマースプラットフォーム「BASE」等を運営。２０１４年、米国 Apple社が注目するデベロッパーに日本からBASE社が選出。２０１６年のForbesが選ぶ「アジアを代表する30歳未満」の小売り&Eコマース部門、２０１８年のForbes JAPAN日本の起業家ランキング第3位にそれぞれ鶴岡が選出。２０１９年10月に東証マザーズに上場。

〝BASE〟by BASE株式会社

CASE 18

〝ビズリーチ〟

Visional

ビジョナル株式会社（Visional）は、南壮一郎氏（以下、南）によって創業されたスタートアップであり、２００９年創業のグループ会社の株式会社ビズリーチでは「ビズリーチ」「HRMOS（ハーモス）」「キャリトレ」「スタンバイ」「ビズリーチ・キャンパス」などHR Tech領域におけるサービスを次々に立ち上げている。本ケースは、創業サービスであるビズリーチに関して、南がどのようなマーケティング施策を行い、ユーザーを獲得してきたのか、その過程を描写したものである。

ビズリーチは国内初の「ダイレクトリクルーティング」サービスとして２００９年にスタートした。多くの転職サイトが、第二新卒やスタッフ向けにサービスを展開していたのに対して、ビズリーチは管理職や専門職といった即戦力人材に特化して展開した。創業当初はコンセプトがなかかなか理解されなかったものの、[1] 2020年1月時点において、登録会員数は190万人、累計利用企業数は1万2600社を突破している。創業からここまでの規模に発展できた裏側には、メディアに対するPR活動や地道なデジタルマーケティングが存在していた。

「デビュー戦」がすべてを決める

2009年4月14日、プロダクト開発の遅延など、幾度もの困難を乗り越えた後、ビズリーチはやっとの思いでグランドオープンを果たした。[2]

その後、南はどのように新たなコンセプトのサービスを拡大していったのか。リリース初期のユーザー獲得に関して、南は「デビュー戦」の重要性を指摘している。

「toBであれtoCであれ、一番重要なのはデビューのさせ方。実質メディアに大きく取り上げてもらえるチャンスはデビューのときぐらいなので、僕たちはこのデビュー戦をすごく大事にしています。それもただメディアに紹介してもらうだけではダメで、自分たちの『お客様』に届けることが重要です」[3]

南は、前職時代、楽天イーグルスの立ち上げに携わった経験から、ＰＲの重要性、そしてその難しさを学んでいた。南は過去を振り返り、このように語る。

「当時、僕は興行の運営をしていました。その初年度に、三木谷さんから、『もちろん、来ていただいている方々に対して素晴らしい体験、空間を提供することも大事だけれど、君のもう1つの仕事は、楽天イーグルスがいかに素晴らしいことをやっているのかを、メディアを通じて1億人に発信することだ』と言われたのです。これは今でも覚えています。その観点が自分に足りないことを気づかされて、その後3年間、当時、いわば楽天のＰＲ子会社のような役割も担っていた楽天イーグルスで、小澤（隆生）さんたちと一緒に働かせてもらった経験は非常に学びになりました」[4]

南は過去の経験から、自分たちの活動をいかに発信するか、どのように認知してもらうかの重要性を認識していた。

しかし当時、ビズリーチはまだ立ち上がったばかりのスタートアップ。楽天イーグルスですら、楽天という大企業のバックアップがなければ理想の認知を得るのは難しかったという過去の経験から[5]、ふつうの方法では「誰も来ないだろうし、予算もない」[6]と南は考えていた。

PRのプロ・田澤との出会い

ビズリーチのリリース準備に専念していた2008年、南は一人目の社員である佐藤和男氏（以下、佐藤）からの紹介を受け、とある女性と出会うことになる。[7]

彼女こそ、後にビズリーチの広報を担当し、PR活動の中核を担うこととなる、田澤玲子氏（以下、田澤）だった。佐藤を通してビズリーチの構想を知った田澤は、社会的に意義あるサービスであると感じたという。

PRのプロフェッショナルである田澤は、ビズリーチを「世に広めるべき」[8]であると感じ、南に対して「記者発表会を開催したほうがいい」と提案に来た。[9]南は当初、無名のスタートアップが記者発表会を開催したところで、本当にメディアが来るのか[10]と半信半疑だったが、彼女の熱量に後押しされ、次第にプロダクトの開発と同時並行でPR戦略を考えるようになる。南は、PRの重要性を以下のように語る。

「メディアの方は、自分たちの都合のいいように書いてくれるわけでもない。だからこそ、社会トレンドやターゲットメディアを入念に研究し、メディアの方がおもしろいと思って取り上げたくなるストーリーを考えることが大切です。かといって、ただ取り上げられるだけでは意味がありません。記事が自分たちの狙っているお客様に届いて、お客様の態度変容や行動変容

につながる。そこまで考え抜く必要があります」[11]

「PRの目的が、サービスの認知度向上なのか、お客様の認識を変えたいのか、問い合わせ増加なのか、登録増加なのかなどによってもPRプランは変わります。そこをきっちり磨き込んで、最初のストーリーを作り込むことがPRの仕事上、とても大事だと思います」[12]

南はPRの面においても、明確なゴールを持ち、その上で逆算して必要な打ち手を講じることが重要だと説く。

田澤をメンバーに迎えた後、南はデビュー戦をどのように戦うか、どのように社会に認知してもらうのかを考え始めた。そしてついに、デビュー戦となるグランドオープン日を迎える。

「ピンクスリップ・パーティー」でのデビュー

ピンクスリップ・パーティーとは、解雇状（英語ではピンクスリップ）を受け取った求職者が、お酒を片手にヘッドハンターとつながるパーティー[13]、言わば「転活パーティー」[14]である。

当時、リーマンショックに端を発する世界的な金融危機の影響を受け、米国の金融街では、このような催しが頻繁に開催されていた。日々、「どうすればビジネスプロフェッショナルが見ている報道番組などが思わず紹介したいと思うニュースにできるか」を考え、[15]議論を続けていた田澤と南は、アメリカのニュース番組で取り上げられていたこのパーティーに目をつけた。

「最終的に報道されたときの映像や記事を一枚の絵として鮮明にイメージできるかどうかがPRの成否を分ける」と考える田澤は、「このパーティーは転職サイトを運営する自社の世界観を表すのにピッタリだ」と考えた。[16]

そこで田澤と南は、日本で初めてとなるピンクスリップ・パーティーを企画。破綻したリーマン・ブラザーズの日本支社が六本木ヒルズに入っていたことから、会場には六本木ヒルズの1階にあったバーを選んだ。ニュース番組のカメラがビルの上層階を撮った後、バーの入り口から中に進みながら、「これまで多くの送別会が開かれていたバーで新たな出会いが始まります」というナレーションが入ったらいいな、というところまで想像して、この場所を選んだという。

PRの経験がある田澤はメディアを、南は自身のネットワークを生かしてビジネスプロフェッショナルを100人、ヘッドハンター、企業の人事担当者を30人集めることを約束した。[17]

何もかもが初めてづくしの中、田澤と南は大きな不安を抱えていたが、結果として日本初のピンクスリップ・パーティーは大注目を集めた。約150人ものビジネスパーソン、ヘッドハンターが集まり、[18]約70人のメディア関係者がパーティーと記者発表会に出席した。NHKのニュース番組やテレビ東京のワールドビジネスサテライトなど、テレビカメラだけでも7台が取材に訪れた。[19]

また、海外メディアに注目されたことも大きかった。ビズリーチの構想を知り、リーマンショック後の日本の転職市場に関心を持ったブルームバーグは、グランドオープンの数日前に南にインタビューをして報道。[20]デビュー戦から、ビズリーチの存在は全世界に向けて発信されたのである。

田澤が「大げさかもしれませんが、無名の企業がいきなり世界デビュー！したような感じでした」[21]と語っているように、ビズリーチは見事なデビュー戦を飾った。

マーケティングをハックする

リリース日からメディアに大々的に取り上げられ、華々しいスタートを切ったビズリーチだが、単発のイベントだけでは一時的な知名度を獲得することはできても、継続的にユーザーを増加させ続けることはできない。そこでビズリーチでは、まずは求職者に対しマーケティングを行っていった。

マーケティングを主導していたのは、2008年にビズリーチに参画した永田信氏（以下、永田）

だ。永田は、黎明期からインターネット業界に身を置き、2008年当時は、世界最大の婚活サービスを運営するマッチ・ドットコムの日本支社の創業COOを務めていた。[22] 南は、ビズリーチと似たマッチングサービスとして、ベンチマークしていたマッチ・ドットコムの永田に会い、熱い想いを語り、参画してもらった。マッチングサービスのマーケティングを熟知していた永田はこのように語っている。

「南に初めて会ってビズリーチの構想を聞いた瞬間、直感的にサービスをイメージすることができました。また、マーケティングにマッチ・ドットコムで行っていた、ファネル[23]ごとのお客様の行動を、テストを繰り返しながら導き出していく手法を応用できそうでもあった」

永田は、PRに加えてオンラインマーケティングを大きな戦略の1つに掲げた。

オンラインマーケティングは、日本においては当時も今もデジタル専業の広告代理店に依頼するのが一般的だ。しかし、永田は代理店に依頼してできること以上をやらないと、競合他社には勝てないと考え、自社ですべて運用するインハウスマーケティングに踏み込むことを決断した。

そして、プロダクトの設計段階から、ファネルごとの数字を取得できるようにし、継続的にグロースさせるための機能を組み込んだ。[24] 集客面では、Googleやヤフーの運用型広告を中心に、代理店がやらないような細かいチューニングを行い、日々追加される新機能をいち早く取り込むことで、会員数を順調に伸ばしていった。そして、さらに新しいオンラインマーケティング施策を積極的に開拓していく中で永田はFacebookに出会う。

資金が限られている中、永田は、当時ほとんど注目されていなかったFacebookを活用し、さらなる会員数の拡大とＣＰＡの削減を目指した。

２０１１年にビズリーチに参画し、永田と共に同社のマーケティングを牽引した青山弘幸氏（以下、青山）はこのように語っている。

「ビズリーチがサービスを開始した当時、ＳＥＭやディスプレイ広告などの施策は、すでに多くの企業が取り組んでいました。我々ももちろんそれらを活用したマーケティングを行ってきましたが、一方で競合他社がまだ取り組んでおらず、かつ我々に勝機がある媒体としてFacebookにいち早く注目し、活用するに至りました。いかに速いスピードで、他社がやっていないことに取り組むかが、成長の大きなドライバーになります」[25]

ビズリーチは当時、広告の管理画面の日本語対応もされていなかったFacebookに着目し、定型化されたノウハウもない中、自分たちで運用を始めた。[26]ブルーオーシャンの媒体を見つけ、他社よりも低コストでユーザーを獲得することを目指したのだ。

ターゲティング方法の発明

当社は２０１３年秋頃から、Facebookのページポスト広告を活用することで、ＣＰＡを49％も削減することに成功した[27]。

具体的な施策としては、年齢、性別、地域、卒業大学などの情報から詳細なセグメントを分け、それぞれのターゲットに対して、訴求内容をカスタマイズしていった[28]。青山はターゲティングのポイントについて、このように語っている。

「ビジネスプロフェッショナルに特化しているビズリーチにおいて、ターゲティングで効果を上げるためには、３つポイントがあります。１つは年代。２つ目は在籍企業。最後は大学です。それらのセグメントに合わせて、広告を展開していきます。たとえばFacebookでは企業名でのセグメントが可能だったので、ある程度その方がどのような業種に興味があるのかが我々側でわかります。それに合わせて、訴求内容を変えていきました」[29]

青山が「弊社のサービス自体は、マス向けではなく、あるセグメントに特化したサービス」[30]と語っていることからわかるように、ビズリーチにとって重要なのは、いかに特定のセグメントのユーザーに効率的に登録を促すかだった。他社よりも資金が少ない中、2009年からFacebookを活用し、媒体の特性や機能について理解を深めていたからこそ、効率的にユーザー登録につなげられていたのだ。

日本に新たな文化を根付かせる

「当初、ダイレクトリクルーティングと言っても、誰にも見向きもしてもらえませんでした」[31]

南は創業時を振り返ってこのように語っている。当時、ビズリーチの挑戦は、すでに存在している市場の中で勝つタイプのものではなく、いかに市場を創出し日本に新たな文化を根付かせるか、というものだった。

ときには採用企業側の顧客に対し、オンラインだけでなく、オフラインでも勉強会を開催した。[32] ビズリーチの活用方法を直接紹介し、テクノロジーを活用した採用のあり方について地道に伝えてきた。その結果、2020年1月時点において、累計利用企業数は1万2600社、登録会員数は190万人を突破した。

ビズリーチは、日本に新たな文化を根付かせるべく、メディアを活用したPR、細やかなマーケティング施策、そして顧客との継続的な会話を徹底してきたのである。

Endnotes

1 日経情報ストラテジー. 〝採用も育成もＡＩで最適化ＨＲ（人事）テックで働き方を変革〟. ２０１７年４月１日. pp.10-14.
2 株式会社ビズリーチ. 〝日本初 有料会員制求人サイト（年収１０００万円以上限定）グランドオープン〟. Available at: https://www.bizreach.jp/content/service/pressrelease/20090414/.
3 南壮一郎氏へのインタビュー. ２０１８年10月22日実施.
4 南壮一郎氏へのインタビュー. ２０１８年10月22日実施.
5 『ともに戦える「仲間」のつくり方』（ダイヤモンド社、２０１３年）. p.100.
6 Reach One. 〝事業を加速させるビズリーチ流ＰＲ―記者発表会に70人を呼ぶ戦略的広報〟. Available at: https://reachone.bizreach.co.jp/entry/2018/02/22/170906.
7 Reach One. 〝事業を加速させるビズリーチ流ＰＲ―記者発表会に70人を呼ぶ戦略的広報〟. Available at: https://reachone.bizreach.co.jp/entry/2018/02/22/170906.
8 『ともに戦える「仲間」のつくり方』（ダイヤモンド社、２０１３年）. p.103.
9 Reach One. 〝事業を加速させるビズリーチ流ＰＲ―記者発表会に70人を呼ぶ戦略的広報〟. Available at: https://reachone.bizreach.co.jp/entry/2018/02/22/170906.
10 『ともに戦える「仲間」のつくり方』（ダイヤモンド社、２０１３年）. p.99.
11 南壮一郎氏へのインタビュー. ２０１８年10月22日実施.
12 南壮一郎氏へのインタビュー. ２０１８年10月22日実施.
13 ビジネス＋ＩＴ. 〝メルカリやビズリーチも注力、「経営戦略としての広報」が必要なワケ〟. Available at: https://www.sbbit.jp/article/cont1/36435.
14 valuepress. 〝世界観をひとつの舞台にする「攻める広報」〟. Available at: https://www.value-press.com/pr_interview/bizreach.
15 『ともに戦える「仲間」のつくり方』（ダイヤモンド社、２０１３年）.p.218.
16 valuepress. 〝世界観をひとつの舞台にする「攻める広報」〟. Available at: https://www.value-press.com/pr_interview/bizreach.
17 『ともに戦える「仲間」のつくり方』（ダイヤモンド社、２０１３年）. p.227.
18 valuepress. 〝世界観をひとつの舞台にする「攻める広報」〟. Available at: https://www.value-press.com/pr_interview/bizreach.
19 Reach One. 〝事業を加速させるビズリーチ流ＰＲ―記者発表会に70人を呼ぶ戦略的広報〟. Available at: https://reachone.bizreach.co.jp/entry/2018/02/22/170906.
20 『ともに戦える「仲間」のつくり方』（ダイヤモンド社、２０１３年）. pp.236-237.
21 Reach One. 〝事業を加速させるビズリーチ流ＰＲ―記者発表会に70人を呼ぶ戦略的広報〟. Available at: https://reachone.bizreach.co.jp/entry/2018/02/22/170906.
22 『ともに戦える「仲間」のつくり方』（ダイヤモンド社、２０１３年）.p.68.
23 ファネル…日本語で漏斗のことを指す。ターゲットがゴールへ到達するまでの一連の行動や認識の推移を図式化したもの

24 『ともに戦える「仲間」のつくり方』（ダイヤモンド社、２０１３年）. pp.199-201.

25 MarkeZine. 〝Facebook広告活用で新規会員獲得費用を49％ダウン！ ページポスト広告成功の秘訣【第３弾：ビズリーチ】〟. Available at: https://markezine.jp/article/detail/20376.

26 MarkeZine. 〝日本最強のデジタルマーケティング集団を目指す、ビズリーチのインハウス組織構築の知見と歴史〟. Available at: https://markezine.jp/article/detail/21763.

27 MarkeZine. 〝Facebook広告活用で新規会員獲得費用を49％ダウン！ ページポスト広告成功の秘訣【第３弾：ビズリーチ】〟. Available at: https://markezine.jp/article/detail/20376?p=2

28 MarkeZine. 〝Facebook広告活用で新規会員獲得費用を49％ダウン！ ページポスト広告成功の秘訣【第３弾：ビズリーチ】〟. Available at: https://markezine.jp/article/detail/20376?p=2

29 MarkeZine. 〝Facebook広告活用で新規会員獲得費用を49％ダウン！ ページポスト広告成功の秘訣【第３弾：ビズリーチ】〟. Available at: https://markezine.jp/article/detail/20376?p=2

30 MarkeZine. 〝Facebook広告活用で新規会員獲得費用を49％ダウン！ ページポスト広告成功の秘訣【第３弾：ビズリーチ】〟. Available at: https://markezine.jp/article/detail/20376.

31 東洋経済ONLINE. 〝マネジメントの肝は自分より優秀な人を雇うこと〟. Available at: https://toyokeizai.net/articles/-/219092.

32 日経情報ストラテジー. 〝採用も育成もＡＩで最適化ＨＲ（人事）テックで働き方を変革〟. ２０１７年４月１日. pp.10-14.

南壮一郎（みなみ・そういちろう）

ビジョナル株式会社代表取締役社長。１９９９年、米・タフツ大学数量経済学部・国際関係学部の両学部を卒業後、モルガン・スタンレー証券に入社。２００４年、楽天イーグルスの創立メンバーとしてプロ野球の新球団設立に携わった後、２００９年、ビズリーチを創業。２０２０年２月、グループ経営体制移行にともない、ビズリーチをはじめ、グループ会社の経営を支援するホールディングカンパニーであるビジョナル株式会社を設立、現職に就任。「新しい可能性を、次々と。」をミッションとし、グループ全体として、ビジネスの生産性向上を支えるさまざまな事業を創出し、「課題」を「可能性」に変え、未来創りに貢献することを目指す。２０１４年、世界経済フォーラム（ダボス会議）の「ヤング・グローバル・リーダーズ２０１４」の一人に選出。

CASE 19

"MERY"

株式会社ペロリ

株式会社ペロリ（2014年10月、株式会社ディー・エヌ・エーによって買収）[1]は中川綾太郎氏（以下、中川）によって2012年8月に設立されたスタートアップである。当社はMERYという、女性ファッションに特化したキュレーションサービスを開発し、各分野のキュレーターによって厳選されたまとめ記事を提供していた。本ケースは、中川がMERYリリース後、どのように初期のユーザーを獲得してきたのか、その過程を描写したものである。

MERYは「ほしいものが見つかる」[2]をコンセプトに、若い女性層をターゲットに、ファッション領域のまとまった情報を提供するキュレーションサービスである。創業当時、これらの情報は、主に女性向け雑誌のみに掲載されており、ウェブ上で信頼性のある情報を見つけることは困難だった。この課題を発見した中川は、ウェブ上でまとまったファッションの情報を得られるサービスをリリース。ユーザーのニーズを的確に反映したMERYは、リリースから急速なスピードで成長していった。

初月で達成した200万PV

MERYは中川がユーザーヒアリングを重ねる中で着想を得たサービスである。

当時、中川はファッション領域における「衝動買い」や「ほしいものが見つかる」という感覚に興味を持ち、[3]「今、若い女性層（以下、F1層）に対して、この感覚を得る体験を提供しているインターネットサービスはあるのか」をヒアリングしていた。[4]その結果、F1層の多くは、ファッション誌的なコンテンツではなく、読者モデルのブログを読んだりしていることが明らかになった。[5]

これらの発見から、読者に近い目線のコンテンツはユーザーにとって価値があること、そして女性向けのファッションコンテンツは、依然雑誌からインターネットに移行できていないという課題を発見した。[6]

ここから女性ファッションに特化したキュレーションサービス「MERY」のコンセプトが生まれ、2013年4月、リリースに至った。その後、MERYは順調にユーザーを増やしていくことになる。

"MERY" by 株式会社ペロリ

「初月でだいたい200万PV、3ヶ月で1000万PVを達成して、ユーザーの定着率もよかったのでこれはいけるんじゃないかなと思いました。特に最初のユーザー獲得は苦労しなかった。『この伸びがいつ止まるんだろう』と不安だったくらいでした」[7]

当時、検索から来たユーザーの滞在時間は3〜5分だった。[8] 一般的に、リリース初期に検索から訪問したユーザーはあまり定着しないと言われている中、MERYの場合は、初めからユーザーが定着していた。[9] PV数だけでなく、ユーザーの定着率も高かったことから、中川が感じ取った課題やユーザーのニーズは、間違っていなかったと証明された。

また中川は、純粋なPV数を見るだけでなく、初期のKPIとしてUU[10]を設定。[11] 特定のページが開かれた回数（PV数）ではなく、一定期間内にウェブページを訪れているユーザーの人数（UU）に主眼を置き、これをいかに増やすかを初期の目標に置いた。

緻密なユーザー行動の分析

創業期のMERYは、ユーザー獲得にほとんど苦労しなかったかのように見受けられる。しかし、その裏側で、中川は実際のユーザーの行動を見ながら記事のカテゴリー、コンテンツを緻密に調整していた。

「多分、ほとんどの会社は記事別PVしか追っていないと思うんですけれど、大事なのは何のカテゴリーで来たユーザーが、何のカテゴリーと併読する可能性が高いか、などの行動です。そのPV数が新規ユーザーのものか、あるいはリピーターによるものなのかで、全然考え方が変わる。うちは、カテゴリー別に新規ランディングした人がどれぐらいリピートしやすくなるか、他のカテゴリーに対しての寄与度はどれくらいあるかなどを分析していました」[12]

単にPVやUUを追い求める場合、「一番簡単なのは恋愛記事を増やすこと」[13]と中川は語る。しかし、それだと定着率が高まらず、長期的に見ると、効果的な施策とは言えない。そこで中川は、各ユーザーの行動の傾向を明らかにした。そしてこの分析をもとに、より効果的なコンテンツ、カテゴリーを調整していった。

「セグメントごとにユーザーの行動を分解して、『この記事のカテゴリーってバリューあるよね』みたいに言い合ってましたね。でもそれだけだと、特定のユーザーに最適化されて歪んでしまうので、バランスを見ながら調整していました。やっぱり、恋愛記事を読むユーザーは恋

愛記事しか読まないとか、でもコスメの人はこのジャンルも読むとか、いくつかの傾向があるんです」[14]

他にも中川は、ユーザーの行動データから、直帰率や滞在時間なども確認していた。[15] 併読されやすいカテゴリーだけでなく、どれだけユーザーが定着しているのかなどのデータをもとに、プロダクトは改善されていった。

2度のブランド変更

ときにはブランディングの変更を迫られることもあった。ペロリの創業メンバーである有川鴻哉氏（以下、有川）は、その経緯を以下のように語っている。

「ロゴの作り方については、初期からかなり変えています。最初はピンク地に白で、かつ文字は丸みのあるフォントで『ザ可愛い』を意識して作っていましたが、ユーザーが増えるごとにピンクだけだと『私には関係無い』と感じ離脱してしまうのではないかという話になり、今のように白地に黒のシンプルなロゴに落ち着きました。実際、数字を計測してみると、離脱率や

直帰率にも影響していたので、ブランディングの変更によってさまざまなユーザー層を取れるようになってきたなという実感はありますね」[16]

有川によると、MERYは2回ブランディングを変更しているという。当初は男性のみで作っていたサービスであるため、どのようなブランディングが受け入れられるのか、常に試行錯誤していたのだ。

「かわいい」という感覚

MERYの特性上、何が女性にとって「かわいい」とされるのか、という感覚を掴むことは、コンテンツやカテゴリーの設計上非常に重要である。しかし、「かわいい」という感覚を客観的な数値で測るのは難しい。中川はこの感覚をどのようにサービスに反映していたのか。中川は当時を振り返り、こう語る。

「数字が伸びたからかわいいとは一概には言えないんですよ。圧倒的にかわいいから伸びるものもある一方で、ダサいから伸びるものもあるんです。逆にオシャレすぎるとダメだったりす

"MERY" by 株式会社ペロリ

る。それで言うと、ユニクロのプチプラが伸びたり、当時は韓国のDHOLICみたいなものは爆伸びしていました。別にこれらもかわいいんです。かわいいんですけど、それにフォーカスしすぎると、こぼしてしまう人もいるので難しい。結局マスって、『今はオシャレじゃないかもしれないけれど、ファッションが好きでオシャレになりたい人たち』なので、このバランスを取るのは難しかったです」[17]

中川は、ユーザー行動のデータのみを鵜呑みにするのではなく、その数字がなぜ伸びたのかを考え、特定のユーザー層に偏りが出ないようにバランスを取っていた。

創業後、急速な勢いでユーザー数を伸ばしてきたMERYは、２０１５年7月にアプリ版をリリース。[18]同年12月にはＴＶＣＭを放映し、[19]リリースから約10ヶ月後には５００万ダウンロードを突破した。[20]また、２０１６年3月には雑誌「MERY」の発売も始め、[21]次々と潜在ユーザーとの接点を増やすことによって、さらなるユーザー獲得に取り組んできた。

ウェブ版からスタートし、当初から急速なスピードでユーザーを獲得してきたMERYは、まさに順風満帆だったように思われる。しかしその根底には、ユーザーの行動データを分析し、効率的に新規ユーザーを獲得する施策を考え続ける、創業期に染み付いた極めて地道な行動の集積があったのである。

Endnotes

1 TechCrunch Japan. 〝DeNAがiemoとMERYの２社を計50億円で買収、キュレーション事業に参入〟. Available at: https://jp.techcrunch.com/2014/10/01/jp20141001dena-iemo-mery/.
2 logmiBiz. 〝「MERY」はどうやって生まれたのか? ペロリ創業メンバーの頭の中にあった〝成功への道筋〟. Available at: https://logmi.jp/business/articles/156213.
3 TECH PLAY. 〝perolinight#1プロダクトの作り方―実践編―〟. Available at: https://techplay.jp/column/11.
4 logmiBiz. 〝「MERY」はどうやって生まれたのか? ペロリ創業メンバーの頭の中にあった〝成功への道筋〟〟. Available at: https://logmi.jp/business/articles/156213.
5 logmiBiz. 〝「MERY」はどうやって生まれたのか? ペロリ創業メンバーの頭の中にあった〝成功への道筋〟〟. Available at: https://logmi.jp/business/articles/156213.
6 logmiBiz. 〝「MERY」はどうやって生まれたのか? ペロリ創業メンバーの頭の中にあった〝成功への道筋〟〟. Available at: https://logmi.jp/business/articles/156213.
7 中川綾太郎氏へのインタビュー．２０１８年11月９日実施.
8 logmiBiz. 〝なぜ「MERY」は３度のブランドチェンジをしたのか? 急成長の先に描く未来図〟. Available at: https://logmi.jp/business/articles/156241.
9 logmiBiz. 〝なぜ「MERY」は３度のブランドチェンジをしたのか? 急成長の先に描く未来図〟. Available at: https://logmi.jp/business/articles/156241.
10 ＵＵ（Unique User）…特定の期間内にウェブページを訪問したユーザーの数
11 logmiBiz. 〝「MERY」はどうやって生まれたのか? ペロリ創業メンバーの頭の中にあった〝成功への道筋〟〟. Available at: https://logmi.jp/business/articles/156213.
12 中川綾太郎氏へのインタビュー．２０１８年11月９日実施.
13 中川綾太郎氏へのインタビュー．２０１８年11月９日実施.
14 中川綾太郎氏へのインタビュー．２０１８年11月９日実施.
15 TECH PLAY. 〝perolinight#1プロダクトの作り方―実践編―〟. Available at: https://techplay.jp/column/11.
16 Rplay. 〝ＭＡＵ２０００万を抱えるMERY創業メンバー立ち上げ話とＭ＆Ａ経験経営者によるプロダクトの生み出し方とは〟. Available at: https://rplay.me/4539/.
17 中川綾太郎氏へのインタビュー．２０１８年11月９日実施.
18 THE BRIDGE. 〝「MERY」のアプリが５００万ダウンロードを突破〟. Available at: https://thebridge.jp/2016/05/mery-5m-dl.
19 logmiBiz. 〝「MERY」はどうやって生まれたのか? ペロリ創業メンバーの頭の中にあった〝成功への道筋〟. Available at: https://logmi.jp/business/articles/156213.
20 株式会社ディー・エヌ・エー．〝プレスリリース「MERY」アプリ提供開始から10ケ月で、５００万ダウンロードを突破〟.

“ＭＥＲＹ” by 株式会社ペロリ

Available at: https://dena.com/jp/press/002990.

21 TECH PLAY. “perolinight#1プロダクトの作り方―実践編―”. Available at: https://techplay.jp/column/11.

中川綾太郎（なかがわ・あやたろう）

１９８８年生まれ、兵庫県出身。２０１２年に株式会社ペロリを創業、２０１４年にディー・エヌ・エーに事業を売却。投資家集団「Tokyo Founders Fund」に所属するなど、個人投資家としても活動。２０１７年に株式会社newnを創業。

CASE 20

“Pairs”
株式会社エウレカ

株式会社エウレカ（以下、エウレカ）は、赤坂優氏（以下、赤坂）が2008年に設立したスタートアップである。エウレカは主事業として「Pairs」という恋愛・婚活マッチングサービスを運営し、本事業はオンラインデーティングサービス市場において国内最大級の会員数を誇っている。本ケースはPairsリリース後、エウレカがどのようにユーザーである会員を獲得していったか、その試行錯誤の過程を描写したものである。

エウレカは「かけがえのない人との出会いを生み出し、日本、アジアにデーティングサービス文化を定着させる」[1]をビジョンに掲げ、恋愛・婚活マッチングサービス「Pairs」を主事業とするスタートアップ企業である。赤坂はPairsに至るまで幾度もの事業ピボットを余儀なくされたが、本サービスは、リリース3ヶ月後に会員数が8万人を突破するなど[2]、急速な成長を見せることとなる。当初から順調に会員数を伸ばしたPairsであったが、その裏側にはFacebookを活用したマーケティング手法の開発、細やかなプロダクトの機能改善が存在していた。

マッチングサービスの本質

Pairsは男女をつなげる、いわゆるマッチングと呼ばれるサービス形態だ。当時は先行サービスのOmiaiや、領域は異なるが女性向けフリマアプリのフリル（現ラクマ）など、マッチングサービスが次々と立ち上がり始めた時期だった。

赤坂は、他企業の事例から、マッチングサービスの構造を漠然と理解していたと語る。

「当時、フリルの堀井くんと同じオフィスにいたので、『売り手と買い手の両方を集めないと回転しないいんですよ』など、いろいろと話は聞いていたんです。当たり前なんですけれど、男性

会員と女性会員の両方に数がいないと自分の望みの人に会えないし、結果としてマッチングレートも下がるんだなというのは、結構シンプルに理解していましたね」[3]

赤坂は、Pairsの立ち上げ以前から、マッチングサービスとして価値を高めるためにはユーザーである会員数が必須であり、そのためには広告宣伝、プロモーションがもっとも重要になってくる[4]ということを理解していた。しかし、創業当初のエウレカにとって、初めから多額のマーケティングコストを負担することは難しい。

そこで赤坂は、他の競合とは異なり、まず女性会員を増やすことに注力することを決めた。当時を振り返り、赤坂はこう語る。

「当時、既存サービスは8：2や7：3といった割合で男性会員の比率が高かったんです。もちろん収益源は男性会員からの課金なので、多い分にはいいのですが、男性会員を増やすためには女性会員を増やす必要があると考えました。そこで、競合とは逆の男女比率を目指して、女性会員のCPAを下げるための施策に注力し始めました」[5]

一般的にマッチングサービスの構造は「鶏と卵」と称される。つまり、「どちらのユーザーを増やせばもう一方のユーザーが増えるか」の因果関係を明らかにするのが難しい。この場合、結果と

"Pairs" by 株式会社エウレカ

して「どちらに対しても総量を増やす施策を打つのがベターである」という結論に至ることが多い。しかし、ここで赤坂は、競合の動向や、サービスの構造を理解した上で、女性会員の獲得に注力することを決めた。

Facebookマーケティングの発明

ユーザー数が必須な事業モデルにおいて、赤坂は初期ＫＰＩを「新規会員獲得数」に設定した。[6] Pairsはリリース初日に20名程からの会員登録があり、その中から数名が課金ユーザーになったという。赤坂は当時を振り返り、こう語る。

「Facebook広告でターゲティングして、4万円ほど出稿したら、20名ぐらいが会員登録をして、その内数名が課金ユーザーになってくれました。このサービスにユーザーが課金してくれることはわかったのですが、まだ全然ユーザーがいない中で課金してもらったので『申し訳ないな』とも思いました。早くユーザーを増やさないと会員の満足度が上がらないので、1日あたり10万円ほど広告を出したり、僕の友人ほぼ全員にメッセージを送って依頼し、会員登録してもらったりしていました」[7]

初日から課金ユーザーが生まれたため、赤坂は早期にユーザーを獲得する必要に迫られた。では、限られたマーケティングコストの中で、どのように獲得ユーザーを最大化していったのか。赤坂はまず、Facebookでのマーケティングに注力した。

「どうすればオーガニックを上げられるかを考えたときに、『サービスのFacebookページに〈いいね!〉がついたほうがよい』と考え、Facebook上でさまざまな『診断アプリ』を出していきました。たとえば、『あなたの友達の中であなたの投稿に〈いいね!〉したことがある人は何%』というようなライトな診断をいくつも作って、サービスのFacebookページにどれぐらい『いいね!』がつくかを検証したり。

当時、インターンのエンジニアが15名ほどいたので、分担して企画を作ってもらいました。その集大成がおみくじアプリで、大晦日の23時30分ぐらいからオフィスでスタンバイしてリリースしたところ、たった1日で約70万いいね!を獲得したんです」[8]

赤坂は、過去の受託開発や広告代理業の事業経験から、Facebookマーケティングのノウハウを培っており、Pairsの想定ユーザーとFacebookは相性がよいと判断した。[9] そこで、見込みユーザー数を増やすため、広告宣伝と並行し、女性向けの占いアプリや性格診断アプリなどをFacebook上で展開。[10]当時は、これらのアプリを使うために自社ページへの「いいね!」を必須とすることが可能な仕様であったことから、[11]自社ページへの「いいね!」からユーザーをPairsのサービスに流入させる動線を構築したのだ。

その後、赤坂らは3ヶ月で100本というペースでFacebookアプリを開発。[12]最終的には800万を超える「いいね!」[13]を獲得し、リリース3ヶ月後にはPairsの会員数は8万人を突破した。[14]

キャッシュエンジンとトラフィックエンジン

当時赤坂は、売上の柱であったアプリの受託開発や、ウェブ広告の代理店営業で得た利益から、Pairsの広告費を捻出していた。[15]過去に失敗に終わったクラウドソーシング事業において、日々キャッシュが消えていく焦りを知っていた赤坂は、[16]広告宣伝のみに頼らない、自社独自のユーザー獲得施策を開発、実施したのだ。しかし、Facebook用にアプリを量産するのにもまたコストがかかる。

ではなぜ赤坂は、初めからターゲットを絞り込んだ広告ではなく、「見込みユーザープール」を構築することに注力したのだろうか。当時、さまざまな企業を見て、赤坂の頭の中には勝つための方程式があったという。

「当時、サイバーエージェントやLINE、グリーを見ていて、それぞれ集客用のアプリとマネタイズ用のアプリを区別して出しているのだろう、と何となく思っていました。たとえばLINEは大量のユーザーを抱えた後にゲームでマネタイズを始めていて、グリーはユーザーを集めるためにメッセンジャーアプリを出しつつ、ソーシャルゲームでマネタイズしていました。なので、僕らもそのポイントを押さえて検討しないといけないと考えるようになりました」[17]

赤坂は、当時成功していた他企業の動向を分析し、自分たちもマネタイズ用と集客用のアプリを分けて出した方がいいのではないかと考えていた。

「当時、僕はこれを『キャッシュエンジン』と『トラフィックエンジン』と呼び、この両軸を持っている企業が一番強いと考えていました。だから、『キャッシュエンジン』として継続課金や高ARPU[18]が取れそうなマッチングアプリを置き、『トラフィックエンジン』としてFacebook上に無料アプリを作っていったんです。『トラフィックエンジン』側でユーザープールを作ることができれば、広告宣伝費を下げられるなと」[19]

プロダクトの差別化

前述のとおり、マッチングビジネスにおいて広告宣伝、プロモーションは勝敗を分ける大きな要素となる。しかし同時に、Omiaiなどの競合が存在している状況下では、プロダクトの質もまた、ユーザー数を大きく分ける。赤坂はプロダクト面での差別化についてこのように語る。

「当時、他社サービスはいわゆるハイスペックな会員をサービス内のタイムラインに優先的に表示している傾向にありました。高収入、高身長、顔もカッコいいというようなイメージです。でも『本当にそれでマッチングするのだろうか？』と僕は思ったんです。たとえば社会ピラミッドだとして、上位ユーザーに『いいね！』が集まるとしたら、『いいね！』が分散しない。つまりマッチングが起きなくなる。なので僕らは、上位5％ではなく、上位20％までマッチングするようにしようと考えました。マッチング数が最大限に多くなることを目標に、アルゴリズムを変えていったんです。これが初期にできた大きな差別化ですね」[20]

サービス設計上、1日に「いいね！」を送ることができる人数は限られているため、上位ユーザーのみに「いいね！」が集まってはマッチングが起こりづらくなる。「マッチングサービスのセンターピンはどうあるべきなのか」[21]と考え続け、この構造を問題視した赤坂は、改善を繰り返した結果、1ヶ月間に一人がもらった「いいね！」の数において、他社と7倍もの差を生むことに成功した。[22]

また他にも、いわゆる「出会い系」と混同されないように、女性会員が安心して使えるイメージを想起させるべく清潔感のあるブルーをデザインに採用したり、メッセージ交換が可能となる前の段階でカスタマーケアが免許証などで年齢を確認したり、会員が不審に感じた会員についてPairsに報告できる仕組みを設けるなど、[23]細やかな機能改善を繰り返し、女性会員の獲得に注力していった。その結果、Pairsはリリース7ヶ月にして、当時ベンチマークしていた競合の会員数と並ぶところまで成長することに成功する。[24]

ユーザー属性に合わせたマーケティング施策

当時、恋愛・婚活マッチングサービスはその特性上、バイラルで広がりにくいという問題を抱えていた。[25]そこで、赤坂はFacebookを活用したマーケティング、そしてプロダクトの細やかな機能改善によって、自社がかけられる広告宣伝費の範囲内でユーザー数を最大化していった。また、リリースして約半年後からは、ユーザー属性ごとにマーケティング施策をチューニングしていったと語る。

「たとえば、会員登録時から有料会員となり先月も先々月も課金している人、1度無料会員に戻ってから再課金した人、会員登録から4ヶ月目に初めて課金した人というように、会員の属性は分類できます。リリース1年ぐらいして、その属性別に施策を全部変えたんですよ。継続課金会員にはさらにプレミアムを提示していくなど。他にも、今まで課金したことのない無料会員に向けてプッシュ通知、メールマガジンを送るなど、ベーシックな施策を丁寧に積み重ねることで売上が伸びていきました。この当たり前のことをやりきれるかどうかが、国内オンラインデーティングサービス戦争初期の勝敗の分かれ目だったと思います」[26]

一定のユーザー数が確保できた段階から、セグメンテーションに注力し始めたPairsはその後も順調に成長を続け、2018年2月の段階で累計会員数は700万人に上った。[27]

恋愛・婚活マッチングサービスの黎明期において赤坂は、Facebookを活用した新たなマーケティング手法を開発しただけでなく、プロダクトの機能改善によっても競合との差別化を実現したのである。

Endnotes

1 株式会社エウレカ. "Who we are". Available at: https://eure.jp/who-we-are/.
2 赤坂優氏へのインタビュー．２０１８年９月10日実施.
3 赤坂優氏へのインタビュー．２０１８年９月10日実施.
4 ferret. 〝「プロダクトの差別化なんて最初からある訳ない。」pairsが成功した３つの要因を語る　エウレカ代表・赤坂優氏【前編】〟. Available at: https://ferret-plus.com/3923.
5 赤坂優氏へのインタビュー．２０１８年９月10日実施.
6 ferret. 〝なぜPairsはトップになれたのか？　創業者 赤坂が語る戦略設計〟. Available at: https://ferret-plus.com/10423.
7 赤坂優氏へのインタビュー．２０１８年９月10日実施.
8 赤坂優氏へのインタビュー．２０１８年９月10日実施.
9 キャリアハック. 〝勝てるプロダクトの裏側公開！　ペロリ 中川綾太郎×エウレカ 赤坂優×フンザ 笹森良〟. Available at: https://careerhack.en-japan.com/report/detail/700.
10 赤坂優氏へのインタビュー．２０１８年９月10日実施.
11 b→dash. 〝【b→academy #1】データドリブン経営には、ＫＰＩ設定が要らない!?　急成長するデーティングサービス Pairsのデータマーケティングの秘密に迫る!!〟. Available at: https://bdash-marketing.com/about-ma/blog/seminar_blog/3319/.
12 b→dash. 〝【b→academy #1】データドリブン経営には、ＫＰＩ設定が要らない!?　急成長するデーティングサービス Pairsのデータマーケティングの秘密に迫る!!〟. Available at: https://bdash-marketing.com/about-ma/blog/seminar_blog/3319/.
13 ferret. 〝「プロダクトの差別化なんて最初からある訳ない。」pairsが成功した３つの要因を語る　エウレカ代表・赤坂優氏【前編】〟. Available at: https://ferret-plus.com/3923.
14 赤坂優氏へのインタビュー．２０１８年９月10日実施.
15 ferret. 〝なぜPairsはトップになれたのか？　創業者 赤坂が語る戦略設計〟. Available at: https://ferret-plus.com/10423.
16 STARTUP DB. 〝「Pairs」売却からエンジェル投資へ。赤坂優が語る起業家の選択〟. Available at: https://media.startup-db.com/interview/akasakayu.
17 赤坂優氏へのインタビュー．２０１８年９月10日実施.
18 ＡＲＰＵ（Average Revenue Per User）…加入者一人あたりの月間事業収入の平均額
19 赤坂優氏へのインタビュー．２０１８年９月10日実施.
20 赤坂優氏へのインタビュー．２０１８年９月10日実施.
21 ferret. 〝「プロダクトの差別化なんて最初からある訳ない。」pairsが成功した３つの要因を語る　エウレカ代表・赤坂優氏【前編】〟. Available at: https://ferret-plus.com/3923.
22 ferret. 〝「プロダクトの差別化なんて最初からある訳ない。」pairsが成功した３つの要因を語る　エウレカ代表・赤坂優氏【前編】〟. Available at: https://ferret-plus.com/3923.
23 ＭＭＤ研究所. 〝Vol.32 コミュニケーションの新常識を引っ提げ 東南アジア市場を狙うエウレカの戦略とは〟. Available at:

https://mmdlabo.jp/interview/detail_1411.html.

24 ferret. 〝なぜPairsはトップになれたのか？ 創業者 赤坂が語る戦略設計〟. Available at: https://ferret-plus.com/10423.

25 b→dash. 〝【b→academy #1】データドリブン経営には、KPI設定が要らない!?: 急成長するデーティングサービスPairsのデータマーケティングの秘密に迫る!!〟. Available at: https://bdash-marketing.com/about-ma/blog/seminar_blog/3319/.

26 赤坂優氏へのインタビュー．２０１８年９月10日実施.

27 ITmedia ビジネスオンライン. 〝ビッグデータで恋愛成就「Pairs」躍進のワケ（1/3）〟. Available at: https://www.itmedia.co.jp/business/articles/1804/18/news131.html.

赤坂優（あかさか・ゆう）

franky株式会社代表取締役
株式会社エリオット代表取締役
２００８年末にエウレカを設立し、代表取締役に就任。２０１２年末に恋愛・婚活マッチングアプリ「Pairs」をリリース。２０１５年５月に、エウレカの株式１００%を米国NASDAQに上場するInterActiveCorp（The Match Group）に売却。２０１８年にはストリートファッションブランド「WIND AND SEA」を企画・販売する、株式会社エリオットを設立し、代表取締役に就任。

CASE 21

〝クラシル〟

dely 株式会社

dely株式会社（以下、dely）は、堀江裕介氏（以下、堀江）が慶應義塾大学在学中（2014年）に設立したスタートアップ企業である。当社はレシピ動画サービス「クラシル」を運営している。2019年12月にはアプリのダウンロードが2000万を超え、ダウンロード数と利用者数、レシピ動画数においても国内No・1のサービスへと成長した。本ケースは、クラシルにおいてdelyがどのような発見、施策に基づいてユーザーを獲得してきたのか、そのストーリーを描写したものである。

〝クラシル〟by dely株式会社

delyは「Be The Sun 太陽のように人々と社会を明るく照らす」[1]をコーポレートビジョンに掲げ、レシピ動画サービス「クラシル」を主事業とするスタートアップ企業である。クラシルは2016年2月のリリース後、[2]急速な勢いでダウンロード数を伸ばしており、その勢いは最後発ながらも競合と一線を画している。この急速なユーザー獲得の裏側には、他動画メディアの緻密な分析や、ユーザー中心のサービス設計が存在していた。

分散型メディアへの疑念

幾度もの事業ピボットの後、delyが料理動画メディア「クラシル」をリリースしたのは2016年2月のことだった。

当時は、Facebookの動画配信推奨などの要因により、国内でレシピ動画が注目され始めたタイミング。[3]すでにTastyやDELISH KITCHENなどの先行プレイヤーが存在していたことからも、[4]その注目の度合いが伺える。これらの競合は、主にFacebookなどの分散型メディアを活用し、プラットフォーム上に動画を掲載することによって、多くのユーザーを獲得しようとしていた。

前事業でキュレーションメディアを運営していたdelyも、サービス開始当初はFacebookなどのプラットフォーム上に動画を掲載していた。しかし、サービス開始から約1ヶ月後、[5]堀江はある違和感を覚える。

「クラシルを始めて、ユーザーの伸びを日々感じていました。でも続けていくうちに、『あれ、これ止まるんじゃねえかな』っていう予感みたいなものを抱いたんです。Facebookのユーザー数には限界があるから、伸びにも限界があるはずなんですよね。運営している中で『もしかして明日、伸びが止まるんじゃないか』『永続的にこの伸びは続かないんじゃないか』という恐怖がありました」[6]

堀江は動画メディア事業に転換を果たす半年程前から、Facebook上に動画に関する研究会（コミュニティ）を立ち上げていた。[7] その中で、海外サービスや他社メディアを緻密に分析、各社の成長スピードなどを学んでいたからこそ、立ち上げの段階でこのような違和感を持つことが可能となった。

「半年間くらい海外サービスの事例とかをインプットしていると、何となく『このサービスはうまくいかないな』とか、本質が見えてきました。やはり本質的に、利益は自分たちがコントローラブルな状況でしか出せない。海外で（時価総額が）1000億以上の企業は、有料課金、タイプ広告、アドネットワークという3つのビジネスモデルをうまく活用していました。これ

"クラシル" by dely株式会社

をやっていない会社は、Facebookに依存して死んでいくと思ったんです」[8]

当時はFacebookなどのプラットフォーム上でコンテンツを流し、ユーザーにリーチする、いわゆる「分散型メディア」が効果的だと考えられていた。しかし、これではFacebookのユーザー数やアルゴリズムに左右され、ユーザー獲得において、自社がコントロールできない変数が多くなってしまう。

これらの経緯から、クラシルもＳＮＳ上のみでのコンテンツ配信から方針を転換。２０１６年５月に自社アプリ（iOS版）をリリースし、アプリ内にレシピ動画を集約、コンテンツを資産化する方向に舵を切った。[9]

徹底したＣＰＩ改善

自社アプリへの転換と並行し、堀江はＣＰＩ[10]の改善にも注力した。広告宣伝費にかけられるコストが限られている以上、いかに安くユーザーを獲得できるかは非常に重要な要素となってくる。

堀江は自社アプリへの流入を呼び込むため、１分以内で目を引きやすいショートな料理動画を制作、[11]Facebook上で配信した。当時は料理に加え、美容、住まいなどに関連する動画も展開しており、サービス開始から5カ月後には月間再生回数が1億回を突破[12]。再生回数の伸びとともにアプリユーザー数は大きく拡大した。CPIを下げつつ、ここまで拡大できた背景には、広告の発明があったと堀江は語る。

「僕が発明できたものがあるとしたら、広告のやり方なんですよね。毎日Facebookに5本くらい動画を出すじゃないですか。そうするとたとえば150本くらい動画が溜まるわけなんですけれど、その中でバイラルしたトップ10%のものを広告のクリエイティブに当てれば、おそらくCPIが激安になるだろう、と気がついたんです」[13]

堀江は、動画の数を増やし、潜在ユーザーの目に触れる機会を増やしていくと同時に、その中で特に反応がよかったものを選別、その後のマーケティングに活かすことによって、CPIを抑えられるのではないかと考えた。そして、この戦略は「当たった」と言う。

「一般的なCPIは400～500円なんですけど、当時僕らは40円ぐらいで取れたんですよ。1000本動画を作ったら、その中でよかった10%を広告に当ててみて、さらにその中でよかった10%を当ててみて…ということをリーンに検証し続けたらものすごく伸びました。僕らは他社よりもかなり綿密に計画を立ててやっていたので、大企業が参入して来たときも半分

くらいのCPIで取れてました」[14]

ユーザーがシェアしやすいようなショートな料理動画を[15]制作、それらを数千本単位で[16]SNSに流し、ユーザーの反応を見ることによって、CPIを抑えた広告づくりができていた。

ユーザー中心のプロダクト改善

ユーザー獲得の文脈において、広告宣伝などのマーケティングは非常に重要となる。しかしその一方で、プロダクトの使いやすさ、いわゆるUI／UXを改善し続けることもまた、新規ユーザーの獲得、既存ユーザーの継続利用に大きな影響を与える。堀江もまた、マーケティングだけでなく、ユーザーの行動から得られるデータをもとに、アプリの改善を繰り返したと言う。

「アプリ運営において重視しないといけないことって、そこまで多いわけじゃない。プッシュ通知、アプリのオンボーディング[17]、アプリを開いたときのファーストビュー、あと7日目あたりまでのリテンションぐらいかなと思っています。具体的には、たとえばファーストビューで肉じゃがを出したほうがいいのか、ピザを当てたほうがいいのか、どの時期だったら肉じゃ

がを出したほうがリテンションが高いのかなど、ユーザーの反応を見ながら細かく修正しています」[18]

毎日使われることを想定したアプリだからこそ、堀江は上記のような細かい改善を繰り返し、日々ユーザーが使いやすいＵＩ／ＵＸの在り方を模索した。しかし、ユーザーから得られるデータは常に正しいとは限らない。堀江は機能面をテストする際、注意しなければならない点があると語る。

「そもそもAとBのどちらがいいかをフェアにテストするのは相当難しいことなんです。たとえばiPhoneを4月に売ったら100個、5月に売ったら120個売れたとすると、普通の人は5月のほうがいいねって言うんですが、実は違っているんです。季節要因とか、誰々が亡くなったから今はお悔やみモードだとか、いろいろな要因が積み重なっての結果なので。だからプロダクトも広告も同時期に当てて、フェアなA／Bテストをするという思想が組織内に根付いていないと、偏ったユーザー結果を鵜呑みにしてしまう危険性があると思っています」[19]

単にユーザーの行動からデータを得るだけでなく、それらをフェアに評価することができて初めて、機能改善のサイクルは正しく回すことができるのだ。

〝クラシル〟by dely株式会社

他にも、堀江はFacebookやInstagramに慣れているユーザーの視点を取り込みアプリのＵＩを設計する、[20]クラシルの元ユーザーを専属料理人としてスカウティングし、ユーザーに必要とされるレシピを考えてもらう[21]など、ユーザー目線に立つことによって、使いやすいサービスの実現を目指した。

「コンテンツ」ではなく「システム」で勝つ

２０１７年８月時点において、クラシルはレシピ動画数で世界１位に上り詰めた。[22]そして、２０１９年12月クラシルのダウンロード数は２０００万を超え、[23]その成長は止まることを知らない。

「コンテンツに優位性はない」[24]、「適切なコンテンツを適切なタイミングで適切な場所に置く。そこで勝負が決まる」[25]と語る堀江にとって、ユーザーをいかに獲得するか、そしていかに継続して使い続けてもらうかは、事業の行く末を決める大きなポイントだった。この点において堀江は、広告の発明、そしてフェアなＡ／Ｂテストの思想を組織に根付かせることで、効果的なユーザー獲得を行ってきたと言える。しかし、堀江も当初からこれらの施策を理解していたわけではない。そこには、堀江自身が手を動かし、試行錯誤した経緯があった。

「30億ぐらい資金調達するまで、僕が自分で広告運用画面全部いじってましたからね。だからこそ、CPIの下げ方や、ユーザーの獲得の仕方に死ぬほど詳しくなっていったんです。多分そのとき、僕は10分に1回ぐらい広告をチューニングしていましたね。『CPIが一瞬高くなったから、こいつ落として』みたいな。デイトレーダーみたいに、夜中じゅう張り付いてやってましたね」[26]

「広告の入れ替えって、1時間遅れるだけでCPIが10円変わったりするんですよ。10円でも1000ダウンロードだったら、1万円じゃないですか。昔（前フードデリバリーサービスにおいて）1万円稼ぐのに、どれだけ大変だったか。だったらCPI下げようぜって思う。いまだにケチな精神が根付いていますよね」[27]

堀江は創業サービスであるフードデリバリー事業、そしてその後のキュレーションメディア事業での失敗を通し、さまざまなインプットを得ながら、会社の舵を切ってきた。そして、ユーザーに求められているサービス、彼らに届けるためのマーケティング施策を実行するべく、ときに失敗しながらも、自身で手を動かし続けてきたのである。

〝クラシル〟by dely株式会社

Endnotes

1 dely株式会社. "About". Available at: https://www.dely.jp/about.
2 事業構想. "20代で1000億円企業をつくるクラシルが世界で勝てる理由". Available at: https://www.projectdesign.jp/201710/20-creativity/003968.php.
3 Business Insider Japan. "料理動画数世界一「クラシル」は会社存続の危機から始まった――経験ゼロで作った1分のデモ動画". Available at: https://www.businessinsider.jp/post-160651.
4 Business Insider Japan. "料理動画数世界一「クラシル」は会社存続の危機から始まった――経験ゼロで作った1分のデモ動画". Available at: https://www.businessinsider.jp/post-160651.
5 日経ビジネス. "料理動画のクラシル、圧倒的支持の意外なワケ". Available at: https://business.nikkei.com/atcl/report/15/110879/082300723/?P=3&mds.
6 堀江裕介氏へのインタビュー．2018年10月1日実施.
7 堀江裕介氏へのインタビュー．2018年10月1日実施.
8 堀江裕介氏へのインタビュー．2018年10月1日実施.
9 Business Insider Japan. "料理動画数世界一「クラシル」は会社存続の危機から始まった――経験ゼロで作った1分のデモ動画". Available at: https://www.businessinsider.jp/post-160651.
10 CPI（Cost Per Install）…1インストールあたりにかかる広告コスト
11 PRESIDENT Online. "打倒クックパッド！ 孫正義を目指す24歳". Available at: https://president.jp/articles/-/22384?page=4.
12 PR TIMES. "dely株式会社の女性向け動画メディア「KURASHIRU（クラシル）」の月間再生が1億回を突破～タイアップ動画広告を販売開始～". Available at: https://prtimes.jp/main/html/rd/p/000000002.000019382.html.
13 堀江裕介氏へのインタビュー．2018年10月1日実施.
14 堀江裕介氏へのインタビュー．2018年10月1日実施.
15 堀江裕介氏へのインタビュー．2018年10月1日実施.
16 PRESIDENT Online. "打倒クックパッド！ 孫正義を目指す24歳". Available at: https://president.jp/articles/-/22384?page=5.
17 オンボーディング…初めてアプリを使うユーザーを定着させるプロセスのこと
18 堀江裕介氏へのインタビュー．2018年10月1日実施.
19 堀江裕介氏へのインタビュー．2018年10月1日実施.
20 HORIEMON.COM. "「実は海外から日本食のレシピがかなり検索されているんです」「kurashiru（クラシル）」堀江裕介代表が語るレシピ動画サービスの次の戦略とは？ 後編1/2". Available at: https://horiemon.com/talk/61296/.
21 logmiBiz. "なぜ今、料理動画なのか？ dely堀江氏が語る"行動させる"動画メディア戦略". Available at: https://logmi.jp/business/articles/183906.
22 TechCrunch Japan. "レシピ動画サイトのdelyがソフトバンクな

どから33・5億円の大型調達、新規事業やM&Aも視野に〟. Available at: https://jp.techcrunch.com/2018/01/22/dely-fundraising-3billion-yen/.

23 dely株式会社.〝国内No.1レシピ動画サービス「クラシル」が2000万ダウンロードを突破しました〟. Available at: https://www.dely.jp/notices/307.

24 Forbes JAPAN.〝「すべては作戦でした」ヤフーと組むことにした新世代起業家の告白#30UNDER30〟. Available at: https://forbesjapan.com/articles/detail/22561/2/1/1.

25 日経ビジネス.〝料理動画のクラシル、圧倒的支持の意外なワケ〟. Available at: https://business.nikkei.com/atcl/report/15/110879/082300723/?P=2.

26 堀江裕介氏へのインタビュー．2018年10月1日実施.

27 堀江裕介氏へのインタビュー．2018年10月1日実施.

堀江裕介（ほりえ・ゆうすけ）

2014年、慶應義塾大学在学中にdely株式会社を設立。2度の事業転換を経て、2016年2月よりレシピ動画サービス「クラシル」を運営。2017年Forbesによる「アジアを代表する30才未満の30人」にメディア・マーケティング・広告部門で唯一の日本人として選出。2019年12月にはレシピ動画本数が3万4000本を突破、同月にはアプリが2000万ダウンロードを超え、レシピ動画数、ダウンロード数、利用者数においてクラシルを日本最大のレシピ動画サービスに成長させる。また2019年3月には女性向けメディア「TRILL」の運営会社であるTRILL株式会社を連結子会社化し、同社の代表取締役に就任。

〝クラシル〟 by dely株式会社

CASE 22

〝メルカリ〟

株式会社メルカリ

株式会社メルカリ（2013年11月1日に株式会社コウゾウから社名変更）は、山田進太郎氏（以下、山田）など3名によって、2013年2月に共同設立されたスタートアップである。当社は、フリマアプリ「メルカリ」（日本、米国にて展開）を機軸に数多くのサービスを提供しており、国内有数のスタートアップ企業として注目を集めている。本ケースは、主に創業者である山田の視点から、メルカリにおけるユーザー獲得の過程を描写したものである。

メルカリは、国内における利用者数が月間1500万人を超え、累計出品件数は15億品を突破している。[1] 国内フリマアプリ市場において、圧倒的なシェアを誇る当社であるが、2013年7月のリリース当初、[2] 国内にはすでに多くの競合プレイヤーが存在していた。では、メルカリはどのように新規ユーザーを獲得し、国内No.1の座を手に入れたのだろうか。その背景には、徹底的なプロダクト改善、そして大胆なファイナンス、それを原資とする効果的なマーケティング施策が存在していた。

海外でも通用するプロダクト

メルカリはフリマ市場における先行プレイヤーではない。

2013年7月のアプリリリース当時、すでにフリマ市場は注目を集め始めており、メルカリ以前にも、フリルなど約10社の競合がしのぎを削っていた。[3] この状況に対し、メルカリはどのように対抗しようとしたのか。アプリリリースまでの過程を、山田はこう語る。

「2012年12月終わりくらいにC to Cのフリマをやろうと決めて、2013年2月に会社を作りました。そこからリリースに至るまで、若い女性などを呼んで、ユーザビリティテストを繰り返していましたね。自社のアプリの他にヤフオク!、フリルなどのすでにリリースされていたものを触ってもらって、どこにストレスがあるのか、どこがわからないのかを全部調べていました。それをすべて自社のアプリに反映させていたので、リリースまで結構時間がかかってしまった」[4]

〝メルカリ〟by 株式会社メルカリ

メルカリはプロダクトに磨きをかけることにより、他社サービスとの差別化を図ろうとした。ユーザーが、既存のフリマアプリで感じる不便さを徹底的に取り除くことにより、より多くの人に使われるプロダクトを作ることを目指した。またそこには、創業期から海外を志向していたことも影響しているという。

「初めからユニバーサルで海外でも通用することを目指していたので、あまり女性向けのデザインにはしていませんでした。でも、フリルなどを見て、最初のメインターゲットが若い女性になることはわかっていました。なので、彼女たちに受け入れてもらえるように、いかに出品、購入までしてくれるのかにフォーカスして作り込んでいきました」[5]

メルカリは創業期から特定のセグメントだけではなく、誰でも直感的に使えるプロダクト開発にこだわっていた。しかし、リリース前にプロダクト作りに時間をかけていては、他社に潜在ユーザーを取り込まれてしまう危険性がある。メルカリも、リリース時は必要最低限の機能しか搭載されていなかったと山田は語る。

「時間がなくて作れなかった機能もありました。リリース時は出品して購入できるというベー

シックなサイクルができていたくらい。それこそ最初のバージョンは、検索機能がなくて、あとは振込申請機能もなかったという問題もあった（笑）。2週間後にアップデートするから許してね、くらいのスケジュール感でした」[6]

現在ではさまざまな機能を搭載しているメルカリであるが、リリース当初は不完全な形でのお披露目となった。そして当初の計画よりも2ヶ月遅れた2013年7月2日、Android版のメルカリがリリースされた。[7]

初日ダウンロードは「60」

リリース前、山田たちはメールアドレスで事前登録を受け付けていた。[8] ユーザーテストに協力してくれた女性層などを中心に、事前にユーザーからの登録を促すためである。

本リリースの前日にはテスト版もリリースした。他社のサービスを参考に、ユーザーに使いやすいプロダクトを追求したため、山田もメルカリに自信を持っていた。[9] しかし、テスト版のダウンロード数は予想をはるかに下回る結果となる。

「テスト版のリリース当時、全然ダウンロードがなくて、1日か2日、本リリースを早めたりしたんですよね。一応僕も、『出すだけでは誰も来ないよね』とは思っていたんですけれど、それでも、ダウンロード数が数十だったので、大丈夫かなとは思っていました」[10]

共同創業者である富島寛氏によると、初日ダウンロード数はたったの60件。[11] 創業から5ヶ月もの時間をかけてリリースに踏み切ったにもかかわらず、ユーザーの初動は望ましくなかった。この結果を受け、山田たちは徐々にマーケティングに力を入れていくことになる。初期のユーザー獲得について、山田はこう語る。

「特別なことはやらず、普通にオンラインのマーケティングをやっていました。当時はFacebookなどモバイルの広告を使っている人が少なくて、結構安くインストールが稼げた。新しいものは積極的に試していましたね。他にも、チャネルごとのCPI（Cost Per Install）だけじゃなくて、どのチャネルから来た人が、どのくらい生き残っているのかということをきちんとトラッキング、分析して、よくないチャネルはすぐ閉じていました」[12]

山田はアプリリリース以前にベンチャーキャピタルのEast Venturesから調達した5000万円を原資に、新たなツールを取り入れながら地道にマーケティングを行なっていった。その結果、

iPhone版のリリース（2013年7月23日）前には、Android版のみで5万人以上のユーザー利用、1万点以上の出品数を達成することができたのである。[13] 山田は当時をこう振り返る。

「お客さんが定期的に入ってくるようになると、一定の人が出品してくれて、一定の人が購入してくれるというサイクルが回り始めました。それこそ検索機能もないのに、タイムラインを必死で見て、いいものがあったら買ってくれる人もいたりした。そこからばっとマーケティングをやっていたら、ティッピングポイント（閾値）を超えて、出品も購入も日毎に増えていった、みたいな感覚なんですよね。どこまで続くのかはわからなかったですけれど、少なくとも増えているという状況だった」[14]

毎月3000万円の広告費

Winner takes allと呼ばれるインターネットサービスにおいて、[15] いかに先行サービスを上回るユーザーを獲得するかは、当時のメルカリにとって至上命令であった。

前述のとおり、リリース前にはすでに5000万円の調達を行っていたが、この状況下において、山田はさらにアクセルを踏むことに決める。さらなる資金調達を行い、多額の広告費をかける

〝メルカリ〟by 株式会社メルカリ

ことを目指したのだ。

「8月にユナイテッドから3億円調達して、そのお金を広告費に使っていきました。毎月3000万〜5000万円くらい使って、おそらく年末にはフリルに追いつくくらいの規模になっていた。他のプレイヤーが、ある意味様子見でマーケティングを積極的にやっていなかった中で、僕らは確信を持って、突っ込んでいきました」[16]

山田は2013年8月、ユナイテッド株式会社から3億円の資金調達を行った。[17] 当時、メルカリはユーザー手数料を徴収しておらず、[18] 黒字までの道のりは不明確だった。しかし、山田の事業経験、そして確固たる意志がユナイテッドを動かし、3億円の出資へと結びついた。

プロダクトの磨き上げ、そして多額の広告費をかけたマーケティングを行う一方、メルカリは1つの転換点を迎える。2013年12月、現・取締役President（会長）[19]である小泉文明氏（以下、小泉）がチームに参画したのだ。[20]

当時、小泉が任せられた仕事はプロダクト〝以外すべて〟。「組織もコーポレート系のことも、マーケティングも全部やりました」[21]とのちに小泉も語るように、ありとあらゆる仕事を担った。

小泉が参画した当時、メルカリのダウンロード数は100万程度。[22] これまで大胆に投資してきてはいたものの、新聞のフリマ特集では小さく名前が載る程度であり、[23] 決して大きな注目を得ているとは言い難い状況だった。

他の競合サービスを上回るためには、何をすればいいのか。この問いに対し、山田、小泉たちは、再度大きな挑戦をすることに決める。これまでのオンラインマーケティングに加え、他社が手を出していなかったＴＶＣＭを打つことに決めたのだ。

マスを狙わないＴＶＣＭ

なぜメルカリはこのタイミングでＴＶＣＭを打つことにしたのか。小泉は当時を回想し、このように語っている。

「実はＣＭについてはコロプラの馬場さんに聞いたんですよ（笑）『ＣＭ効くよ』と。２００万ダウンロードくらいいってからＣＭを打つと、そこから口コミがワークして効率的にユーザーを獲得できると聞き、じゃあやってみよう、という流れでした」[24]

２０１４年２月時点において、メルカリのダウンロード数は約１６０万。[25] ２００万ダウンロードの背中が見えてきた中で、さらに口コミを機能させるためには、ＴＶＣＭを打ち、「まわりでな

"メルカリ" by 株式会社メルカリ

んとなく使っている人がいるとか、メディアでちょっと見たことがある」[26]状態を作り出すことが重要だと考えた。しかし、当時のメルカリがＴＶＣＭを打つためにはさらなる資金調達が必要だった。また、タイミングを逃してしまっては、他社が先にＴＶＣＭを打ち、ユーザーを囲い込んでしまう危険性もある。

そこで小泉たちは、スピード感を持ってＴＶＣＭを打つため、資金調達を行う前から、ＴＶＣＭの制作に取り掛かった。手元に資金がない中で、「２０１３年の年末からＣＭを制作していて、ファイナンスのタイミングをずっと窺っていた」[27]と小泉は語っている。

突貫のスピード感もさることながら、メルカリのＴＶＣＭ戦略はその内容も一線を画していた。いわゆるマス向けではなく、あくまでも初期ユーザーである若年層をターゲットにしたＴＶＣＭを構想したのだ。小泉はこのように語る。

「一般的なテレビCMだと、とにかくマスで、なるべく多くの人へのリーチを目指すと思います。ただ、僕は逆の考え方でした。まだ２００万ダウンロードのフェーズではマス層は使わないんです、絶対に。メルカリでは、直接的にアプリをダウンロードしてくれる人を獲得する狙いで、20~30代の女性にかなりフォーカスしました。なので、キャスティングも『テラスハウス』の２人を用いたんです」[28]

そして２０１４年３月、14・5億円の資金調達を行ったタイミングで、ＴＶＣＭ制作を発注。[29]２０１４年５月10日には全国でＴＶＣＭ放映を開始した。[30]

プロダクトとマーケティングの両輪を回す

ＴＶＣＭの効果は絶大で、ＴＶＣＭ開始前には約２００万ダウンロードだったものが、その後1年間で約１０００万ダウンロード強まで跳ね上がることとなった。[31]

その後もダウンロード数は順調に推移。２０１６年８月には国内３５００万ダウンロードを突破し、[32]他の競合サービスに大きく水をあけた。

メルカリはその後も、マーケティングやユーザーの出品、購入のボトルネックを解消する機能改善により、若年層以外にも、多くのユーザーを獲得している。マーケティングとプロダクトやファイナンスの関係性について、小泉はこう語る。

「事業はよくクルマに喩えられます。プロダクトとマーケティングが両輪で、ハンドルを持っているのが人、マネジメントチームです。そしてファイナンスはガソリン。ないとクルマが走

〝メルカリ〟by 株式会社メルカリ

らない」[33]

メルカリは創業初期から、ユーザーが使いやすいプロダクト作りを徹底してきた。その上で、幾度も大胆なファイナンスを行い、適切なタイミングを見極めながら戦略的にマーケティング施策を打っていったのである。

Endnotes

1 株式会社メルカリ.“プレスリリース メルカリ、初の事業戦略発表会「Mercari Conference 2020」を開催”. Available at: https://about.mercari.com/press/news/article/20200220_mercari_conference_2020_summary/.

2 TechCrunch Japan.“メルカリの山田CEOがTechCrunch Tokyoに登壇決定、日米5500万DLの秘訣を聞く”. Available at: https://jp.techcrunch.com/2016/10/19/mercari-ceo-speaks-at-tc-tokyo-2016/.

3 mercan.“メルカリ激動の5年間は挑戦の連続だった。日経編集委員の奥平氏がメルカリ小泉に切り込む『THE BUSINESS DAY 02』レポ”. Available at: https://mercan.mercari.com/articles/2018-10-15-114111/.

4 山田進太郎氏へのインタビュー．2018年9月14日実施.

5 山田進太郎氏へのインタビュー．2018年9月14日実施.

6 山田進太郎氏へのインタビュー．2018年9月14日実施.

7 『メルカリ 希代のスタートアップ、野心と焦りと挑戦の5年間』(日経BP社、2018年) p.104.

8 山田進太郎氏へのインタビュー．2018年9月14日実施.

9 『メルカリ 希代のスタートアップ、野心と焦りと挑戦の5年間』(日経BP社、2018年) p.105.

10 山田進太郎氏へのインタビュー．2018年9月14日実施.

11 DIAMOND online.“メルカリのテスト版リリース初日DL数60件「もう終わったと思った」【メルカリ特集特別インタビュー第2回】富島寛・共同創業者”. Available at: https://diamond.jp/articles/-/179822?page=4.

12 山田進太郎氏へのインタビュー．2018年9月14日実施.

13 THE BRIDGE.“フリマアプリ「メルカリ」iPhoneアプリを公開—EastVenturesへの第三者割当増資で5000万円を調達”. Available at: https://thebridge.jp/2013/07/free-market-app-mercari-released-iphone-app-and-raises-50m-yen-from-east-ventures.

14 山田進太郎氏へのインタビュー．2018年9月14日実施.

15 logmiBiz.“「ヤフオクがあるじゃん」をはねのけたメルカリ 後発ならではの戦い方を小泉氏が振り返る”. Available at: https://logmi.jp/business/articles/235972.

16 山田進太郎氏へのインタビュー．2018年9月14日実施.

17 事業構想.“事業計画書分析 シンプルに実現可能性を伝える山田進太郎(メルカリ代表取締役)”. Available at: https://www.projectdesign.jp/201403/plananalysis/001207.php.

18 『メルカリ 希代のスタートアップ、野心と焦りと挑戦の5年間』(日経BP社、2018年) p.109.

19 株式会社メルカリ.“企業情報”. Available at: https://about.mercari.com/about/.

20 株式会社メルカリ.“プレスリリース メルカリ、元ミクシィ取締役CFO小泉文明参画について”. Available at: https://about.mercari.com/press/news/article/201312koizumi/.

21 小泉文明氏へのインタビュー．２０１９年９月20日実施.

22 mercan. 〝メルカリ激動の５年間は挑戦の連続だった。日経編集委員の奥平氏がメルカリ小泉に切り込む『THE BUSINESS DAY 02』レポ〟. Available at: https://mercan.mercari.com/articles/2018-10-15-114111/.

23 logmiBiz. 〝メルカリが〝日本で勝ち切る〟ための戦略は、テレビＣＭ・資金調達・カスタマーサポート拠点開設の３点セット〟. Available at: https://logmi.jp/business/articles/320230.

24 TECH::NOTE. 〝「プロダクトが組織を引っ張っていく状態は危ない」メルカリＣＯＯ小泉氏が語る、事業を拡大する上で大切なこと〟. Available at: https://tech-camp.in/note/pickup/47184/.

25 logmiBiz. 〝「広報不在」で２０００万ＤＬ―急成長中のメルカリが今、PRに求める２つのミッション〟. Available at: https://logmi.jp/business/articles/163867.

26 INDUSTRY CO-CREATION. 〝メルカリの成長を加速させた「マスを狙わない」テレビＣＭ戦略【F17-5C #3】〟. Available at: https://industry-co-creation.com/industry-trend/19400.

27 mercan. 〝メルカリ激動の５年間は挑戦の連続だった．日経編集委員の奥平氏がメルカリ小泉に切り込む『THE BUSINESS DAY 02』レポ〟. Available at: https://mercan.mercari.com/articles/2018-10-15-114111/.

28 INDUSTRY CO-CREATION. 〝メルカリの成長を加速させた「マスを狙わない」テレビＣＭ戦略【F17-5C #3】〟. Available at: https://industry-co-creation.com/industry-trend/19400.

29 logmiBiz. 〝「広報不在」で２０００万ＤＬ--急成長中のメルカリが今、ＰＲに求める２つのミッション〟. Available at: https://logmi.jp/business/articles/163867.

30 株式会社メルカリ. 〝プレスリリース フリマアプリ「メルカリ」、初のテレビＣＭが５月10日（土）より全国でオンエア　〟. Available at: https://about.mercari.com/press/news/article/20140508_tvcm/.

31 logmiBiz. 〝「広報不在」で２０００万ＤＬ--急成長中のメルカリが今、ＰＲに求める２つのミッション〟. Available at: https://logmi.jp/business/articles/163867.

32 TechCrunch Japan. 〝メルカリ創業者の山田進太郎氏、日米５５００万ＤＬの躍進をTechCrunch Tokyoで語る〟. Available at: https://jp.techcrunch.com/2016/11/30/mercari-at-tc-tokyo-2016/.

33 日経ビジネス. 〝メルカリの資金調達？　めちゃ苦労しましたよ〟. Available at: https://business.nikkei.com/atcl/report/16/070600229/092700018/?P=2&mds.

小泉文明（こいずみ・ふみあき）

株式会社メルカリ　取締役President（会長）
早稲田大学商学部卒業後、大和証券SMBCにてミクシィやDeNAなどのネット企業のIPOを担当。2006年よりミクシィにジョインし、取締役執行役員CFOとしてコーポレート部門全体を統轄する。2012年に退任後はいくつかのスタートアップを支援し、2013年12月株式会社メルカリに参画。2014年3月取締役就任、2017年4月取締役社長兼COO就任、2019年9月取締役President（会長）就任。2019年8月より株式会社鹿島アントラーズ・エフ・シー代表取締役社長兼任。

山田進太郎（やまだ・しんたろう）

株式会社メルカリ　代表取締役CEO（社長）
早稲田大学卒業後、ウノウ設立。「映画生活」「フォト蔵」「まちつく！」などのインターネット・サービスを立ち上げる。
2010年、ウノウをZyngaに売却。2012年退社後、世界一周を経て、2013年2月、株式会社メルカリを創業。

〝メルカリ〟by 株式会社メルカリ

第五章　資金を調達する

シード段階からIPO後まで、すべての事業フェーズにおいて、原資となる資金の調達はもっとも重要な活動の1つとなる。中でも一番複雑なのは、何の信用もなく、プロダクトも未熟な初めての資金調達だ。本章では、最初の資金調達を、投資家と起業家の両者の目線から考察する。

資金調達の全体像

資金調達手段は2種類ある

起業家が調達できる資金には主に2種類ある。

1つは返済義務の伴う銀行などからの借入金（debt）、もう1つは、返済義務の伴わない株式と引き換えに得る資金（equity）だ。

一般的に、創業直後に銀行から借入を起こすことは難しい。お金の出し手である銀行からすれば、シード期のスタートアップは貸し手としてあまりに倒産のリスクが高い。また、借り手であるスタートアップとしても、売上の立たない初期に借入金を返済することは難しく、かといって返済の実績を作らないことには次の借入を受けることができない。

プロダクトのアイディアを固める目途が立つまでは創業支援関連の補助金を活用したり、自己資金を用いて細く長く検証を進めるケースもあるが、多くのスタートアップにとって、現在一般的なのは株式による資金調達だ。

図9　スタートアップ企業の資金調達経路

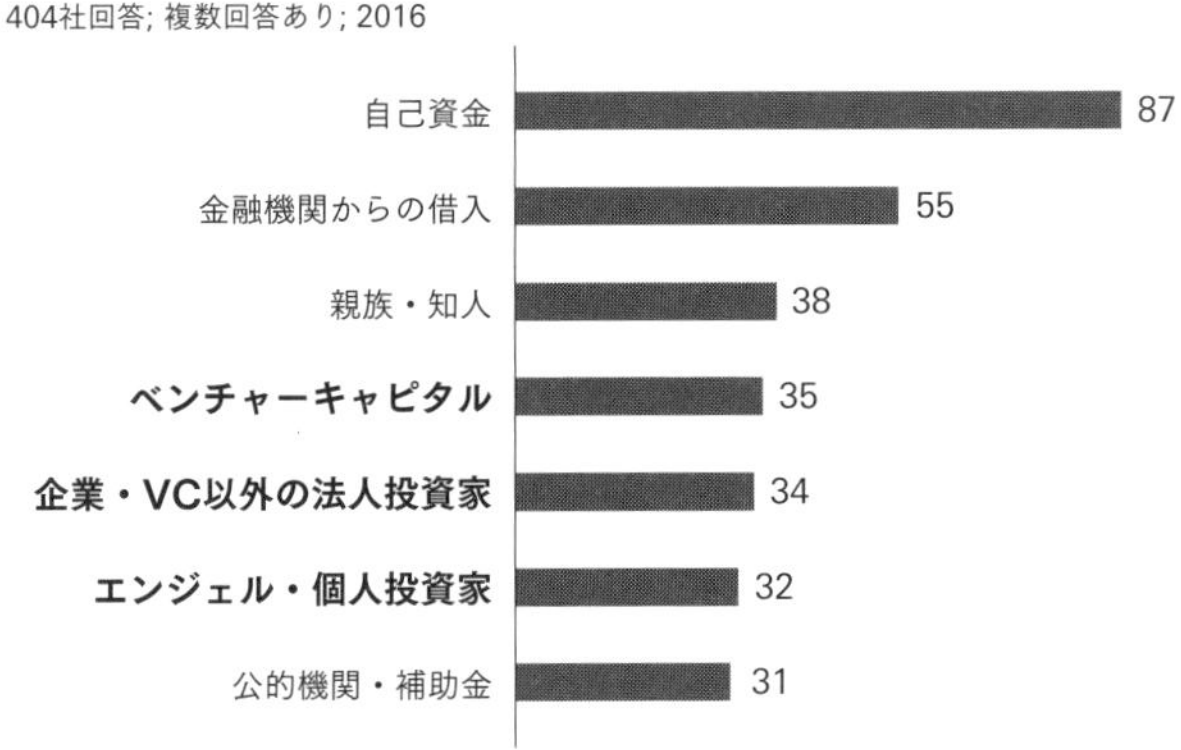

自己資金だけでなく、多様な資金源が用いられるようになってきた

資料：ベンチャー白書（2016;page I-167）より琴坂研究室作成

背景として、この20年、投資家のお金がスタートアップ業界に流れ込むようになったことが挙げられる。投資家は投資先のスタートアップが上場、あるいはM&Aされることによるキャピタルゲイン（株式売却時に生じる回収益）に期待を寄せ、積極的に資金を入れ始めた。

株式の発行体（起業家側）からしても、借入のように返済義務もなく担保も必要ないことから、ここ数年、資金を調達するため積極的に株式を放出するようになった（図9）。

スタートアップにとっての一番の競争力はビジネスモデルに宿るが、資金調達力もまた競争力の源泉となりえる。実際、フリルに対してのメルカリの競争優位は、その資金調達力によって生み出された部分もあるだろう。

資金調達を活用し、成長を加速させ、競合に対して優位に立つことは、事業づくり、組織づくりに並んで、起業家の最優先事項である。

資金調達は一度では終わらない

シード期の起業家は、お金さえあれば、あれもこれもできると考える。経営陣、エンジニア、デザイナー、営業、経営管理人材の採用。エンジニアの数を増やすことによるプロダクト開発のスピードアップや新しい機能の追加。広告を打つことによる新規ユーザーの獲得などだ。しかし、むやみに大きな額の資金を調達すればいいとはかぎらない。投資家にどんどん株式を放出して資金を調達すれば、創業者の持ち分が希薄化（ダイリューションともいう）してしまう。その結果、会社の将来を決める重要な局面で、議決権比率が少ないがために、意に沿わない決定が他の株主により下されるリスクが生まれる。

希薄化を抑えるために、株式による資金調達は会社の事業・財務規模に合わせて複数回実施していくのが一般的だ。[1]資金調達は一度で終わらないのだ。

起業家は将来の事業経営に必要な運転資金を算出し、逆算して「今」どれだけ調達するかを設計しなくてはならない。特に投資が先行する創業期は、ＰＬ（損益計算書）やＢＳ（貸借対照表）だけでなく、CF（キャッシュフロー計算書）[2]を注視し、資金繰りに細心の注意を払う必要がある。月次はもちろんのこと、週次・日次で資金繰りを細かく把握しておかないと、ある日突然に資金が足りないことに気付き、ときには会社が倒産することもありえる。

創業期はプロダクトマーケットフィットを進めたり、マーケティング戦略を考えることで頭が一杯になりがちだが、それらと同じか、あるいはそれ以上に、中長期的にどのような資本構成を目指していくのかという「資本政策」は重要だ。起業家は目先の資金の獲得ではなく、資本政策の実現のために打ち手を考えなければならない。

スタートアップの経営において、未来は極めて不透明だ。10年先はもちろん、1年先のことさえ正確に見通すことなどできない。したがって、ここ数年資金調達を行っているスタートアップは平均すると15〜18ヶ月ごとに運転・成長資金の調達を繰り返している。

何度も資金調達を繰り返すのは手間である。しかし、市場環境は日々激しく変化し、プロダクトやマーケティングの戦略も頻繁に変更されるため、この手間暇は省けないのが実情だ。また、資金調達を段階的にすればするほど、（事業が成長している限りにおいて）希薄化の影響も軽微となる。仮に事業評価額が2倍になったならば、同じ量の株式を放出して得られる資金も2倍となるからだ。事業評価額が事業の成長とともに膨らみ続けるとするならば、小刻みに調達を繰り返し、できる限り高い事業評価での調達を目指すことにも合理性がある。

ここまで見てきたとおり、**資本政策は目先（1〜2年）のことと、中長期（3〜5年）の両方を意識しながら検討しなくてはならない。**

投資家と起業家の目線のズレ

事業計画から導き出される必要運転資金が明確になった読者からすれば、今すぐ調達テクニックを教えてほしいところだろう。しかし、テクニック論に入る前に、絶対に覚えておいて損はない前提知識をまずは共有したい。それは、資金調達における起業家と投資家の目線のズレである。端的に言えば、起業家は会社経営（プロダクト開発、マーケティング、採用など）のために資金調達を行うが、投資家はキャピタルゲインのために出資する（図10）。

資金調達時、起業家は投資家に向けてプレゼンテーションをする。その際、プロダクトの魅力を語ることで頭が一杯になっていることが多く、投資家に対してどれだけのリターンをもたらすのか、という点に関しておざなりになっているケースが散見される。「いくら儲かるかは投資家のみなさんの試算におまかせします」というスタンスだ。これはこれで問題はないが、通常1〜3ヶ月、ときには半年近くかかる資金調達を1日でも早く完了させたければ、投資家の頭の中を理解してプレゼンテーションしたほうが効率的だ。いくらバラ色の未来を語っても、それが投資家にとっ

図10　資金調達に対する起業家と投資家の思考回路

	起業家	投資家
提供するもの	株式(例:7%)	出資金(例:700万円)
将来への期待	事業の成功 • 売上、利益、市場シェア • 従業員の雇用	キャピタルゲイン • IPO • M&A
企業価値の算出方法	1 必要運転資金を算出 (例:700万円) 2 放出する株式割合を決定 (例:7%) 3 企業価値を算出 (例:1億円)	将来の企業価値から現在の企業価値を算出

起業家と投資家は互いに期待するものが異なる

資料:YJキャピタル

図11　各ステージごとに期待される数値と確率

ステージ	時価総額［億円］	期待リターン［倍］	エグジットまでの期間［年］	成功確率［%］	面談～投資実行［%］
シード	～5	20～	7～	15	1
アーリー	5～15	10	5～7	30	10
ミドル	15～30	5	3～5	60	15
レイター	30～	3	2～3	80	35

投資家の期待値は成長ステージにより異なる

資料：グロービス・キャピタル・パートナーズ作成の図をもとにYJキャピタル改変

てどれだけのリターンになりえるのか、その根拠がどれだけ揃っているのかを説明し納得させなければ、投資家はイエスと言わない。

図11で紹介しているのは、独立系ベンチャーキャピタルのグロービス・キャピタル・パートナーズが過去に作成したリターンプロファイルだ。それぞれの事業ステージごとに期待リターンが大きく変わるのが見て取れるだろう。もちろん、ベンチャーキャピタルによって期待リターンは異なる。また市況やマクロ環境によってこうした数字の目線感は刻一刻と変化している。そのため、期待リターンは、資金調達のタイミングで投資家に直接確認するのがいいだろう。

より具体的なデータで理解を深めていきた

い。図12の東証のデータを見ると、２０１５～２０１７年のＩＰＯ時の時価総額の中央値は約１００億円だ。この数字をエグジット時の想定バリュエーションとするならば、20～１００倍のリターンをシード期の会社に期待する場合、バリュエーションは1～5億円が相場になる。このように最新のデータを入手し、自社の事業ステージから紐解いた期待リターンを推測することは効果的だ。

初めての資金調達は１０００万円前後が一般的

大学生、サラリーマン、それこそ無職の人でも起業を志すことは可能だ。起業は誰もが挑戦でき、しかも成功したあかつきには富と名声と仲間を得られる夢のような一面を持つ一方、事業が軌道に乗るまではお金が毎日減っていく地獄の面も併せ持つ。流出していくキャッシュに対して売上がほとんど上がらない日々は、経営者としてもっとも辛いものの1つだろう。黒字になるまでの運転資金の確保は、すべての起業家の頭を悩ませる最重要テーマだ。

アイディアを絞り出し、プロダクト・サービスのプロトタイプを開発し、ユーザー検証を進め、プロダクトマーケットフィットを完了させる。この一連の作業を行うまでに必要な資金を株式[3]で調達することをシードラウンドと呼ぶ。おそらく本書の読者の大半には、このシードラウンドが最初

図12　IPO時の各種指標

上：最大値 中：中央値 下：最小値	売上高	経常利益	純資産の額	初値 時価総額	IPO時の ファイナンス 規模 （注1）
東証一部	14兆2588億円 **688億円** 149億円	14兆1158億円 **61億円** ▲120億円	15兆3016億円 **249億円** 59億円	7兆5600億円 **675億円** 207億円	6930億円 **378億円** 31億円
東証二部	965億円 **186億円** 20億円	36億円 **12億円** 3億円	167億円 **57億円** 9億円	271億円 **99億円** 34億円	129億円 **27億円** 8億円
マザーズ	217億円 **22億円** 2億円	29億円 **2億円** ▲14億円	94億円 **5億円** ▲20億円	746億円 **102億円** 28億円	283億円 **11億円** 1億円
JASDAQ スタンダード	384億円 **55億円** 7億円	10億円 **3億円** 1億円	49億円 **11億円** 3億円	214億円 **55億円** 16億円	21億円 **7億円** 4億円

（注1）公募・売出の合計額（海外、OA含む）

2015～2017年のIPO時の時価総額の中央値は約100億円

資料：日本取引所グループ「IPO企業の規模比較（2015年～2017年）」をもとに作成

の障壁として立ちはだかるはずだ。
シードラウンドに特化しているベンチャーキャピタル（以下、シードVC）によれば、出資額は1000万円前後で、出資時のバリュエーションは1億円が一般的だ。[4]
この1000万円は、プロダクトマーケットフィットにチャレンジするための資金提供と位置づけられている。**構想レベルのプロダクトを検証するまでにかかる期間は、一般的に3ヶ月**とするケースが多い。人件費、家賃、光熱費、通信費、開発端末のコストを考えると1ヶ月にかかるコストはだいたい60万円。すると、シードVCは約15ヶ月分、すなわち5回のプロダクト検証にチャレンジするための資金をアシストしてくれているとも読み取れる。
起業家は1000万円を「最初のアイディアを実現させる15ヶ月間分の運転資金」と捉えているかもしれないが、最初のアイディアが当たる幸運なケースは実際は少ない。自分たちの事業領域で、自分たちの置かれた状況において、3ヶ月の挑戦を5回するためにどれだけの資金が必要か。こうした具体的な状況を想定しながら、必要な資金のイメージを描いていく。

バリュエーションと調達額のバランスの決め手は？

バリュエーションと調達額のバランスは、2020年現在においては1回あたりの調達で10〜

20%程度の希薄化とするのが一般的だ。たとえば1000万円の調達を10%のダイリューション（希薄化）に収めたければ、バリュエーションは1億円となる。繰り返しになるが、こうした数字はあくまで参考であり、個別事情や市況によって大きく変化しうることは理解しておいてほしい。バリュエーションを高く設定し、事業運営に必要な資金を大きく調達できればそれだけ競争力は高まる。しかし、そのバリュエーションがどのように設定されたのかの説明は常に求められる。**バリュエーションは高ければいいというものではない。**幸運にも市場平均を上回る高いバリュエーションで調達できたとしても、後のラウンドで調達に苦労する可能性がある[5]ことも、あらかじめ知っておく必要がある。

シードラウンドの段階で特に気を付けるべきは、起業家の資本政策に対する知識不足に乗じて大きな利益を得ようとする一部の投資家の存在だ。事業アイディアを一緒に考えたわけでもなく、会社経営にも参加していない投資家が50%ほどの株式保有を求めてくるケースをたまに耳にする。また、表面的には10%程度の持ち分に見えて、さまざまな条項を組み合わせて過分な利益配分を得ようとする事例もある。こういった、起業家が一方的に不利になりえる投資契約を、その内容を誠実に説明することなく提示してくる投資家のことを、「エンジェル投資家」[6]を皮肉って「デビル投資家」と呼ぶことすらある。

株式会社において株式は会社の生命線であり、**いったん渡した株式の回収は難易度が非常に高**

い。素晴らしいプロダクトを開発するまで漕ぎ着けたのに、誤った資本政策が理由で追加の資金調達を行えず成長にブレーキがかかってしまっている会社も存在するので気をつけたい。

さて、話を戻すと、調達額とバリュエーションは会社によって大きく異なる。その要因は、主に3つに分けられる。

1 起業家のトラックレコード（過去の実績や遍歴）
2 事業領域、ビジネスモデル
3 プロダクト

以下、それぞれを詳しく見ていきたい。

(1) 起業家のトラックレコード

お金を預ける投資家目線で見てみると、生まれて初めて起業をする人と、過去に起業経験があり一定の成果を出している人が再挑戦するのとでは、後者を選びたくなるものだ。後者は一般的にシリアルアントレプレナー（連続起業家）と呼ばれる。起業の酸いも甘いも知っている起業家であれば、失敗確率が下がると投資家は期待する。また、社会人として特定の領域で経験を積んだ後に起業にチャレンジする場合も、プラスに評価される事例がある。逆に、起業経験も社会人経験もない学生起業家の場合は評価できるポイントが少ないため、シードラウンドで多額の資金調達を行うことは、一般的には難しい。

過去に実績を持つ起業家は、何の事業アイディアも固まっていない段階でも、望む条件で投資家から投資を引き出せるケースも多い。ただし、彼らは自分に有利すぎる条件でシードラウンドを進めることが、後々副作用を生むかもしれないことを認識しているため、また投資家との間にすでに一定の関係性が生まれているため、無理な条件を吹っ掛けるようなことはしない。

特に、起業家が過去に取り組んだことがある領域で再度挑戦する場合、トラックレコードは調達額とバリュエーションに大きく効いてくる。評価の対象は起業家本人だけではなく、チーム全体の経験値だ。「彼が社長で、彼がCTOで、彼女がCFOなら、きっと最低でもこのぐらいの事業にはできる目論見があるはずだ」といった期待値が生まれ、事業の実態がまったくない段階でも、集めようと思えばかなりの金額を集めることもある。

(2) 事業領域、ビジネスモデル

事業領域によっては、他のスタートアップと比較して大きな額を調達せざるをえず、結果的にダイリューションが大きくなってしまう場合がある。

人材が慢性的に不足している成長市場で、他の市場より人件費が高くなってしまう場合。

ＩｏＴ事業のように物理的な製品作りから入らなくてはならない場合。

あるいは、ユーザーを無料で囲い込んでから課金を開始する事業モデルであるために、しばらく先行して赤字を掘り続けなくてはならない場合などだ。

一方で、市場が大きく、将来その市場でナンバーワンになれば企業価値が巨大になると期待されるケースでは、バリュエーションを高くし、ダイリューションを抑えることが可能になるケースもある。事業モデルの特性上収益化が難しいことが最初からわかっている事業領域もあれば、逆にいったん形ができれば飛躍的に成長できる可能性が高い領域もある。

数多くの起業家と真剣な議論を重ね、数千の事業モデルを検討してきた熟練の投資家は、その事業のパターンから一定の確度で成功の可能性を推測できるようになる。そのため、自分たちの事業モデルの特性を無視したバリュエーションと調達額を目指しても、思うようには進まない。

(3) プロダクト

バリュエーションを上げて、大きな調達を決めたい起業家へのアドバイスは、「第一章から書いてきたことをすべて実現すること」に他ならない。大きな市場に存在する多くのユーザーの課題が見つかり、プロダクトがすでに完成し実際にユーザーの課題を解決していたら、投資家はこぞって投資したがる。ただ、残念ながらそこまで理想的な状況はまれだ。

確実に言えることは、**トラックレコードの無い起業家にとって、唯一自分でコントロールできる要素がプロダクト**だということだ。投資家は年間数百人の起業家と会い、投資の意思決定を行っている。その中でキラ星のように輝くため、プロダクトでライバルより一歩先に抜きん出るべきだ。

投資家からすれば、プロダクトマーケットフィットが終わっていないプロダクトの投資判断ほど難しいものはない。データが無いので主観的に判断しないといけないからだ。プロダクトマーケットフィットが終わっていれば、そのプロダクトの本質的な事業価値が数字で説明できる状態になっているため判断はしやすい。

単に「いいプロダクト」を作るだけでは、投資家は魅力を感じない。「市場に受け入れられるいいプロダクト」を作り出すことの重要性をあらためて認識してもらいたい。

経営者持ち分にどこまでこだわるか

バリュエーションに関連して、起業家から「経営者持ち分をどこまで維持すべきなのか」という相談を受ける。資本政策には正解がない。各社、さまざまな都合が重なり合って株主構成が決まっていく。

創業経営者の持ち分が過半を割ってしまえば、会社の経営権は創業経営者の手から離れていくし、3分の1を割れば拒否権も無くなることは知っておいたほうがいい。ただし、数パーセントの持ち分しかなくても、経営陣や従業員のみならず、重要な投資家の厚い信任を受け続けて社内を掌握し続ける経営者もたしかにいる。

2017年に上場したネット系企業の創業経営者持ち分を見てみると（図13）、全体の80％の会社において、持ち分が過半を割っていることがわかる。上場を前提にするのであれば、過半にこだわる必要性はあまりない。あくまで、他の株主に比較した相対的な持ち分シェアのほうが重要であり、全体の株主構成をどう設計するかのほうが、自分自身の単純な持ち分の数字よりも重要となりえる。

図13　新規上場企業のオーナー *株式持ち分

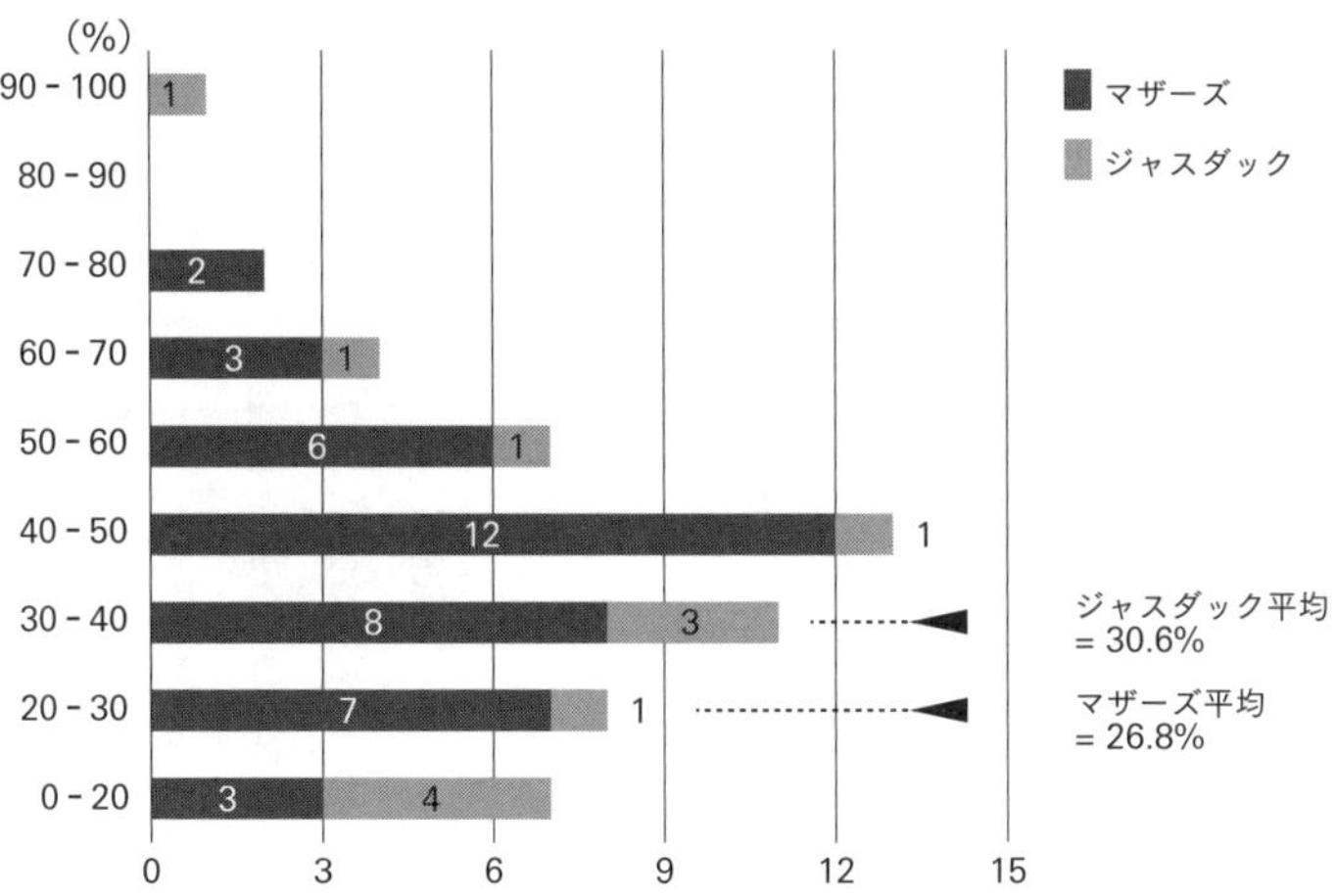

著名企業の具体例

会社	創業者	株式持ち分
メルカリ	山田進太郎	27.48%
ラクスル	松本恭攝	17.91%
ソフトバンク	孫正義	21.22%
楽天	三木谷浩史 ※資産管理会社＋家族含む	37.3%
サイバーエージェント	藤田晋	20.49%

* 支配的な所有者であり必ずしも経営株主とは限らない
** 2018 年 1 月から 12 月にマザーズ及びジャスダックに上場した企業 77 社のデータより推計（不明 24 社を除く）
資料：平成 31 年版株式公開白書 ; SPEEDA

上場時点での経営株主の持ち分に、一定の正解は存在しない

たとえば、上場まで4回の資金調達を行うとして、毎回10〜20%程度のダイリューションを進めていくと持ち分が3分の1を割らず拒否権を維持することが可能になる。毎回の資金調達で計画的に多様性のある投資家ポートフォリオを組んでいくことができれば、どの投資家も一定以上の持ち分を持たず、また投資家同士が組んで経営者の意に沿わない行動をとりづらい状況を作り出すことができる。拒否権を維持した状態で、事業が健全に成長していれば、経営のクリティカルな意思決定を思い通りにできないことはほぼない。

理想の持ち分は、どのようなエグジットを想定しているかにも左右される。M&Aによるエグジットを想定している場合は、持ち分が多いほうがリターンも増えるので望ましい。

一方、上場の場合、創業経営者は簡単に株式を証券市場で売却できないことは知っておいたほうがいい。一番情報を握っている起業家が株式を売却すること自体が、市場に対して悪いメッセージを届けることになるからだ。

また、上場した場合、業績が悪化すれば株主から経営陣に対して経営責任が問われることになる。上場し、かつ持ち分が少ない場合、一般株主に社長退陣を要求されるのでは、と考える読者もいるかもしれない。ただ、創業経営者以外にその事業を理解して経営できる人材が、簡単に社外から見つかることはなかなかない。会社が第三者に乗っ取られる可能性は、ゼロではないものの、現実問題としては考えにくいことも触れておきたい。

対投資家コミュニケーション

投資家に何を伝えるべきか

ここからは、投資家との付き合い方について解説したい。

投資家の頭の中が「¥マーク」であることは前述したとおりだ。資金の出し手であるベンチャーキャピタルは個人投資家や機関投資家の資金を預かってファンドを運用しているため、結果に対するこだわりが何よりも先行する。エンジェル投資家も、将来のリターンを当然期待している。

では、そんな投資家に30分や1時間の面談で起業家は何を伝えるべきなのだろうか。会社の将来を決める大事な面談となるため、入念な準備をして臨みたいものだ。次ページ図14から、投資家が普段どのような項目を軸に投資判断をしているのかを共有するので、ぜひ参考にしてほしい。

図14　プレゼンで伝えるべき9つの必須項目

市場	自社の狙う市場の規模・成長率・ベンチマークとなる企業は?
課題	この市場の未解決な大きな課題は?
解決策（プロダクト）	その課題をどう解決するか?
競合優位性・差別化	その課題を解決する他のソリューションに比べて、どう優れているか?
ビジネスモデル	自社のソリューションのヒト・モノ・カネの流れ&収益構造は?
トラクション	実際のプロダクトの財務実績・KPI 実績は?
事業計画	どのような計画で成長してどのような規模になるのか?
資金	その計画を達成するために必要な資金量・資金使途は?
チーム	なぜ自社のチームが成功できるのか?

資料：YJ キャピタル

(1) 市場

投資家はリターンをもっとも重視するため、「どの市場で戦おうとしているか」についてはとても厳しく評価する。市場は大きければ大きいほうが望ましいし、たとえばカーナビ市場のように縮小しているのではなく、スマホ動画市場のように成長しているほうがよい。もちろん衰退市場にもチャンスは存在するが、スタートアップが勝負するのは難しい事業環境であることがほとんどだ。

また、その市場で1位になるとどういう景色が見えるのか、という点も意識する。つまり、その市場で現在トップを走るベンチマーク企業の売上・利益・時価総額規模を参照し、投資先が1位を奪い取ったときどれほどの規模になりうるかを考える。ベンチマーク企業がとてつもなく巨大であれば投資家は身震いするし、弱小企業であれば次の投資先を探し始める。

業界全体の市場規模だけでなく、自社がリプレイスする市場のＴＡＭ[7]（Total Addressable Market）・ＳＡＭ[8]（Serviceable Available Market）・ＳＯＭ[9]（Share of Market）まで細分化して言及したほうがいい。細分化の具体的なイメージは、Airbnbの創業初期に用いた投資家向けプレゼン資料を見ると掴みやすいだろう（図15）。彼らはＴＡＭを世界中の宿泊予約件数（20億件）、ＳＡＭをオンライン予約件数（5・6億件）、ＳＯＭをAirbnbが獲得を目指すシェア（15％、8400万件）と説明した。

漠然とした市場を語るのではなく、これから具体的に獲得していくユーザー像を明確に語ってほしい。

図15　Airbnbの創業初期のプレゼン資料

漠然とした数字ではなくTAM・SAM・SOMまで細分化する

出典："Airbnb pitch deck: teardown and redesign", Slidebean https://slidebean.com/blog/startups-airbnb-pitch-deck

仮に市場がニッチで小さくても、その次に狙える市場が大きければ構わない。ただし、一向に大きくなりそうもない事業プランだと投資家には嫌われる。

また、起業家がその市場について誰よりも詳しいことも重要だ。投資家のほうが市場動向や業界構造に詳しかったりすると、「この起業家に大事な資金を預けても大丈夫だろうか？」と不安になる。

(2) 課題

狙いを定めた市場において、次に重要となるのが課題だ。自社の提供するプロダクト・サービスは誰の何の課題を解決するものなのか。利用ユーザーが1000人以上いるが、なぜ自社サービスを使ってくれているのかよくわからない、という起業家には誰も投資したがらない。課題は、利用ユーザー・顧客にとって悩ましいものであればあるほど望ましい。簡単な課題で誰でも解決できれば、多くの競合が参入できてしまうからだ。課題は、できる限り曖昧さを排除し「どんな人のどんな課題か」を具体化しておくべきだ。自分自身の原体験、あるいは具体的なユーザー数名のデータがあるとより説得力が高まる。

この課題設定がユニークであり、誰もが気付いていない本質的な課題であればあるほど、その事業の可能性は大きくなる。なぜその課題は解決されないのか。ユーザーはその課題が解決されないことをどう我慢しているのか。その課題が解決されたら何がどう変わるのか。その課題に対する起業家の理解度はどれだけ高いのか、などは事業の魅力に直結する。

(3) 解決策

プレゼンしようとしているプロダクトやサービスは(2)で挙げた課題を解決するものになっているだろうか。不要な機能は盛り込まれていないだろうか。

たとえば、読まれやすい芸能系の記事でユーザーを集客した後に、家具を販売するような、ユーザーの課題と直接つながらないサービスになっていないだろうか。ダイレクトに顧客の課題を解決するプロダクト・サービスを、投資家は高く評価する。シンプルであればあるほど評価は高くなり、逆に課題解決のプロセスが複雑だと投資は見送られる。

また、なぜ自分たちはその課題を解決できるのか。その課題に世界一詳しい人間として、論理的に明確にその構想を語れるのが理想だ。

⑷ 競合優位性・差別化

素晴らしいアイディアを誰より先に思いついた人が必ずしも成功するとは限らない。ビジネスの世界は競争が絶えず続く。競合と比較して何が優れていて、どこに独自性があり、どうやって参入障壁を築いていくか。大企業や競合スタートアップに簡単に真似される事業であれば投資家は評価しない。

どれだけそのサービスの模倣が難しいのかを明確に語れれば、もちろん理想的だ。ただ、実際には「大手企業や競合スタートアップにも模倣はできるが、しない可能性が高い」というケースも多い。X社も参入したいと思っているはずだが、既存事業との衝突がありできない。Y社もすでに事業を始めているが、事業担当者のスキル不足で中途半端な技術負債を抱えて次の手が見えていないなど、具体的で明確に、なぜ競合は参入できないのか、しないのか。するとしても動きが不十分で遅くなるのかを説明できると力強い。

⑸ ビジネスモデル（ユニットエコノミクス、KSF）

どんなに素晴らしいプロダクト・サービスでも、儲からなければビジネスの世界では敗者だ。誰からどうやってお金を稼ぐのか。その仕組みを構築・運営するための費用はどうやって捻出するのか。その結果、どれだけ儲かるのか。マーケットシェアを獲得すれば獲得するほど赤字が拡大していく事業には誰も投資したがらない。逆に、従来の企業では実現できなかった高い利益率を叩き出す事業であれば、投資家は大絶賛する。すでに解説したユニットエコノミクス、つまり一人の顧客を獲得するのにどれだけの投資が必要で、サービスを使い続けてもらうために、どれだけの費用がかかり、その結果どれだけの収益を生むのかのバランスがより重視されてきている。

その上で、その事業のKSFを正確に理解し、どのようにユーザー数や売上を成長させるかを具体的に説明できれば投資家は高く評価する。

⑹ トラクション

9つの項目の中でもっとも重要な項目がトラクションだ。トラクション（traction）は辞書では「引っぱること」「牽引力」と説明されているが、スタートアップの世界では、「売上やユーザー獲得数が将来の成長を牽引できるような水準に達しているか」を表す言葉だ。数名のユーザーに利用してもらっただけで「プロダクトマーケットフィットは完了している」とプレゼンするのは不十分で、プロダクトマーケットフィット後に多くの顧客を勢いよく獲得できているかを、投資家は評価する。

右肩上がりにユーザー獲得数が増えていれば、当然高く評価される。ただし、広告を一気に投下したり、ユニットエコノミクスが崩れた状態で無理にユーザーを獲得しても評価されない。投資家はユーザー獲得数の増加が、プロダクトの本質的な価値によるものなのか、広告というドーピングを使った見せかけのものなのかを的確に見極める。ただし広告がすべてダメというわけではなく、競合より低い単価で顧客を獲得できていればもちろん評価される。投資家は市場平均と比べどのようなパフォーマンスを出しているかを重視するからだ。

投資家へのプレゼン時に目立ったトラクションがなくても、一定期間のユーザー利用データがある場合は、アピールできるか検討したほうがいい。競合に比べて顧客獲得コストが低かったり、CVRやリピート率といったKPIが高ければアピールすべきだろう。ここでもカギになるのは具体性、そして数字と論理性を軸とした明確な説明だ。

具体的に、どのような顧客が、どのような理由で、どのような行動をしている結果としてその数字が出ているかを、端的に、論理的に説明してほしい。抽象的な概念を延々と説明するより、実際の利用実績をベースに語るほうがよい。投資家はデータが大好きだからだ。それが平均を大きく上回るデータであれば、投資家は一瞬で投資を決めるだろう。

(7) 事業計画

ベンチマーク企業を超えるために、マーケットでNo・1になるために、どれくらいの時間軸でどのように成長していくのか。その事業計画を実現したあかつきには、投資家の期待リターンが獲得できる事業規模（売上、営業利益）になっているか。その結果として、時価総額はいくらになるのか。3年後、5年後の事業規模が大きければ投資家は歓喜し、小さければ落胆する。ベンチャーキャピタルはファンドを運営している手前、時間軸をとても意識する。事業計画も、絵空事を並べては逆に信頼を失う。わからないことはわからないといい、不確実性についても誠実に説明して、その事業の成長可能性の振れ幅を真摯に説明できる起業家がより魅力的だ。

自分目線でだけ事業計画を語るのではなく、その事業計画が達成された場合、投資家にとってどれだけのリターンにつながるのかを容易に想像できる説明がいい。また、最悪のケースについて言及することも、投資家によっては価値があるかもしれない。どれだけ損をしてもこれ以下にはいかない、最低でもこれだけの成長はできる、などリスクの下限を明確に説明できると、イエスと言いやすくなる投資家も存在する。

いずれにせよ、投資家に評価される事業計画を策定することは極めて重要だ。ただし、計画は資金調達のためではなく、事業のためにあるということは忘れないようにしたい。

⑻ 資金

計画を達成するために必要な資金が適切に算出されているか。

集められる内に集めておこう、という安易な考えに陥っていないか。

資金使途を明確に語れているか。

計画立案力と、誰も正しく予測できない未来における軌道修正力を持ち合わせているか。

お金を大切に使えるか。

投資家はこれらの点を見ている。もっとも重要なのは、事業計画との整合性だ。「事業計画の数値から考えると、この金額が必要」といったように、計画に紐づいた細緻な検討がされていなければ、投資する気持ちには到底なれない。

⑼ チーム

こうした優れた計画と見通しがあった上で、「それを実現することができる経営チームか」を投資家は重視する。

お金がないフェーズにもかかわらず、優秀な人材を獲得できている場合は社長の採用力が評価される。今のチームはもちろん、この先成長したときより大きなチームを組成するために、優秀な人材を採用し続けられるかどうかも投資家はしっかり見ておきたいからだ。

また、そのチームが一枚岩となって高い目標を目指しているかもチェックする。シードラウンドにおいて貢献度合いが低いメンバーがいると起業家のチームビルディング力の評価は下がる。先にも述べたとおり、この段階ではプロダクトマーケットフィットのための必要最小限のメンバー構成が望ましい。

誰を投資家にすべきか

これまで、選ばれる側としての起業家の視点から解説してきたが、もしその事業が順風満帆に立ち上がっていたり、魅力的であれば、むしろ起業家が投資家を選ぶ立場になることもある。その場合、誰に同じ船に乗ってほしいのかは真剣に考えなくてはならない。投資家選びの際に取るべきアクションは次の4つだ。

(1) 基本事項を確認する

投資家がどれくらいの予算を持っているかは、臆さず聞いたほうがよい。あわせて、どれくらいの運用期間を想定しているのかも確認しよう。

エンジェル投資家はほとんどの場合、ファンド形式ではなく個人または資産管理会社から出資するため、出資額は少額で投資回収期間に主な取り決めはないのが一般的だ。

一方、ファンドは出資額がエンジェルよりは大きいが、運営期間がある。ファンドの運営期間は一般的に7~10年だが、株主候補のファンドがいつ満期を迎えるかは確認しておいたほうがよい。ファンド運営者にとってファンド満期とは、ファンド出資者に対してリターンを出さなくてはならない「締め切り」である。一般的に、満期が近付けばエグジット見込みがない投資先についてファンドマネジャーは第三者への譲渡を検討する。交渉しているファンドがどれくらいの期間、自社にコミットしてくれるのか。運営期間については必ず確認しよう。

次に、出資時の付帯条件を確認しよう。バリュエーションや出資額だけではなく、何か特別な条件（取締役の派遣、他）を要求しているのかどうか。エグジットに対する期待値も事前に確認しておくことをお勧めする。自社に対してどれくらいの期間で、どれくらいの企業価値になることを期待してくれているのか、ゴール地点を事前に共有しておくと、将来のIPOやM&Aといったエグジット時の交渉に役立つ。フォローオン投資[10]の可否についても、出資前に確認できるとよい。

忘れられがちだが、絶対に聞かなければいけないのが、ポートフォリオ企業（過去にどういった会社に出資しているのか）だ。自社に近しい領域であれば、有益なアドバイスがもらえる確率が高まる。将来に投資家が事業をサポートしてくれそうかどうかはポートフォリオ企業を眺めることである程度想像がつく。

(2) 求める付加価値・役割を明確にする

お金さえ出してくれれば、投資家には他に何も手伝ってもらわなくても構わない、という考え方がある。一方、お金以外に何を得られるかを考え、それを提供できる投資家を優先する考えもある。

創業期にまつわる事業運営経験をベースに親身なアドバイスをしてくれるエンジェル投資家は心強い。リソースが足りない時期にハンズオン[11]の支援で助けてくれる投資家も頼もしい。サービス連携や顧客紹介などの事業面でのシナジーを求めるのであればCVC[12]も視野に入る。

リード投資家[13]としてスタートアップに対外的な信用を与え、当該資金調達ラウンドのクロージングにコミットし、さらには次のラウンドまで積極的にサポートしてくれる投資家は重要だ。投資している事実自体が一定の信頼を周囲に与えてくれる、ネームバリューのあるリード投資家が望ましい。1年以上先の次の資金調達時にそうしたネームバリューがボディーブローのように効果を生むからだ。フォローオン投資でも継続的にコミットしてくれる、ファンドサイズの大きな投資家は魅力的だ。

(3) 相性をチェックする

投資家は、自分たちの事業ビジョンに心から共鳴してくれているだろうか。自分たちの組織のカルチャーとフィットする考え方や価値観を持っているだろうか。正確に自分たちの事業の強みと弱みを認識してくれているだろうか。本当に困ったとき、事業がうまくいかなくなったときに、それでも自分たちの立場を理解してできる限り支えてくれるだろうか。その投資家との相性、チームとしての一体感は、何よりも重視するべきだろう。

(4) レファレンスをとる

投資家選びは採用と同じだ。面談相手の言うことだけを鵜呑みにしてしまうと、後悔しかねない。自らの足で、投資家のレファレンスチェックを行わなければならない。基本情報取得時に聞いた投資家のポートフォリオ企業にコンタクトし、評判を聞いてみよう。起業家仲間が辛い時期にどういった支援を受けてきたのか聞くことで、投資家を正しく評価できるようになる。怠けず、しっかりとレファレンスをとることを忘れないでほしい。

これまで数多くの起業家と面談してきたが、上場を果たした起業家の中にも、「あのとき、もっと自分が資金調達に詳しかったら違う選択肢をとっていた」と振り返る者もいる。プロダクト開発は何度でもやり直しが利くが、株式発行のやり直しは容易ではない。「この人や組織に決めた」と最初から決め打ちで投資をもらうよりも、幅広く対話を重ねて、自分の納得できる株主構成を作り上げていきたい。

予算、運用期間、付帯条件、そしてポートフォリオ企業。選ぶ立場である以上、こうした基本情報をしっかりと押さえておくことが重要である。

コミュニケーションを密に取る

こんなことを書いては起業家たちに怒られてしまいそうだが、本章で書いた9つの必須項目の内容をシードラウンドですべて実施できている起業家には出会ったことがない。パーフェクトでなくとも、どれか数点で傑出した内容があれば投資は決まる。

ベンチャーキャピタルの投資は、一度の面談で決まるのではなく、何度も面談を繰り返してから行われることのほうがはるかに多い。すべてを最初からできなければいけないわけではない。そのため、資金が必要になる前から投資家と関係値、相互の信頼を築いておくことは重要だ。投資家をよき壁打ち相手と捉え事業を説明し、計画を練り込んでおくと、投資家の事業理解は深まり、適切なバリュエーション、投資金額や条件を合意できる可能性は高まる。ときには、急遽資金が必要になることもあるだろう。その場合でも事前のコミュニケーションが密に取れていれば、投資家に機動的に対応してもらえる可能性が生まれるはずだ。

シードステージのエンジェル投資家、ベンチャーキャピタルの投資件数は月１～３件程度だ。しかし、その１～３件を出資するにあたり、面談する起業家は１００人近くにもなる。投資の実行率はわずか数パーセントにしかすぎない。

投資を見送るスタートアップはそもそも事業が十分な完成度に達していないことがほとんどだが、中にはその後別の投資家から資金を得て順調に成長する例もある。成長する可能性が高い事業であるという大前提を満たした上での話だが、資金調達においては投資家との相性、フィットが重要になる。**一発勝負であきらめずに、必要な資金が集まるまで粘り強く活動してほしい。**

どんなに頑張っても、市況やマクロ環境がよくなければ、十分な資金を調達できないこともある。しかし、だからこそ成功確率を高めるための努力を怠ってはいけない。これから紹介するnanapiの古川、ヤプリの庵原、SPEEDAの梅田、クラシルの堀江のケースを読み解きながら、資金調達のために何を実行してきたのか、肌で感じ取ってもらいたい。

Endnotes

1 株式1株あたりの価値は、事業が成長するにつれ高まっていく。同じ割合の株数を放出するにしても、まったく事業が立ち上がっていない状態より、ある程度事業が成長してからのほうが多くの資金を調達できるし、結果として希薄化も防げる

2 PL・BS・CFについて知識のない読者は、まずは『ストーリーでわかる財務3表超入門』（ダイヤモンド社、2011）などを参考にして最低限の理解は身につけてほしい

3 貸付は含まない。転換社債型新株予約権付社債、優先株、みなし優先株を含む

4 2020年春時点のEast Venturesによるインタビュー

5 前回ラウンドの調達時を下回るバリュエーションでの調達は、前回ラウンドの投資家の取得株式価値が下がることから、起業家が希望しても前回ラウンド投資家に調達を承認してもらえない可能性が出てくる

6 エンジェル投資家…起業家に資金を提供する個人投資家のこと

7 TAM（Total Addressable Market）…自社サービス領域における総需要を指す

8 SAM（Serviceable Available Market）…TAMの中の、自社サービスがターゲットとする顧客セグメントの市場を指す

9 SOM（Share Of Market）…サービスを提供する際に自社が獲得したいマーケットシェアを指す

10 フォローオン投資…次回資金調達ラウンドにも追加投資を行うこと

11 ハンズオン…投資先の経営に深く関与する投資スタイル

12 CVC（Corporate Venture Capital）…事業会社のベンチャー投資部門のこと

13 リード投資家…スタートアップの資金調達ラウンドにおいて、投資家の代表として出資条件をリード交渉し、クロージング（全投資家の出資完了）までコミットする投資家のこと

CASE 23

“nanapi”

株式会社nanapi

株式会社nanapi（2012年4月1日に株式会社ロケットスタートから社名変更）[1]は、古川健介氏（以下、古川）によって、2009年に創業されたスタートアップである。当社は知識共有サイト「nanapi」（2019年6月30日をもって更新停止）を主サービスとしており、その他にも「nanapiワークス」「nanapiBiz」[2]など、複数サービスを提供していた。本ケースは、創業者である古川の視点から、nanapi創業のストーリー、そしてその中で実施してきた資金調達の過程を描写したものである。

nanapiは2009年9月にリリースされたサービスである。リリース後、ユーザー数は急速に伸び、2012年6月時点では月間訪問者数が1000万人を突破。知識共有サイトとしての地位を確固たるものとしていた。創業後、2010年当時において、規模の大きい資金調達を実施している当社だが、その背景には古川独自のネットワークが存在していた。

3・3億円の資金調達

2010年11月、スタートアップ業界にニュースが舞い込んだ。古川が運営する知識共有サイト「nanapi」がグロービス・キャピタル・パートナーズから増資を受け、3・3億円を調達したのだ。[3]

当時、リーマンショックなどの影響を受け、スタートアップは資金調達を受けにくい状況にあった。[4] このような市況において、nanapiが3・3億円もの資金調達を実施したことに、業界関係者は驚きの声を上げた。

では、古川はどのような経緯を経て、この規模の資金調達を実施することができたのだろうか。そこには古川独自のネットワークが影響していた。

"nanapi" by 株式会社nanapi

小澤隆生氏との出会い

古川にとって、nanapiは自身が手掛けた最初のサービスではない。

古川は19歳の頃、受験生コミュニティ「ミルクカフェ」を開設、大学入学後にもレンタル掲示板「したらばＪＢＢＳ」を運営する株式会社メディアクリップの代表取締役社長を務めるなど、学生時代からいくつものサービスを手掛けてきた。[5]

その後、古川は新卒で株式会社リクルートに入社。大学卒業後は、一人の会社員として働く道を選び、在籍時には新規事業の開発に取り組んだ。[6]

当時の部署は副業推奨の雰囲気だったこともあり、「副業だからこそ、全然稼げなくてもいい。大手が作らなそうなおもしろウェブサービスを作る会社があってもいいな」と考え、在籍中に再度会社を立ち上げることにした。学生時代、一緒にサービスを作っていた仲間に声をかけ、２００７年12月に株式会社ロケットスタートを設立した。[7]

会社設立当初、古川を含む創業メンバーは、副業としてロケットスタートの活動を行っていた。

古川は当時を振り返り、「何をするか全然決めていなかった」[8]と語っている。
そんな古川に「知識共有サービス」、のちのnanapiの元となるアイディアを提供したのが、エンジェル投資家の小澤隆生氏（以下、小澤）だった。[9]古川は小澤と出会ったきっかけをこのように振り返る。

「当時、友達と『予告.in』という、ネットから犯罪予告を集めて通報するというサービスをやっていました。犯罪予告を見つけては、警察に電話するんですけれど、電話代はかかるし、ビジネスモデルもない。公的機関が絡むところなので、うまくやらなければならない。でもやり方がわからないので、『どうしよう』と言っていたら知り合いが『ここに行け』とあるランチ会を紹介してくれました。そこで、初めて小澤さんとお会いしたんです。初めは出資の話でもなんでもなく、アドバイスをもらいに行ったんですよね」[10]

古川は、当時手掛けていたサービスについて、エンジェル投資家として活躍している小澤にアドバイスを求めた。そしてこれがきっかけとなり、その後、知識共有サービスの構想を聞くこととなる。

280万円のエンジェル投資

当初、古川は小澤から知識共有サービスの受託開発を請け負うことを予定していた。当時、「スタートアップの企画は8回やって1回成功するかしないか」[11]と考えていた古川は、受託開発をしながら自社サービスを作っていく方針がいいだろうと考えていた。しかし、企画書[12]を作成していく中で、古川は次第に、「受託ではなくフルコミットで事業を進めたい」と考え始めるようになる。当時を古川はこう振り返る。

「企画書を書いていく中で、おもしろいなーと思ったので、『僕らフルコミットでこれをやるので、一緒にやりませんか?』と小澤さんに話を持っていったんです。すると、『それでやろう。ちなみに、サービスを作るのにいくら必要なの?』と聞かれました。そこで『280万あれば作れます』と言ったら『じゃあ280万あげる』って言われ、お金を無条件でもらったんです。うまくいったら株にしよう、うまくいかなかったら発注費ってことにしようと」[13]

当時、古川はこのような経緯でエンジェル投資を受けるに至り、280万円を原資にサービス開発に乗り出した。そして、約1ヶ月の制作期間を経た後、2009年9月1日にnanapiをリリース。[14]当初、3ヶ月以内に月間100万PV達成を目標にしていたが、リリースから3日後にはこの目標を達成した。[15]

この時点でサービスとして回っていくと考えた古川は、小澤から出資を受けたお金を実際に株に換えることにした。しかし、ここでも株式の比率は比較的自由度が高かったという。

「当時、株の比率も『なんでもいいよ』と言われていました。よくわからなかったので、20%くらいかな、という感じで言ったら『いいよ』と(笑)。100万PVを超える前までは単に受託開発のようにやって、そこを超えたら事業としてちゃんとやるという話だったから、結果的に20%投資してもらったことになった、という感じですね」[16]

小澤から受けた事実上のエンジェル投資を原資に3日で100万PVを達成したnanapiは、ここからさらにサービスの拡大に注力していくことになる。

資金調達活動の開始

その後も古川は受託開発を行いながら、nanapiの運営を続けていた。nanapiは、一般的なCGM（Consumer Generated Media）[17]の形態を取り、当初は一般ユーザーによって書き込まれる料理や趣味などの生活の知恵が主なコンテンツとなっていた。

これに加え、2010年8月3日には「nanapiワークス」といった新サービスの提供も開始。[18]無料でコンテンツを書き込んでもらうだけでなく、暮らしを便利にするレシピを書き込んでくれたライターに、報酬を支払う仕組みを構築した。

古川は、ライターがnanapiに書き込むことを単に楽しむだけではなく、「少しでも生活の足しにできないか」[19]という想いで本サービスをスタートさせた。そして、古川が「記事が集まり出したので『これはいいな！』って思った」[20]と回想しているように、当時、本サービスは多くのユーザーの注目を集めてもいた。しかし同時に初月に1000近くと想像を超える投稿が集まったため、nanapiワークスの運営にかかる費用（主にインセンティブ料）[21]も大きくなり、原資がないとさらなる拡大が難しい状況となってしまった。

ここで「手を緩めるわけにはいかない」[22]——そう考えた古川は、追加の投資を受けるべく、再度、資金調達活動に乗り出したのだった。

投資家と事業を作り込む

資金調達を行うと決めたはいいものの、当時は現在ほど、スタートアップの資金調達に関する知見が発信、集積されていたわけではない。古川はまず小澤を頼り、どこに投資を依頼するべきか相談を始めた。そこで名前が上がったのが、後に3・3億円の投資を受けることになるグロービス・キャピタル・パートナーズだった。[23]

「当時は『起業のファイナンス』などの本もなかったので、資金調達のことをよくわかっていなかった。グリーと同じことをやろうと思って調べたら、グリーがグロービスから10億、KDDIから40億で調達したことがわかったので、割とそのとおりにやりました」[24]

当時、古川はグロービスを含め、4社のベンチャーキャピタル（以下、VC）を回っていた。[25] VCとのミーティングにはすべて小澤に同行してもらい、[26] 対等な立場で議論を重ねることによって、

“nanapi” by 株式会社nanapi

投資の可能性を模索していた。このとき、グロービス側でnanapiの案件に携わっていたのが、現在代表パートナーを務める高宮慎一氏（以下、高宮）であった。古川は高宮と相談した内容を、以下のように振り返っている。

「高宮さんとは、堀さん（グロービス・キャピタル・パートナーズ代表パートナーの堀義人氏）を通すにはどうしたらいいのかについても議論していました。高宮さんもいろいろ調べてフィードバックをくれたので、ずっとやり取りをしながら方針を作り込んでいった感じですね。当時、グロービスに入ってまだそんなに時間が経っていなかった高宮さんのポイントになるように動いてあげると通りやすいんじゃないかなと思っていました。嫌な奴ですね（笑）」[27]

古川はVC側の担当者である高宮と事業計画やコ・インベスター[28]などについて議論を重ねる一方、ビジネス側だけでなく、プロダクト側もともに作り込んでいく。[29]単に投資をする／してもらうだけでなく、一緒に事業を作り込んでいく過程の中で、互いの思惑を深く理解する関係性へと発展していった。

〝人に見つけてもらう〟努力

古川は小澤との出会いをきっかけに、後に3・3億円の投資を受けられるほどにまで事業を成長させていった。前述のとおり、古川自身の豊富な事業経験もさることながら、そこには人脈の広がりも大きく関連していた。この人脈の作り方に関して、古川は独自の考えを示している。

「偉そうなんですけれど、自分から人脈を作るのは不利だと思っています。相手に見つけてもらうほうがいいと思うんですよね。たとえば、小澤さんのような有名投資家にとっては、自分から声をかける人と、相手から会いたいと言ってきた人の割合でいうと、1：9くらいで自分から声をかけるほうが少ないと思うんですよ。この1割側になったほうがいいなと。なので、仕事になる前の段階から、なんかあの人よく見るな、ネットで目立っているなという認知を作っておく方が楽だと思います。こちらから会いに行く時点で競争が激しい戦いをしている気がするので、僕はそっちの道からは行かないって感じですね」[30]

古川も、学生時代に匿名掲示板を立ち上げ、注目を集めたことによって、関係者と対等に会話できるチャンスが生まれたと述べている。[31] しかし、全体の1割である「声をかけてもらう側」になるのは簡単ではない。古川は、そのための具体的な働きかけ方についても触れている。

"nanapi" by 株式会社nanapi

「個人的には、VCの人が見る情報を発信するのがいいのかなと感じています。発信って、〝日記〟か〝意見〟か〝情報〟の3種類があると思っているのですが、みんな日記とか意見を発信しがちなんですよね。でも、知らない人の日記や意見って別に見られない。でも、情報だけは、知りたい内容だったら読むじゃないですか。なので、VCの人が見たいと思う情報を発信するといいのかなと思います。もちろん、コンテンツは『内容』だけじゃなくて『表現』も大事なので、タイトルとか句読点の入れ方とかはきちんと計算してやる必要がありますけど」[32]

古川は小澤氏との出会いをきっかけにnanapiを開始、その後も資金調達を行い、事業規模を拡大させてきた。しかし、これらはすべて偶然起こったわけではなかった。自身の事業経験、情報発信などを通して注目を集め、人脈を徐々に広げていくことによって、最終的に大きな機会を掴むことができたのである。

Endnotes

1 ITmedia NEWS. 〝ロケットスタートが「nanapi」に社名変更〟. Available at: https://www.itmedia.co.jp/news/articles/1204/02/news107.html.

2 ビジネス＋ＩＴ. 〝【古川健介氏、和田修一氏、山下隼生氏インタビュー】仕事術も今は動画で学ぶ時代!?――ハウツーの共有をめざすnanapiの戦略〟. Available at: https://www.sbbit.jp/article/cont1/24927.

3 TechCrunch Japan. 〝[jp]日常生活のハウツーを教えてくれるnanapiが３・３億円を調達〟. Available at: https://jp.techcrunch.com/2010/11/29/jp20101129rocketstart-gets-330million-yen/.

4 INITIAL. 〝Japan Startup Finance Report 2018〟内の「スタートアップ資金調達額と調達社数」を参照すると、２０１８年の総資金調達額が３８８０億円であったのに対し、２０１０年は６９９億円であったと記載されている。ここからも、現在と比較して、当時の資金調達環境が厳しかったことが窺える。
詳細はhttps://initial.inc/articles/76Dd2UUvMoeUYlFLqi6Wd4を参照

5 type. 〝【けんすう】挑戦に目的はいらない。無駄や失敗を重ねて〝誰かが応援したくなる〟自分の物語をつくっていこう〟. Available at: https://type.jp/st/feature/5705.

6 株式会社リクルートホールディングス. 〝「大企業は新規事業に向かない」nanapiけんすう氏が成功しなかった理由〟. Available at: https://www.recruit.co.jp/meet_recruit/2015/03/fail01.html.

7 ビジネス＋ＩＴ. 〝【古川健介氏・和田修一氏インタビュー】〝WEB2.0時代のＣＧＭ〟「ナナピ」のおもしろさ〟. Available at: https://www.sbbit.jp/article/cont1/20698.

8 古川健介氏へのインタビュー. ２０２０年１月14日実施.

9 ＣＥＯ社長情報. 〝株式会社nanapi 古川 健介〟. Available at: https://bit.ly/39yVwIl.

10 古川健介氏へのインタビュー. ２０２０年１月14日実施.

11 古川健介氏へのインタビュー. ２０２０年１月14日実施.

12 ２００９年５月２日時点の企画書が公開されている。以下のＵＲＬを参照
https://www.find-job.net/startup/proposal-of-nanapi

13 古川健介氏へのインタビュー. ２０２０年１月14日実施.

14 CNET Japan. 〝〝当たり前〟を地道に積み上げる―訪問者数１０００万人を達成したnanapi〟. Available at: https://japan.cnet.com/article/35018061/.

15 エン転職 ぼくらの履歴書. 〝けんすうの履歴書―サービスを作って、作って、作って、古川健介が追い続ける「成果」〟. Available at: https://employment.en-japan.com/myresume/entry/2019/05/22/124611.

16 古川健介氏へのインタビュー. ２０２０年１月14日実施.

17 ＣＧＭ（Consumer Generated Media）…消費者自身がコンテンツを生成・発信するメディアのこと。ユーザー投稿型のレシピサイ

ト，口コミサイトなどがこれに当たる
18 ITmedia NEWS.〝文章投稿で報酬もらえる「nanapiワークス」〟. Available at: https://www.itmedia.co.jp/news/articles/1008/03/news065.html.
19 けんすう日記.〝nanapiワークスで大切にしていること〟. Available at: http://blog.livedoor.jp/kensuu/archives/51194817.html.
20 THE BRIDGE.〝【投資家・起業家対談】「けんすうさんは長期マーク対象でした」―グロービス・キャピタル・パートナーズ高宮氏×nanapi古川氏（1/4）〟. Available at: https://thebridge.jp/2013/12/interview-with-grobis-capital-partners-shinichi-takamiya-and-nanapi-kensuke-furukawa.
21 TechCrunch Japan.〝[jp]日常生活のハウツーを教えてくれるnanapiが3・3億円を調達〟. Available at: https://jp.techcrunch.com/2010/11/29/jp20101129rocketstart-gets-330million-yen/.
22 THE BRIDGE.〝【投資家・起業家対談】「けんすうさんは長期マーク対象でした」―グロービス・キャピタル・パートナーズ高宮氏×nanapi古川氏（1/4）〟. Available at: https://thebridge.jp/2013/12/interview-with-grobis-capital-partners-shinichi-takamiya-and-nanapi-kensuke-furukawa.
23 THE BRIDGE.〝【投資家・起業家対談】「けんすうさんは長期マーク対象でした」―グロービス・キャピタル・パートナーズ高宮氏×nanapi古川氏（1/4）〟. Available at: https://thebridge.jp/2013/12/interview-with-grobis-capital-partners-shinichi-takamiya-and-nanapi-kensuke-furukawa.
24 古川健介氏へのインタビュー．２０２０年１月14日実施.
25 古川健介氏へのインタビュー．２０２０年１月14日実施.
26 古川健介氏へのインタビュー．２０２０年１月14日実施.
27 古川健介氏へのインタビュー．２０２０年１月14日実施.
28 コ・インベスター…同じラウンドで出資する他の株主のこと
29 THE BRIDGE.〝【投資家・起業家対談】「けんすうさんは長期マーク対象でした」―グロービス・キャピタル・パートナーズ高宮氏×nanapi古川氏（1/4）〟. Available at: https://thebridge.jp/2013/12/interview-with-grobis-capital-partners-shinichi-takamiya-and-nanapi-kensuke-furukawa.
30 古川健介氏へのインタビュー．２０２０年１月14日実施.
31 古川健介氏へのインタビュー．２０２０年１月14日実施.
32 古川健介氏へのインタビュー．２０２０年１月14日実施.

古川健介（ふるかわ・けんすけ）

2004年、JBBS@したらばをlivedoorに事業譲渡、2006年からリクルートにて事業開発室に所属。2009年にnanapiを創業、KDDIに2014年にM&Aされ、2019年に、マンガサービスの「アル」を提供するアル株式会社を創業。

"nanapi" by 株式会社nanapi

CASE 24

“Yappli”

株式会社ヤプリ

株式会社ヤプリ（2017年4月1日にファストメディア株式会社から社名変更）[1]は庵原保文氏（以下、庵原）を含む3人のヤフー出身の共同創業者によって設立されたスタートアップである。当社は「Mobile Tech For All」というミッションのもと、プログラミングを必要としないアプリ開発プラットフォーム「Yappli」[2]を提供している。本ケースは、シード期においてヤプリが実施した資金調達の過程を描写したものである。

ヤプリは当初、週末起業という形で、2011年4月に開発をスタートした。その後、約2年間という開発期間を経て、2013年4月に会社を設立、サービスのリリースを果たす。その後、当社は2019年6月時点において導入企業300社、アプリの総ダウンロード数は3500万件を突破するなど[3]、急激な成長を遂げており、これまでの累計調達総額は約40億円にも上っている。[4]

創業後、まさに指数関数的に成長している当社であるが、シード期において、庵原は非常に地道な資金調達活動を強いられていた。

アプリ開発プラットフォーム構想

Yappliは庵原と取締役CTOを務める佐野将史氏（以下、佐野）の着想をきっかけに始まったサービスだ。

庵原は自身のキャリアを編集者としてスタートさせた。大学卒業後、新卒で出版社に就職、5年にわたってスノーボード雑誌の編集に携わったのち、ウェブメディアを学ぶため、ヤフー株式会社に転職した。[5] その後、プロダクトマネジャーとしてさまざまなサービスに携わる中で、庵原の中では次第に心境の変化が起こり始めたという。

「ヤフーで日本最大級に大きいサービスに携わる中で、自分も実力をつけてきて、次第に『何かやりたい』『自分でもっとできるんじゃないか』と思い始めました。また、当時シリコンバレーの起業家たちの影響もあって、0→1を仕掛けて社会を革新するスタートアップへの憧れも強く持つようになりました」[6]

"Yappli" by 株式会社ヤプリ

庵原はヤフースポーツやヤフーファイナンスなどの大きなサービスを手掛けながら[7]、漠然とスタートアップを起業することへの憧れを持ち始めていた。その最中、庵原にとって1つの転機となる出来事が訪れる。同僚であり、ヤフーでエンジニアを務めていた佐野と一緒に、趣味でスノーボード用アプリを作ったことがきっかけだった。[8]

「後に共同創業する佐野と一緒に、スノーボードのハウツーなどを見られるアプリを作ったのです。今では珍しくないですが、画面を横にすると自動で動画が再生されたり、触ると再生速度を調整できるような機能をつけました。このとき、ウェブと比べてよりフィジカルで直感的に扱えるアプリのUXに感銘を受け、『これからは絶対アプリの時代になる』と思ったのです」[9]

趣味の範囲で制作したアプリは数千ダウンロードを達成[10]、庵原たちは小さな成功を掴むこととなった。そしてこの噂を聞きつけた数名の友人から、同時にアプリの制作を依頼されたことにより、Yappliの構想を思いつく。

「あるとき、2人の友人から別々に、同じようなカタログアプリの作成をお願いされたことが

あったんです。このとき、個別に一つひとつ作るよりも、ドラッグ&ドロップだけで、汎用的に素早くアプリを制作できるプラットフォームを作ったほうがいいのではないか、というアイディアが浮かびました。ヤフーでの経験から、個別にサービスを作るのではなく、プラットフォームとしてサービスを作る考えは常に念頭にありました」[11]

この後、庵原は同じく同僚であり、ウェブデザイナーである黒田真澄氏（以下、黒田）をチームに勧誘。[12] 庵原は2010年末にヤフーを退社し転職していたが、週末と就業後の時間を活用し、3名でアプリ開発プラットフォームの開発に乗り出すこととなった。2011年4月のことだった。

製品なしで受注

サービス開発を開始したものの、会社員と並行しての開発は想定よりも長い時間が必要だった。当時を振り返り、庵原はこう語る。

「会社員をやりながらの開発だったので、時間がかかりました。エンジニアではない僕の仕事だけでも、アプリ側とCMS（管理画面）の仕様書、ウェブサイトやサポートサイトの立ち上

"Yappli" by 株式会社ヤプリ

げ、資金調達用の事業計画書、販売資料の作成…と、とにかく膨大な仕事がありました。当時は毎日定時で帰って、毎週水曜日には3人で定例会議をしていましたね」[13]

3人ともそれぞれフルコミットではない分、開発を大きく前進させる決め手がないままに時間だけが過ぎ去ろうとしていた。そんな中、ある企業からの受注をきっかけに開発が一気に進むこととなる。庵原はこう振り返る。

「出版社のときのご縁で、BURTONというスノーボードブランドからアプリを受注しました。まだプロダクトは完成していないのに、です。もちろん無償提供でしたが、約束の期日は決まっていたので、それまでにプラットフォームを完成させ、それを活用してアプリを制作しないといけない状況を作りました」[14]

庵原はアプリ制作を受注することで、意図的に開発を急がなければならない状況を作り出した。そして開発開始から約2年後、ようやくベータ版が完成する。

ベータ版の完成に伴い、庵原たちはプロダクトだけでなく、企業からの受注という実績をも作り上げることができた。そして、さらなる事業拡大を目指すべく、これらをもとに初の資金調達活動に乗り出すこととなった。

プロダクトよりも「人」

資金調達を行うべく、庵原はベンチャー・キャピタルA社へのアプローチを開始した。すでに企業からの受注実績もあり、ベータ版ではあるもののプロダクトを携えての交渉だったため、庵原はいくばくかの自信を持っていた。しかし、ここで庵原は早速困難に直面する。

「もう全然ダメで、箸にも棒にもかからなかったんですよ。『CMSは儲からないと思いますよ』とあっさり言われました。当時彼らは写真デコアプリのようなC向けサービスにたくさん出資していたのですが、ソフトウェアの難易度や革新性で言うと、『自分たちのほうが全然すごいだろ』と自信を持っていたのですが、まったくダメでした」[15]

約2年もの開発期間を乗り越え、ようやくアクセルを踏もうとしていた最中、庵原の思惑は大きく外れることとなった。しかし庵原は、失意に陥りながらも、この交渉からあることを学んだという。

"Yappli" by 株式会社ヤプリ

「1つ学んだのは『ネットワークがないと無理なんだ』ということです。僕はヤフー出身なので、A社側にネットワークが何もないんですよ。つまり、僕のことを評価できる人がA社側には誰もいなかった。やはりシードになればなるほど、プロダクトよりもその人が信用に値するか、努力するかという『人』の部分を見るなと思ったんです」[16]

当時、まだ彼らは企業に在籍しながら週末起業としてプロダクトを制作しており、起業に踏み切っていたわけではなかった。だからこそ、シードの段階ではまず自分のネットワークの中で調達活動を行うべきだと気づいたのだ。

その後、ここから得られた学びをもとに、庵原は設立直後のＹＪキャピタルの門を叩く。ヤフー時代のネットワークを活かし、自分という「人」を知ってくれている人たちから調達する方法を模索し始めたのだった。

半年にわたった交渉

ネットワークの重要性に気がついた庵原は、早速ヤフー時代の上司であり、現ヤフー社長である川邊健太郎氏を頼った。当時、ＹＪキャピタル取締役ＣＯＯであった小澤隆生氏（以下、小澤）を紹介してもらうよう、迫ったのだ。そして庵原は実際に、小澤に対してプレゼンテーションを実施する機会を得ることができた。しかし、ここから交渉を終えるまでが長い道のりだった。

「小澤さんにプレゼンテーションをしたところ、たしかに『いいね』とは言ってもらえたのですけれど、なかなか出資の話にならないんですよ。会う度に、『こういうことできないかな?』と提案を受けて、次に会うときまでにその機能を開発してまた壁打ちする、という状態がしばらく続きました」[17]

庵原たちはどうすれば出資してもらえるかに頭を悩ませながら、目の前の機能改善に追われていた。また、ときには出資の話を前進させるべく、現場社員への個別アプローチも行ったという。

「戸祭さんという方の趣味がスノーボードだったので仲良くなり、家まで車で迎えに行って、2回くらい一緒にすべりにいきましたね。スキー場でリフトに乗りながら『そろそろ本当に話を進めたいんですよ』と相談しました。言葉は悪いですけれど、小澤さん、戸祭さんの両方から押さえにいきました」[18]

庵原はまさにロビーイング活動ともいえる地道な交渉を繰り返し、出資の道を模索していたのだ。地道な交渉が実を結び、結果的に起業前ながらも、庵原たちは出資の話を取りつけることができた。そして、起業直後の2013年4月、YJキャピタルから3000万円の出資を受け[19]、本格的にサービス開発に取り組むこととなったのだ。

この時点で、すでに最初のプレゼンテーションから半年もの期間が経過していた。

成長の原資

資金調達の交渉は困難を極めたものの、結果的に庵原が話を持ちかけたVCはわずか2社のみだった。場合によってはシードの段階で10~20社ものVCを回る起業家もいる中、最小限の時間で調達を決めることができたのだ。

結果的に、庵原たちは1000万円の自己資金に3000万円の調達額を加え、合計4、000万円を原資に起業に踏み切った。シード期における資金調達には、まず自分たちが生き残るため、という考えがあったという。

「僕たちは『革新的な製品を作りたい』という想いで起業したので、すぐに売れるとは思っていなかったし、当時は顕在化されたマーケットもありませんでした。なので、起業する前から

2年間だけ挑戦すると決めて、この期間、売上がゼロでも生きていくために出資を受けたという背景があります」[20]

庵原は自身と佐野、黒田の3名が事業にフルコミットできる環境を作るべく、資金調達を行った。その後、PMFまで混迷を極めたものの、アパレルブランド向けに開発したクーポン機能などが成功したことをきっかけに、顧客数は大きく伸長していくこととなる。[21]

そして3000万円の資金調達から約2年半後の2015年9月、庵原たちは3・3億円の資金調達を実施。[22]採用、マーケティングなどにも力を入れ、本格的なグロースフェーズに向かい始めた。

庵原は初めての資金調達において、自分たちが膨大な時間を費やし、信じているプロダクトが評価されない、という困難に直面した。しかし、そこからネットワークを駆使する重要性を学び、地道な開発、交渉を続けることにより、成長の原資となる資金の獲得を目指したのである。

"Yappli" by 株式会社ヤプリ

Endnotes

1 株式会社ヤプリ.〝【社名変更のお知らせ】２０１７年４月１日付「株式会社ヤプリ」へ社名変更〟. Available at: https://bit.ly/2wa332T.

2 日経ビジネス.〝会社員生活が修行の場、イマドキの起業家はいきなり起業しない〟. Available at: https://business.nikkei.com/atcl/seminar/19/00032/101100010/?P=2&mds.

3 THE BRIDGE.〝狙うは日本企業のモバイル化─創業６年・30億円調達のヤプリ、解約率１%未満の〝勝ち筋〟を聞いた【庵原氏インタビュー】〟. Available at: https://thebridge.jp/2019/06/yappli-interview-w-yasuhumi-ihara.

4 株式会社ヤプリ.〝【お知らせ】ヤプリ、総額30億円の資金調達を実施〟. Available at: https://yapp.li/blog/2019/06/17/190617/.

5 STARTUP DB.〝メディアの変遷をたどったヤプリ社長の庵原氏が、起業した今思うこと〟. Available at: https://media.startup-db.com/interview/yappli.

6 庵原保文氏へのインタビュー．２０２０年１月17日実施.

7 日経ビジネス.〝共同創業者が会社に来ない！　起業のハードシングスをどう乗り越える〟. Available at: https://business.nikkei.com/atcl/seminar/19/00032/101100012/?P=4&mds.

8 DIAMOND Online.〝30億円調達の簡単アプリ開発サービス「ヤプリ」が見つけた〝鉱脈〟〟. Available at: https://diamond.jp/articles/-/206528.

9 庵原保文氏へのインタビュー．２０２０年１月17日実施.

10 24hour IT PEOPLE.〝アプリって、簡単に作れますか?〟. Available at: http://24houritpeople.com/interview-01/.

11 庵原保文氏へのインタビュー．２０２０年１月17日実施.

12 DIAMOND online.〝30億円調達の簡単アプリ開発サービス「ヤプリ」が見つけた〝鉱脈〟〟. Available at: https://diamond.jp/articles/-/206528?page=2.

13 庵原保文氏へのインタビュー．２０２０年１月17日実施.

14 庵原保文氏へのインタビュー．２０２０年１月17日実施.

15 庵原保文氏へのインタビュー．２０２０年１月17日実施.

16 庵原保文氏へのインタビュー．２０２０年１月17日実施.

17 庵原保文氏へのインタビュー．２０２０年１月17日実施.

18 庵原保文氏へのインタビュー．２０２０年１月17日実施.

19 株式会社ヤプリ.〝ヤフー株式会社の投資子会社に出資を受けました。〟. Available at: https://bit.ly/39BbJNq.

20 庵原保文氏へのインタビュー．２０２０年１月17日実施.

21 Fast Grow.〝「理想のチャーンレート」だけを追い求めるな。３年連続３００%成長のヤプリが語る、SaaSスタートアップが乗り越えるべきハードシングス〟.Available at: https://www.fastgrow.jp/articles/yappli-ihara.

22 株式会社ヤプリ.〝【プレスリリース】３・３億円の資金調達を実施しました〟. Available at: https://bit.ly/2V1ynsO.

庵原保文（いはら・やすぶみ）

出版社を経てヤフー株式会社にてメディア系サービスの企画職として従事。その後、シティバンクのマーケティングマネジャーを経てファストメディア株式会社（現 株式会社ヤプリ）を3名で創業。

"Yappli" by 株式会社ヤプリ

“SPEEDA”

株式会社ユーザベース

株式会社ユーザベースは梅田優祐氏（以下、梅田）、稲垣裕介氏（以下、稲垣）、新野良介氏（以下、新野）の3名により、共同設立されたスタートアップである。当社は「経済情報で、世界を変える」というミッションのもと、経済情報プラットフォーム「SPEEDA」[1]、ソーシャル経済メディア「NewsPicks」[2]などの経済サービス事業を提供している。本ケースは、事業を拡大していく中で、創業初期においてユーザベースが実施した資金調達の過程を描写したものである。

ユーザベースは「経済情報で、世界を変える」という想いのもと、２００８年4月に創業した。その後、約1年にわたる開発期間を経て、最初のプロダクトであるSPEEDAをリリース、現在では国内外含め多くの事業者に利用されている。２０１６年10月には東証マザーズ市場への上場も果たし[3]、企業として急速な成長を遂げている当社だが、リーマンショック真っ只中の創業期、冷え込んだ市況において、梅田たちは困難な資金調達を余儀なくされたのであった。

完成しないSPEEDA

２００８年4月、梅田、稲垣、新野の3人はユーザベースを起業した。

当時、手元にあったのは創業者各自が持ち寄った資金に銀行からの借入を加えた３３５０万円。[4] これらを原資に、3人はマンションの1室で、企業情報プラットフォーム「SPEEDA」の開発に明け暮れていた。

当初、リリースまでにかかると見込んでいた期間は半年だった。しかし、梅田たちの予想に反し、SPEEDAの開発は難航することとなる。

開発の遅れによるエンジニアの追加採用、[5] データプロバイダーとの直前での契約破談[6]など、複数のアクシデントが重なったことが原因だった。結果として、プロダクトが完成しない中、日々資金が減っていく状況が長期にわたって続くこととなる。当時の様子を梅田はこう回想する。

「最初は資金調達もできなかったので、僕も含めた社員の給料を切り詰めて何とかつないでいました。1年目は月10万円、2年目月20万円とか。僕は結婚していたので奥さんに食べさせてもらっていた感じです」[7]

“SPEEDA” by 株式会社ユーザベース

その後、最終的にSPEEDAをリリースできたのは2009年5月。[8] 実に創業から1年以上もの期間が経過していた。この時点において、資金は底をつきかけており、一刻も早くユーザーに購入してもらう必要があった。当時のプロダクトの質は、梅田本人からしても「こんなもの絶対売れない」[9]と感じるほど、理想とは程遠いものだったが、何とか食いつなぐため、知り合いに頭を下げて買ってもらっている、という状況だった。

「最初のお客さんは、新野の親族が社長をやっているからという理由で、食品会社さんだったんです。当時はプロダクト力ではなく、ひたすら同情力を使い、『このままだと資金が尽きて僕たち死んでしまいます、サービスを見なくてもいいからなんとか契約してください』と伝えて営業をかけていった。コーポレートディレクションなど、これまでお世話になった人たちに頭を下げて買ってもらった感じで、すごく不甲斐なかったです。本来ならお世話になった人たちには恩返ししたいにもかかわらず、同情を利用して売りつけたようなものだった。でも生き残らなければ次のステップに行けませんでしたから」[10]

日々、手元の資金が減っていく状態にありながらも、ユーザベースは何とかプロダクトのリリースにこぎつけた。ここから本格的に資金調達活動に注力し、拡大を目指していくこととなる。

難航する資金調達

SPEEDAリリース当時、2008年後半に発生したリーマンショックの影響を受け、国内はスタートアップ業界にお金が流れにくい状況にあった。ユーザベースの場合も例に漏れず、資金調達は難航した。当時を振り返り、梅田はこう語る。

「当時はリーマンショック以降ということもあり、IT系や銀行系のCVCなどいろいろと回ったんですが、全部断られました。特に銀行系は『今はもう投資していません』という感じでしたね」[11]

SPEEDAがようやく完成し、ここから営業、機能改善を重ね、さらなる拡大を目指そうとしている最中、梅田たちは資金調達の壁に直面した。しかし、このような苦しい状況の中、梅田にあるチャンスが転がり込む。資金調達の過程において、マネックス証券株式会社代表取締役(当時)の松本大氏にプレゼンテーションをする機会を得たのだ。このとき、梅田はある仕掛けを施したという。

"SPEEDA" by 株式会社ユーザベース

「松本さんにプレゼンするときに、絶対マネックスの情報を見たいって言うだろうなと思って、事前にマネックスのデータをすごくリッチにしておいたんです。あらかじめ、他のネット証券と口座数をすぐ比較できる、みたいな機能を仕込んでおきました。そうしたら案の定、松本さんは『マネックスが見たい』と。すぐに競合との比較をパッと見せたら『すごい』となって、その場で投資してくれることになったんです」[12]

この商談の結果、その場で500万円の投資が確約された。

マネックスのデータのみ拡充された状態で、プロダクトとしてはいまだ不完全なままであったが、これでまた1つ生き残る可能性をつなぐことができたのだ。

株主からの事業支援

資金が日々減少していく中、資金を調達するだけでなく新規顧客も獲得しなければならない。商談を重ね、クライアントに買ってもらうために必要な機能を拡充するなど、当時は目まぐるしい日々が続いていた。このような状況で梅田は、マネックスとほぼ同時期に資金調達の可能性を議論していた、GMO Venture Partners株式会社の村松竜氏（以下、村松）にも大きく助けられたと語っている。

「資金調達についてまったくわからなかった時期に、村松さんに手取り足取り教えていただきました。あと村松さんたちがすごかったのは、めちゃめちゃ一緒に営業してくれたこと。あんなに一緒に汗をかいてやってくれる人とはこれから先も出会えないんじゃないかっていうくらい、SPEEDAを一緒に売り歩いてくれた。『この人たちは仲間であってほしい』と思えたからこそ、資金調達に参加してもらったんです」[13]

村松たちは株主という立場にもかかわらず、梅田たちにクライアントを紹介し、ときには契約を取り付けるほど精力的に事業を支援していた。[14]

監査法人や証券会社など、梅田や新野の人脈では限界があったクライアントの重要人物を梅田たちとつなぐことによって、[15]次第にSPEEDAは、大手のクライアントにも買ってもらえるようになる。梅田は、創業初期を振り返り、以下のように語っている。

「最初に必要なことって、戦略など会社の大きな方向性に関するアドバイスなどではなく、もっと目の前の、そしてリアルな課題解決なんですよ。それが我々にとっては『SPEEDAを

"SPEEDA" by 株式会社ユーザベース

売る先を紹介してもらうこと』だった。松本さんも村松さんも、自分たちではつながれないような人たちと会わせてくれて、本当に助かりました」[16]

その後梅田たちは、村松などから紹介を受けた企業を回り続け、フィードバックをもらう中で、日々SPEEDAの改善に努めた。その結果、リリースから6ヶ月後には、同情ではなく、プロダクト自体を評価、購入してもらえるクオリティにまで到達することができたのだった。[17]

株主を含めた最高のチーム

結果的に、SPEEDAをリリース後に開始した資金調達活動は、夏にまで及んだ。[18]

このラウンドでは、GMO Venture Partners株式会社、マネックス証券株式会社、株式会社リヴァンプ、株式会社ジャフコの計4社が参加し、ユーザベースは初の外部資金として合計3000万円を調達した。[19] このラウンドにおける資金調達を、梅田は以下のように振り返っている。

「特にシードのフェーズでは、株主は『会社』ではなく、必ず『人』で選ばないといけないと感じています。松本大さんや、リヴァンプの澤田さん、後のラウンドで入ってもらったグロー

ビスの堀さん、仮屋薗さんなどには、ことあるごとに本当に助けられています。SPEEDAのようなB to Bサービスはプロダクト力に加え、営業力がないと絶対立ち上がらない。新野という営業の神様のような創業者に恵まれたのに加え、初期の株主のみなさんが厭うことなく営業先を紹介してくれたのは本当に大きかったです」[20]

梅田たちは、資金面だけの支援だけでなく、一緒に汗をかいてくれる人々に株主として参画してもらうことができた。すべてが順調だったわけではなく、ときには株式を買い戻すなど株主との困難な交渉も求められたが、「従業員、株主を含めて最高のチームを作る」[21]ため、妥協を許さずに取り組み続けたのである。

Endnotes

1 株式会社ユーザベース. 〝サービス SPEEDA〟. Available at: https://www.uzabase.com/services/speeda/.

2 株式会社ユーザベース. 〝サービス NewsPicks〟. Available at: https://www.uzabase.com/services/newspicks/.

3 株式会社ユーザベース. 〝東京証券取引所マザーズ市場上場のお知らせ〟. Available at: https://www.uzabase.com/company/news/listing-information/.

4 リクナビNEXTジャーナル. 〝【20代の不格好経験】起業後にサービス開発担当者が「自分には作れない」と白旗。売り上げゼロの状態で一から技術者探しに奔走～ユーザベース代表梅田優祐さん〟. Available at: https://next.rikunabi.com/journal/20141027/.

5 GLOBIS知見録. 〝梅田優祐×伊藤羊一（1）ある日の大手町駅で降臨、ユーザベースを起業〟. Available at: https://globis.jp/article/3895.

6 Venture Navi. 〝新規事業の成否を分ける、情熱と論理のバランス　ユーザベース梅田優祐社長（第2話）〟. Available at: https://venturenavi.dreamincubator.co.jp/articles/interview/2248/.

7 梅田優祐氏へのインタビュー．２０１８年10月25日実施.

8 Venture Navi. 〝新規事業の成否を見極める、たった１つのポイント　ユーザベース　新野良介取締役（第３話）〟. Available at: https://venturenavi.dreamincubator.co.jp/articles/interview/1276/.

9 梅田優祐氏へのインタビュー．２０１８年10月25日実施.

10 梅田優祐氏へのインタビュー．２０１８年10月25日実施.

11 梅田優祐氏へのインタビュー．２０１８年10月25日実施.

12 梅田優祐氏へのインタビュー．２０１８年10月25日実施.

13 梅田優祐氏へのインタビュー．２０１８年10月25日実施.

14 GMO ベンチャーパートナーズ. 〝そこだけは妥協してはいけない。理想の「株主チーム」を結成する方法〟. Available at: https://gmo-vp.com/interview/2014/03/post-1.html.

15 GMO ベンチャーパートナーズ. 〝そこだけは妥協してはいけない。理想の「株主チーム」を結成する方法〟. Available at: https://gmo-vp.com/interview/2014/03/post-1.html.

16 梅田優祐氏へのインタビュー．２０１５年7月22日実施.

17 梅田優祐氏へのインタビュー．２０１８年10月25日実施.

18 梅田優祐氏へのインタビュー．２０１８年10月25日実施.

19 TechCrunch Japan. 〝ブルームバーグやトムソン・ロイターらに対抗する情報サービスのユーザベースが２億円の資金調達〟. Available at:https://jp.techcrunch.com/2012/10/09/jp20121009uzabase-gets-200m-yen/.

20 梅田優祐氏へのインタビュー．２０１５年7月22日実施.

21 GMO ベンチャーパートナーズ. 〝そこだけは妥協してはいけない。理想の「株主チーム」を結成する方法〟. Available at: https://gmo-vp.com/interview/2014/03/post-1.html.

梅田優祐（うめだ・ゆうすけ）

株式会社ユーザベース代表取締役ＣＥＯ
戦略系コンサルティングファームのコーポレイトディレクション（ＣＤＩ）、ＵＢＳ証券投資銀行本部の東京支店でさまざまな産業や企業の分析業務に従事。そのときの経験から誰もが簡単に使える経済情報プラットフォームの必要性を感じ、２００８年にユーザベースを創業。ニューズピックス代表取締役会長ＣＥＯ、およびQuartz Media, Inc. Chairmanも務める。

"ＳＰＥＥＤＡ" by 株式会社ユーザベース

CASE 26

“クラシル”

dely 株式会社

dely株式会社（以下、dely）は、堀江裕介氏（以下、堀江）が慶應義塾大学在学中（2014年）に設立したスタートアップ企業である。当社はレシピ動画サービス「クラシル」を運営し、2019年12月にはアプリのダウンロードが2000万を超え、ダウンロード数と利用者数、レシピ動画数においても国内No・1のサービスへと成長した。本ケースは、delyが実施した資金調達（シリーズA）について、実際に投資を行ったYJキャピタル株式会社代表取締役社長堀新一郎氏（以下、堀）の視点から、当時堀江が語った資金調達ストーリーを描写したものである。

クラシルは2018年1月時点において総額68億円以上もの資金調達を実施しており、[1]ファイナンスの側面からも、競合と一線を画した成長を実現している。その背景には、堀江の緻密な戦略の構築、そして目標達成に向けた逆算思考が存在していた。

1度見送った投資

「年間200〜300社くらいの起業家と会い、資金調達のプレゼンテーションを聞くのですが、その中でも、『今すぐ投資したい』という気持ちにさせられたプレゼンでした。今まで話を聞いた1000〜1500社ぐらいの中でもずば抜けて素晴らしかったです」[2]

堀はシリーズAのラウンドにおいて、delyに出資を決めた瞬間をこのように振り返る。

当時、堀江は創業サービスであるレストラン・フードデリバリー事業の「dely」からピボットし、新たにレシピ動画サービス「クラシル」をスタートしていた。

堀と堀江は、このタイミングで初めて顔を合わせたわけではない。堀江がdelyを創業した2014年、一度資金調達のプレゼンテーションを行っていたのだ。堀は、当時の堀江の様子をこう語る。

「そのときの印象は、ガッツがあって、ハードワークができる若者だな、と。学生中心ではあるものの、採用力がある企業で、将来が有望そうな若手起業家という印象でした。でも、フー

〝クラシル〟by dely株式会社

ドデリバリー事業は黒字化までに時間がかかるビジネスモデルな上に、当時伺ったビジネスモデルは儲かるイメージが持てなかったので、ＹＪキャピタルとしての出資は見送りました」[3]

堀はシードラウンドにおいて一度delyへの出資を見送っていた。そして2年後、ＹＪキャピタル取締役（当時）小澤隆生氏の妻が「クラシル」を使い始めたという話をきっかけに、堀はdelyがピボットしていることを知り、堀江と再び会うことになる。そこで堀江は再度、堀に資金調達のプレゼンテーションを行った。

投資家の判断基準

前述したとおり、堀は投資委員会に諮ることを即決し、delyに対してシリーズＡラウンドでリード投資を行った。では堀江は当時、堀に対してどのようなプレゼンテーションを行ったのだろうか。

以下では、４１０ページに記載した投資家の投資判断基準に照らし合わせながら、当時の堀江が語ったストーリーを紐解いていく。

（1）市場

レシピ市場にはすでにクックパッドなどのプレイヤーが存在し、市場は存在していた。

（2）課題

クックパッドが存在していることから、「今日の夜、何を作ればいいかわからない」など、レシピに関する課題を持った人々が存在することはすでに証明されていた。しかし、調理する際にテキストと画像だけでは伝わり難い、という課題が存在していた。

（3）解決策

（2）の課題に対し、従来はテキスト、写真のサービスが主流であった。クラシルは動画レシピに注力し、よりわかりやすいユーザー体験をアプリで提供することで課題解決を図る。

（4）競合優位性

対クックパッド

コンテンツ面…クックパッドはCGMの形態を取る。約270万レシピを有していたが、実際にトラフィックが集まるコンテンツはその内1〜5%。[4] クラシルはCGMではなく、クオリティの高いコンテンツを内製することによって、クックパッドを代替する。[5] 具体的

"クラシル" by dely株式会社

には、1日に50本の動画を制作できる体制を構築し、3年以内にクックパッドの（トラフィックが集中する）レシピ数と並ぶことを目指す。

ユーザー獲得面…クックパッドは主にSEOによってユーザーを獲得している。しかし、Facebook、TwitterなどのSNSが普及してきている状況を鑑みると、今後は動画広告がユーザーエンゲージメントを高める可能性が高い。クラシルは動画でのユーザー獲得に注力し、クックパッドを超える。

対レシピ動画メディア

当時、すでに国内にはTastyやDELISH KITCHENなどのレシピ動画メディアが存在し、[6]一定のトラクションを獲得していた。しかし、彼らは動画制作を外注しており、ここにコストがかかっていた。クラシルでは動画制作をすべて内製化することにより、競合と比較して1本あたり5分の1程のコストで制作することに成功。低コスト化により、より多くの施策を打つことが可能になる。

（5）ビジネスモデル

収益源として想定しているのは、クックパッドと同じく会員費（月額課金）、広告事業、自社ECの3つ。まずはユーザー数において他サービスを上回ることを優先し、資金調達を終えた後に本格的にマネタイズしていく予定。

（6）トラクション

クラシルをリリースして半年で50万ダウンロードを達成。MAU[7]、WAU[8]、DAU[9]、リピート率、CPIなどの数字も申し分なく、すでに、AppStoreランキングにおいてトップ20にランクインしている。

（7）事業計画

マネタイズに関してはまだほとんど実現できていない。しかし、ユーザーを獲得することができれば、クックパッドと同じモデルでマネタイズすることができる。

（8）資金

当時、すでにDELISH KITCHENなどの料理動画メディアが存在し、クックパッドも料理動画への参入を宣言していた。競合が差し迫っている中、これらを引き離すための打ち手としてTVCMを計画しており、そのために数億円の資金調達を行う必要がある。

（9）チーム

（すでに投資家と面識があったので、特に言及せず）

〝クラシル〟by dely株式会社

堀は上記の9項目の内、ほぼすべてを満たしていると判断。その中でも特にトラクションの勢いに驚き、投資委員会の審議にかけることを即決した。

圧倒的な解像度

また、堀はこのプレゼンテーション内において、堀江の事業に対する解像度の高さに驚いたと言う。堀江はクックパッドを超えることを目標に置いた後、徹底的に競合の分析を行い、自分たちが勝てる道はないか、模索していた。

「堀江さんはクックパッドも細かく分析していました。決算書などを読み解き、当社のMAU、DAUの数字やビジネスモデル、利益率など、あらゆる数字を把握し、彼らがどのような仕組みでビジネスをしているかを理解しようとしていました。そしてその結果、動画なら勝てる可能性があるのではないかと考えたそうです」[10]

同時に堀江は競合への「勝ち筋」を解像度高くつかむことに努めた。競合分析と並行し、自身であらゆる仮説検証をクイックに行ったのである。

「堀江さんは自ら料理を作って、Facebookにレシピ動画を投稿しました。その結果、多くの反応があり、レシピ動画に注力することを決めたのです。その後、調理から動画編集までのオペレーションをパート・アルバイトでも運用できるように設計。パート・アルバイトは採用メディアではなく、自社メディアを通じて募集しました。すべての活動において、いかにコストを抑えながら良質のコンテンツを制作するのか、という点を徹底していました」[11]

堀江は自身で仮説検証を行うことで、レシピ動画のポテンシャルやコスト構造など、押さえなければならない点を順に明らかにしていった。その結果、「なぜ自分たちがクックパッドを超えることができるのか」ということを、説得力を持って、投資家に語ることができたのだ。

「逆算思考」

堀江は度々メディアにおいて「1兆円企業を目指す」[12]と宣言している。そしてそのために、まずは20代で企業価値1000億円を達成することを目標に置いている。[13]これらの宣言に象徴されているのが、堀江の逆算思考だ。堀は、当時のプレゼンテーションを想起し、このように語る。

「クックパッドという会社をベンチマークにして、そこに到達し、いずれは超えるために必要なレシピはどのくらいで、どのように高品質の動画を作るのか、そしてアプリを作っていかにアクティブ率を高めていくのかなど、競合戦略がしっかりできていました。当時、時価総額が約1000億円であったクックパッドを超えるために、目標から逆算し、今、自分たちが行わなければならない施策は何かが、明確に具体化されていた印象です」[14]

もちろん、堀江も初めから逆算思考ができていたわけではない。過去のインタビューでは以下のように語っている。

「フードデリバリーを始めたときはベンチマークがなかったから、どの規模の売上を達成すればどれくらいの時価総額になるのか、利益はどれくらい出るのかを、まったく理解せずにやっていました」[15]

堀江は起業当初、明確な「勝ち筋」を立てることができず、YJキャピタルからも1度投資を見送られた。しかし、明確なベンチマークを置き、彼らを超えていくための施策を逆算した結果、即決で投資を受けるまでになったのである。

〝クラシル〟by dely株式会社

Endnotes

1 STARTUP DB. 〝dely〟. Available at: https://startup-db.com/companies/4070/dely.

2 堀新一郎氏へのインタビュー．２０２０年２月７日実施.

3 堀新一郎氏へのインタビュー．２０２０年２月７日実施.

4 日経ビジネス.〝料理動画のクラシル、圧倒的支持の意外なワケ〟. Available at: https://business.nikkei.com/atcl/report/15/110879/082300723/?P=2.

5 PRESIDENT Online.〝打倒クックパッド！ 孫正義を目指す24歳〟. Available at: https://president.jp/articles/-/22384?page=4.

6 Business Insider Japan.〝孫正義に想い伝えた26歳、dely創業者の誓い —— ヤフー子会社化は「武器だ」〟. Available at: https://www.businessinsider.jp/post-171150.

7 MAU（Monthly Active User）…月に1回以上サービスやアプリを利用したユーザーの数

8 WAU（Weekly Active User）…週に1回以上サービスやアプリを利用したユーザーの数

9 DAU（Daily Active User）…日に1回以上サービスやアプリを利用したユーザーの数

10 堀新一郎氏へのインタビュー．２０２０年２月７日実施.

11 堀新一郎氏へのインタビュー．２０２０年２月７日実施.

12 キャリアハック.〝『クラシル』堀江裕介の「勝ち」への執念 —— 死なないギリギリまでリスクを取る〟. Available at: https://careerhack.en-japan.com/report/detail/995.

13 事業構想.〝20代で１０００億円企業をつくる クラシルが世界で勝てる理由〟. Available at: https://www.projectdesign.jp/201710/20-creativity/003968.php.

14 堀新一郎氏へのインタビュー．２０２０年２月７日実施.

15 堀江裕介氏へのインタビュー．２０１８年10月１日実施.

堀江裕介（ほりえ・ゆうすけ）

2014年、慶應義塾大学在学中にdely株式会社を設立。2度の事業転換を経て、2016年2月よりレシピ動画サービス「クラシル」を運営。2017年Forbesによる「アジアを代表する30才未満の30人」にメディア・マーケティング・広告部門で唯一の日本人として選出。2019年12月にはレシピ動画本数が3万4000本を突破、同月にはアプリが2000万ダウンロードを超え、レシピ動画数、ダウンロード数、利用者数においてクラシルを日本最大のレシピ動画サービスに成長させる。また2019年3月には女性向けメディア「TRILL」の運営会社であるTRILL株式会社を連結子会社化し、同社の代表取締役に就任。

〝クラシル〟by dely株式会社

第六章　起業するということ

起業は、キャリアの1つの選択肢として注目を浴びるようになってきた。エンジェル投資家やベンチャーキャピタルといった起業家の応援団も増えてきている。しかし、起業のリスクが一般企業に就職するより高いことは間違いない。それでも、なぜ起業家たちは挑戦するのか。また、起業に向いている人とはどういった人なのだろうか。

なぜ起業するかよりも「最初の一歩」が重要

会社設立は、法務局で登記さえすれば誰でも簡単にできる。しかし、M&AによるI買収やIPOで億単位のキャピタルゲインを得られる起業家は一握りだ。10年足らずで時価総額1兆円企業を作り上げたZOZO創業者の前澤友作元社長が「起業は100人いたら99人は失敗します」[1]と語っているように、起業で成功を収めるのは容易ではない。では起業家はなぜ、失敗する確率のほうが高いのに、無謀にも思える挑戦をするのだろうか。

お金持ちになりたい、有名になりたいといった動機を挙げる起業家もいる。世の中の役に立ちたい、困っている人を助けたいという高尚な志を掲げる起業家もいる。ただ自分が欲しいプロダクトを作っていたらいつの間にか会社になっていた、という起業家もいる。

マーク・ザッカーバーグが作ったハーバード大学キャンパス内の女子学生の人気投票サイトから世界最大のSNS「Facebook」は生まれた。起業動機は不純と思われても構わないし、明確な動機が初めから見つからなくても問題ない。**大切なのは、動機よりも「最初の一歩」を踏み出すこと**だ。誰もが失敗を恐れて、起業のはじめの一歩を踏み出せていないのが現状だからだ。

「起業のリスク」なんて無い

あらためて考えると、起業のリスクとは何だろうか。

収入面では、事業が成功を収めるまでの間は、一流企業に勤めるよりも収入が少なくなってしまうだろう。ただ、それ以上に大きなリスクは資金ショートだ[2]。お金がなくなれば従業員の給料が支払えなくなる。取引先への支払いもできなくなる。銀行や知り合いからお金を借りていたとしたら、返済できなくなり、信用を失う。最終的に待っているのは会社の倒産だ。起業時の最大のリスクは、お金だ。

ただし、最近では銀行や知り合いから創業資金を借りずとも運転資金を確保できる。第五章でも述べたように、返済義務がないベンチャーキャピタルやエンジェル投資家からの株式出資が一般的になってきたからだ。投資家から株式で出資を受ければ、起業にまつわる経済的なリスクは限りなくゼロに近い。

「あなたならきっと成功してくれるだろう」、と期待を込めて出資してくれているのだから、結果が出なければ、起業家と投資家の信頼関係にヒビが入る可能性はある。出資を受けてから1回も連絡をせず、倒産しても連絡しない起業家の話をたまに耳にすることがあるが、こうした行為はもちろん社会的信用を失墜させる。一方、常日頃から出資者・支援者の方に対して情報発信を心がけ、全力で挑戦していたのであれば、信用問題に発展することはない。失敗する確率のほうが高いのだから、開き直って挑戦するぐらいの心構えでいい。

ただし、出資者・支援者の方から回答がなくても、情報発信を続けておくことは社会人として最低限のマナーだ。こうした信用をしっかりと積み上げることが、次のチャレンジの際新たな出資者を獲得できるかどうかを分ける。

起業経験者が重宝される時代になる

失敗した起業家のその後の人生は辛く、憂鬱なものだろうか。

必ずしもそうとは限らない。起業経験は高く評価されるべきものだ。たとえ立ち上げたサービスが1年でクローズする憂き目にあったとしても、アイディアを探すために誰よりも詳しくなり、事業構想を実現するためのメンバーを集め、素早く必要最小限の機能を定義しプロトタイプを開発し、ユーザーに使ってもらいながら仮説検証を進め、顧客を獲得し、投資家に資金調達のプレゼンを行った経験は、何ものにも代え難い。起業経験者を雇いたい大企業やスタートアップの経営者は山ほどいる。

シリアルアントレプレナーであり、エンジェル投資家としても名を馳せた小澤隆生氏は次のように語り、起業のメリットを強調している。[3]

「起業を考えていない人も、人生の選択肢の中にいれた方がいい。新入社員として入社し、役員にまでなれる人はほぼいない」

「何よりも起業経験によって得られるものの多さが違う。何物にも代え難いものを得ることができ、後に企業に入ったとしても、他の社員と戦闘力が全然違ってくる。失敗しても経験が買われて、評価されるのだからやらない理由が見つからない。本当にやりたいことに時間を使える人生が送れる」

キャリアの面で考えても、成功しても、失敗してもメリットが勝ることはあらためて強調したい。

起業に必要な3つの素養

起業家の起業動機は十人十色だ。優れた起業家に共通する動機といったものは存在しない。しかし、共通する普遍的な素養は3つある。

(1) 高い目標を持つ

第一章～第五章で紹介してきたように、アイディアを見つけてプロダクトに落とし込み事業化するまでの一連の流れは、論理的なアプローチで成功確度を高めることが可能だ。となると、後はどれほど高い山に登ろうとしているかの勝負になる。富士山の3合目を最終目標にしている人が、頂上に到達するのは難しい。ただし、高い目標を持ち続けるには勇気と強いメンタルがいる。投資家や知り合いに実現可能性を疑われても、根気強く向き合う不屈の闘志が必要だ。

delyの堀江は大学受験の年に東日本大震災を経験し、「ソフトバンクの孫社長のような世の中にインパクトを残せる起業家になりたい」、「時価総額10兆円以上の会社を作りたい」という志を持って起業した。最初にチャレンジしたフードデリバリー事業が失敗に終わっても、志を曲げることなく再挑戦し、クラシルの事業立ち上げに成功した。

アイディア探しの段階から高い目標がなくてもかまわない。ラクスルの松本は第二章でも紹介したようにエンジェル投資家の「君は中小企業を作りたいのか？」という一言で、自分の目線の低さに気付き、印刷比較サイトから印刷EC事業へと大きな舵を切った。松本が気づきを得られていなければ、そしてそれ以前に第一歩を踏み出していなければ、今日のラクスルは無かっただろう。

(2) 得意なことをやる

優れた起業家ほど、対象とする事業領域に詳しいことはすでに触れた。目標は高ければ高いほど、モチベーションを維持するのが難しくなる。前人未到の事業に挑戦するならなおさらだ。領域として自分が好きなこと、ハマることができれば長続きする。

サイタの有安は数ある事業の中からオンラインスクールマーケットプレイス事業を選んだ理由として、自身が教育というテーマがもっとも好きだったからと回答している。[4]

MERYの中川も女性向けのメディア事業を選んだ理由として「自分がやりたいかどうか。チームとしてテンションが上がるかどうかがまず大事で、その後に市場があるか、事業として成立するかを評価した」[5]とコメントしている。

好きな領域が特に見つからない、という人は、プログラミングでも、営業でも、採用でも自分が他者よりも得意と誇れる能力に集中するといい。

ビズリーチは、スタートアップの中で圧倒的に採用力が秀でている。ビズリーチのローンチまでに集まった創業メンバーには、スタートアップとは思えない経験豊富な人材が顔を並べていた。

フリルの堀井はプロダクト開発が得意だった。若い女性のブログやSNSの使い方を観察し、グループインタビューを通じ、ユーザーの課題をスマホアプリでどうやって解決すればいいか仮説検証を繰り返した。

これだけは誰にも負けない、という経験や能力は一歩を踏み出す勇気の源にも、ピンチを切り抜ける切り札にもなる。

(3) 諦めない

高い目標を掲げて、自分の得意な土俵で戦う。最後に必要になってくるパーツは諦めない心だ。事業が立ち上がるまでの期間は精神的にも経済的にももっともしんどく、途中で投げ出してしまいたくなることが多々ある。

ユーザベースの梅田は、SPEEDAが予定していたデータ連携パートナーとの契約が白紙になる危機的状況に陥り、投資家からも撤退を勧められてもなお、共同創業者の新野と稲垣とともに逃げずに戦い続けることを誓った。

ココンの倉富は、中国で開店したベーグル屋の失敗を糧に、次に挑戦する事業では絶対に負けたくないという思いを強く持った。

ヤプリの庵原は起業を思い立ってから会社を設立するまで準備期間だけで2年かかったが、一時も諦めることはなかった。共同創業者の佐野と黒田に米国のスタートアップのＩＰＯや大型調達のニュースを送り、自分たちもその頂を目指すんだと仲間を鼓舞し続けた。

ただし、「諦めない」とは、今までの自分の価値観や仕事のスタイルを頑固に続けることではない。プロダクトやサービスをブラッシュアップさせるのと同じように、起業家自身も一人のリーダーとして成長しなければならない。

ラクスルの松本は多くの退職者を出して孤独感を味わったことで、マイクロマネジメントから仲間に任せるマネジメントに方針を切り替えた。

ビズリーチの南は、起業するまで「自分はなんでもできるんだ」という自信を持って仕事に取り組んできた。[6] だが、いざサービスをゼロから創る過程で自分の無力さを味わった結果、「何をやるかより、誰とやるかが重要である」という価値観や信念を持つリーダーへと変貌し、会社を成長させた。

多くの起業家が大きなチームを率いる経験なく起業するため、マネジメントの壁にぶつかる。しかし、高い目標の実現に本気で取り組めばこそ、自分のマネジメントスタイルを進化させていくことができるのが起業家だ。諦めない力には自己変容力も自ずと含まれることを覚えていてほしい。

最初から完璧な起業家なんていない。一歩を踏み出してみよう。失敗してもリスクなんてない。
一人でも多くの起業家の成功を祈っている。

Endnotes

1 https://twitter.com/yousuck2020/status/1226673403978928128?s=20.
2 資金ショート…手元現金がなくなり、運転資金が枯渇すること
3 こだまdeしょうか?:〝「絶対に起業した方がいいぞ!」Yahoo!執行役員 小澤隆生さんとけんすうさんが語る、起業家として大切なこと〟. http://kodamayutaro.hatenablog.com/entry/waseda-ozawa-kensuu.
4 有安伸宏氏へのインタビュー．2018年9月11日実施．
5 中川綾太郎氏へのインタビュー．2018年11月9日実施．
6 『ともに戦える「仲間」のつくり方』(2013年、ダイヤモンド社) pp.27-30.

おわりに

7年前にイギリスから日本に帰国して以降、数百人の起業家と対話を重ねてきた。夢に人生を燃やし、かつてない事業に果敢に取り組む起業家たちは、個々に創意工夫を重ねることで、事業成長に伴う課題を克服していた。

最初は、それらの共通項を見出すことに苦労した。しかし、インターネットサービスの領域に限れば、急成長を遂げるための手法にはいくつか法則性を見出せると感じ始めていた。そんな絶妙なタイミングに、YJキャピタルの堀新一郎さんから、豊富な事例とその共通項を書籍にまとめて、世に出さないかと提案を受けた。その価値がある、とすぐに確信した。

今回、新しい価値を届けるため試行錯誤する挑戦者たちの「最初の一歩」を加速させることを優先し、学術論文のような厳密性は一旦捨て置いている。

インターネットサービスの領域で、起業するのに不可欠となる最低限の体系的知識と、その理解に資する豊富な事例を取りまとめるために最善を尽くした。

事業が社会に受け入れられるかは、起業家には操作できない変数にも左右される。起業には運も求められる。しかし、起業家が自分で操作できる変数を丹念に設計できれば、その事業が社会を変える可能性を飛躍的に高めることができるはずだ。

アイディアを見つけ、最初の仲間を集め、プロダクトを作り上げ、ユーザーを獲得する。成長に必要な資金を調達し、高い目標を持ち、事業に熱狂し、諦めない。

本書を熟読したあなたは、先人たちの苦悩を疑似体験し、これらの不確実なプロセスを乗り越えるために必要な最低限の体系的な知識をインストールできたはずだ。

本書が少しでも、未来に価値ある事業を届ける起業家を後押しできたのであれば、これ以上の喜びはない。

繰り返しになるが、17名の起業家・経営者のみなさまのご理解とご支援なくしては、本書は成立しえなかった。赤川隼一さん、赤坂優さん、有安伸宏さん、庵原保文さん、梅田優祐さん、倉富佑也さん、小泉文明さん、佐藤裕介さん、鶴岡裕太さん、中川綾太郎さん、福島良典さん、古川健介さん、堀井翔太さん、堀江裕介さん、松本恭攝さん、南壮一郎さん、山田進太郎さんに重ねての深い感謝を申し上げたい。

本書は網羅的な記事検索など丹念な情報収集と分析により深みを増した。

共著者の井上大智のみならず、藤澤慶輔さん、水谷日光さん、楡井雄志朗さん、津覇悠野さん、角原輝さん、上杉修平さんをはじめとする私の研究会の学生は調査活動の中核となって貢献してくれた。

同様に、ＹＪキャピタルおよびEast Venturesのメンバー、特に衛藤バタラさん、ハミルトン世菜さん、梅園アマンダさん、松山馨太さん、湯田将紀さん、大久保洸平さん、邱開州さんの尽力なくして本書は完成しえなかった。そして、Code RepublicとCode Republic Startup Schoolの歴代の参加者との討議が本書の源流であることは言うまでもない。

さらには、杉江理さん、松本龍祐さん、シバタナオキさんからも貴重なご支援を頂いた。本書の基礎となる調査研究にはJSPS科研費（18Ｋ12847）の助成を受けた。深い感謝の意を表したい。列挙をすれば限りがないほど多くの方々に支えられ、本書は完成に至った。

私たちは、NewsPicksパブリッシング編集長である井上慎平氏に深く共鳴し、本書を彼に託すこととした。「本」というフォーマットの価値を確信し、それを革新しようとする彼とともに、この「本」を世に出せることを誇りに思う。

彼はNewsPicksパブリッシング設立にあたり、「希望を灯そう」というメッセージを投げかけた。限られた椅子を奪い合うのではなく、新たな椅子を作り出す取り組みを、私たち全員が推し進めようと宣言した。

本書にどれだけの価値があったかは、本書がどれだけの人々の事業創造を後押しし、その成長に貢献できたかにかかっているだろう。

私たちは、本書が希望を灯す人々の糧となると信じている。

２０２０年、世界は感染症による大きな混乱に包まれた。

この危機を乗り越え、新しい価値を届ける事業が無数に生まれるだろう。

いや、生まれることなくしては、この世界の再生はなされない。

起業することで未来を作る。

そんな人々が一人でも多く生まれ、その夢を叶えることを心から望む。

琴坂将広

巻末特典　起業家への直接アンケート

Q1 アイディアをどうやって見つけたか？（情報ソースなど）

赤川隼一（Mirrativ）

Twitchが10億ドルでAmazonに買収された中、Android5.0のＡＰＩで画面共有ができそうと発見して。

赤坂優（Pairs）

国内や海外の類似サービスを調査していた。

有安伸宏（サイタ）

一次情報にとにかく触れました。家族や友人と会話をしたり、ターゲットユーザーが利用している既存サービスを使い倒したりしました。逆に、本やニュースサイトはあまり見ませんでした。

庵原保文（Yappli）

最初はひたすらブレストしていた。ヤフーのプロダクトマネジャーとして、常に国外の動向は追っていたので、ウェブサービスの動向には敏感だった。Yappliのアイディアは知人からのヒント（アプリを多くの人が作りたいが、作る手段を持ち合わせていない）に発想を得て、自ら思いついた。

梅田優祐（SPEEDA）

自分が日々体験する中で出会う不合理。なのでできるだけ多く、そして多様な体験をすることが大切。

倉富佑也（ココン）

過去の経験と、先輩方からのアドバイスです。

佐藤裕介（hey）

フリークアウトは、本田が北米の同種事例を見て。heyはCAMPFIREが、パトロン（投資家）の集客なしにプロジェクトオーナー（起案者）のみを集めることに集中してＧＭＶが成長してたのをCAMPFIREの取締役としてみていて、個人（プロジェクトオーナー）がトラフィックを持っている、ということにヒントを得た。「消費者接点の入り口が動いている」という事実を応用できチャンスの大きな市場という切り口と、自分の大事にしている価値観、コアの重なる場所を考えた。

鶴岡裕太（ＢＡＳＥ）

ＢＡＳＥ以前にいろんなサービスを作った中で、決済を導入することの煩雑さに気がついたのでそれが一番初めのきっかけです。あとはPaypalを調べたりshopifyを調べたりして、ＢＡＳＥの案にたどり着きました。

中川綾太郎（MERY）

大枠は、非インターネットで成功していて、インターネット、スマホでまだ成功していないモデルの横展開。詳細はユーザーインタビューから。

福島良典（グノシー）

自分たちで欲しいもの×自分たちの技術でできそうなもので考えた。

古川健介（nanapi）

投資家の方から言われたままやりました！

堀井翔太（フリル）

女子大生や読者モデルのブログから。

堀江裕介（クラシル）

料理動画というフォーマットは海外ではちらほら出始めていたが、分散型メディア思考がほとんどであった。日本の時価総額ランキングで上位の会社やメディア事業で上場している会社を隅から隅まで調べ上げ、その共通項などを調べた。それを見たときに分散型モデルではビジネスが成り立たないと思い、アプリ化、ウェブ化まで含めて思考した。事業アイディアというよりは、マーケティングのアイディアに近いと思う。

松本恭攝（ラクスル）

前職のコンサルティング会社での経験。

南壮一郎（ビジョナル）

自らの転職活動の不便さを解決する方法を考えながら、海外のスタートアップを調べた。

Q2 創業時のチームビルディングの際、最初に誰をどうやって口説いたか？ なぜ、彼・彼女が必要だったのか？

赤川隼一（Mirrativ）
エンジニア。過去にいっしょに仕事をしてきて、かつグローバル展開をいっしょにやってうまくいかず、お互い悔しい想いを共有できていたから。

赤坂優（Pairs）
前職の上司だった西川を口説いた。自分にはない大人さを持っていたから。

有安伸宏（サイタ）
会社の法人登記をする前のプロトタイプが創出するキャッシュフローが月100万円を超えたタイミングで、中学生時代の同級生にオペレーション担当として入社してもらい、同時に法人登記しました。事業開発にフォーカスするために、オペレーションを任せられる人材はDay1から不可欠でした。

庵原保文（Yappli）
まずなんといってもエンジニア（プログラマー）。高度なソフトウェアを作るには、革新的なプログラマーが必要。知人でもあったので、普通にメッセで口説き、カフェでやりたいことを熱く話し、仲間になってもらった。

梅田優祐（SPEEDA）
ビジョンを描く新野と実際のプロダクト開発をする稲垣。この2人無くして今のユーザベースは絶対なかった。どうやって口説いたかは忘れてしまった。

倉富佑也（ココン）
創業当初は、ゲーム向けイラストのクラウドソーシング事業でスタートしましたので、最初に参画してくださったのは品質管理を行うアートディレクターの方です。当初、アートディレクターの方とのご縁がなかったので、面識のある先輩方に相談して、結果、3人を介して、アートディレクターの方とつながり、会社設立前でしたが、ビジネスプランをお話しして、興味を持っていただき、参画が決まりました。実は当時、自分が海外にいたので、Skype面談で採用が決まりました。もっとも法人すら設立していないので採用と呼べるかどうかわかりませんが（笑）。

佐藤裕介（hey）
フリークアウトは、大学の先輩。
heyは、ずっと一緒に働いてきたパートナー。
すでにある程度信頼関係があったので、特に詳しく話したというよりは、またおもしろいことをしたいから、助けてほしいと頼んだ。自分とは違う特性のある信頼できる人を選んだ。

鶴岡裕太（BASE）

起業する前にサービスを作っていたこともあり、お金はまったくなかったので、ビジョンやイケてる感をずっと話してました。サービスを作るためにそもそも絶対いないといけない存在だったのでまずデザイナーとエンジニアを口説きました。

中川綾太郎（MERY）

最初に口説いたのは、CTO、ナンバー2の河合さん。サービスを作るにはエンジニアが必要なので。

福島良典（グノシー）

作るものが技術ドリブンだったため、自分の周りにいた優秀なエンジニア、機械学習研究者に声をかけた。大学の同級生で、ノリでいっしょにやろうと口説いた。

古川健介（nanapi）

中学の同級生とずっと仲良かったので、起業しようよ、とメッセージ送ったら、いいよ、と言われたのでそのまま2人とも会社をやめました。なぜ彼かというと、仲がいい友達だからです。

堀井翔太（フリル）

双子の兄のエンジニアと、新卒同期のデザイナー。元々、新卒の頃から週末に3人でプロダクトを作っており、「ユーザーが使ってくれるものを作る」という思想が似ていたのと、彼等2人がいればインターネットのサービスを大体は作れたから。

堀江裕介（クラシル）

現在のCTOである大竹を口説いた。条件として探していたのは、人生を添い遂げられるような人間性、地頭、エンジニアとしての技術力、起業経験（ベンチャーの華やかさだけでなく、難しさを事前に認識しているという意味で必要だった）、価値観（あまりにお金に固執しているような人ではない）など。それに大竹がぴったりだった。

松本恭攝（ラクスル）

ANRIの佐俣アンリの紹介。事業の話ではない話で意気投合したのがきっかけ。

南壮一郎（ビジョナル）

あらゆる方法で、何百人もの方々とお会いしながら、創業時の7名の仲間を見つけた。自分がIT企業で働いたことも、ウェブサービスも創ったこともなかったので、みんながいなければ、そもそも事業が立ち上がっていない。

Q3「この事業アイディアはいける」と思った瞬間はどのような瞬間だったか？

赤川隼一（Mirrativ）	Twitchが1億ユーザーに達していたが、PC／コンソールゲームの実況しかなく、モバイルに移るのは間違いないと思った。「ゲーム実況をする」はあまりにも面倒な作業が必要だったが、Androidの新APIなら2〜3タップでやれるので必ず需要があると思った。
赤坂優（Pairs）	競合の成長から市場性に期待が持て、KPIなどの分析をしていたとき。
有安伸宏（サイタ）	無理なく、月の売上高が100万円に到達、同時に事業継続可能なレベルの粗利率とCPAが証明できた瞬間。アップサイドはどうかわからないが、少なくとも死ぬことはないな、と判断できました。
庵原保文（Yappli）	最初は、ググっても誰もやっていなかったのを知ったとき。何日か過ぎても、いっときの発想ではなくいいアイディアにしか思えなかったとき。実際に動くのを見たとき。友達がビビっているとき。最初に製品を購入した人がいたとき。最初にコアユーザーが生まれたとき（熱狂してオフィスまで来た）。アパレル大手が導入してくれたとき…とずっと継続的に続きました。
梅田優祐（SPEEDA）	最初のプロトタイプを作ったとき。それを見て、これは絶対世に出したいと強く思えた。
倉富佑也（ココン）	顧客企業となるゲーム会社に、ゲーム向けのコンテンツ制作における課題意識についてインタビューを行わせていただき、そのインタビューで、既存のプレイヤー（競合）と顧客企業の求める成果物に違いを感じ、着実にそのギャップを埋めていくことで、事業として成立するという確信を持ちました。
佐藤裕介（hey）	最初から確信しているが、フリークアウトは創業後半年くらいで継続顧客が生まれ、ひっきりなしに広告代理店の勉強会に呼ばれ続けたタイミング。 heyはもともとある程度トラクションがあったものの統合なので、統合後チームがうまく有機的に動き始めた1年後くらいに自信を深めた。

鶴岡裕太（BASE）

リリース当初、ユーザーさんからすごく感謝していただけて、サービスのリリースに対する御礼のお手紙や、「BASE」で開設されたネットショップで売っている食べものなどを送っていただいたときです。
そのときに、自分たちが思っていた以上にネットショップを作成するというハードルが一般的には高いもので、これまでネットショップ作成に対して苦労している人がこんなにも多かったのだなということをあらためて認識しました。

中川綾太郎（MERY）

ステルスリリースにもかかわらず、初日からユーザーが集まったとき。

福島良典（グノシー）

TVCMを打っても同じようなCPAとリテンションレートでユーザーが取れたとき。

古川健介（nanapi）

思いませんでした。

堀井翔太（フリル）

まったくプロモーションをしていなくても、読者モデルやブロガーのブログで紹介されて口コミで出品が毎月増えていったとき。

堀江裕介（クラシル）

プロダクトだけでなく、資金力、提携、営業力などあらゆるパーツが揃ってようやくこのビジネスが完成するので、その意味では今でも自分たちのビジネスに成長の余地が多分にありつつも、疑念も持ちながらやっているためこの段階でいけると思ったということはない。

松本恭攝（ラクスル）

シリーズBで投資家を回っていい反応を得られたとき。ビジネスモデル、ユニットエコノミクス、グロースドライバーが見えたタイミング。

南壮一郎（ビジョナル）

当時、当社が無料で提供していたサービスを利用して、年間数千万円の手数料を得ているお客様がいると知ったとき。

Q4 最初の最初に注力・ターゲットした顧客はどのような顧客だったか？

赤川隼一（Mirrativ）
ゲーム実況をしたくても、ＰＣを持っていない、セッティングがめんどくさい、といった理由で挫折しているゲーマー。

赤坂優（Pairs）
20代の男女で恋人を探していて、FacebookなどＳＮＳに明るい方々。

有安伸宏（サイタ）
完全に「温まってる」ユーザー。つまり、リスティング広告やＳＥＯでサーチエンジン経由で獲得可能なユーザー「だけ」にフォーカスしました。

庵原保文（Yappli）
最初はスモールビジネス・個人だった。オンラインで安く販売していたため、たとえば個人ブロガーとか、そういう人たちがメディアアプリを作ってくれるのではないか、と期待した。

梅田優祐（SPEEDA）
ＰＥファンドと戦略系コンサルティングファーム。とにかく市場が小さくても確実なニーズがある顧客の事だけを考えてプロダクトを世に出すことが大切。一旦、目の前のお客さんを満足させることができれば、その後顧客基盤はいくらでも広げられる。

倉富佑也（ココン）
ゲーム会社です。

佐藤裕介（hey）
フリークアウトは、もっとも重要な顧客は、もっとも新しいものを取り入れる気概があり、もっとも品質基準が高い顧客と考えていたので、サイバーエージェントとＪＡＬを選んだ。どちらも採用され、長く使われ続けた。

鶴岡裕太（ＢＡＳＥ）
最初の最初はインターネット界隈の方に知っていただけるように頑張りました。自分たちを中心として1サークルずつ順に広げていくのをイメージしていました。

中川綾太郎（MERY）	ネットでファッション情報を取得していた22歳周辺の女性。
福島良典（グノシー）	メールでニュースを読むユーザー。
古川健介（nanapi）	インターネットを使うユーザー。
堀井翔太（フリル）	高校生、女子大生などの女性（実際にはフリーターの若い女性やアパレル販売員みたいな人もいた）。
堀江裕介（クラシル）	SNSで多くのユーザーを抱えていて、そこのユーザーのデモグラに一致する層。動画に馴染みがあり、クックパッドに癒着していないけど、料理をするユーザー層。
松本恭攝（ラクスル）	スタートアップ。
南壮一郎（ビジョナル）	管理職や専門職などの即戦力人材。

Q5 なぜその「最初の投資家」に入ってもらおうと思ったのか？ 入ってもらえたのか？（出会い〜選定の背景）

赤川隼一（Mirrativ）
グロービス高宮さん。MBOの過程で相談して、事業領域とキャラクター両方とも買っていただいた。ライブストリーミング領域にもともと注目されていた。

赤坂優（Pairs）
当初投資家はいませんでした。

有安伸宏（サイタ）
エグジットするまで、外部出資を受けずに自己勘定経営でした！ 経営者仲間には珍獣扱いされます。

庵原保文（Yappli）
本文で記述のとおり、ネットワークの「中」にいる人たちだったから。自分のことをよく知ってくれており、自分も相手をよく知っていた。会社として、個人としても深いつながりがあった。ヤフーでちゃんと仕事を熱心にやり、信頼を勝ち得ていたのは大きかったと思う。

梅田優祐（SPEEDA）
最初の投資家はとにかく「人」で選ぶことが大切。詳しくは書籍の中でも言及されているので割愛。

倉富佑也（ココン）
最初の外部の（個人でない）投資家様は、デジタルホールディングス様（旧オプトホールディング）です。エンジェル投資家の方から紹介いただき、担当の細野さんが粘り強く向き合ってくださり、投資していただくことができました。

佐藤裕介（hey）
もともとの知人。過去経営していた会社の投資家。
強く信じてくれる人。

鶴岡裕太（BASE）
CAMPFIREでのインターン時代に出会ってお世話になった家入さんと松山太河さん。起業までの付き合いも長く圧倒的に信頼していました。

中川綾太郎（MERY）
人生で初めて出会った投資家が松山太河さん。出会った経緯はTwitter。

福島良典（グノシー）
どうビジネスにしていけばいいかというチームの疑問に一番答えてくれた存在だったから。

古川健介（nanapi）
アイディアをくれた人なので…。

堀井翔太（フリル）
BEENEXTの佐藤さん。Open Network Labに採択された際のOnlabの設立者という背景で出会いました。自身が起業家でもあり、アイディアとチームに全幅の信頼を持ってくれ、どんなときも自身の投資家としての立場よりも起業家側の立場を尊重するスタンスだったため。

堀江裕介（クラシル）
East VenturesというＶＣの元で鞄持ちインターンをさせてもらおうと応募したら、あまりの気の強さから鞄持ちをさせてもらえそうになかった。「何度断っても諦めなそう」という理由で、代表の松山さんが起業を提案し出資することで鞄持ちのインターンを断ることに成功。その結果起業に至る。

松本恭攝（ラクスル）
昔から仲がよかった大学の先輩と話をし、サポートしてもらうことになった。設立から半年たち、サービスが開始され売上が１００万円／月くらい立った段階。２０１０年段階では、世の中にエンジェル投資をしている人がほとんどいなかったため、資金に余裕がある信頼する先輩に出資を依頼した。彼はUUUMやギフティのエンジェル投資家でもあり大株主で、結果としてエンジェル投資でも成功したが、当時はスタートアップもほぼいなければ、投資家もほぼいない市場だった。

南壮一郎（ビジョナル）
先方のコールドコールからたまたまお会いしたJAFCOさん。リーマンショック直後の資金調達が厳しい時代に、誰も我々のことを信じてくれなかったなか、出会った瞬間から熱く支援を約束してくれた渋澤さんと藤井さんは、一生の恩人。

Q6 いつ、どういったタイミングで初めて外部から資金調達したか?

赤川隼一（Mirrativ）	MBO時。プロダクトマーケットフィットし、マーケティングコストゼロでオーガニックでグロースしていたがまだ売上はほぼない、というタイミング。
赤坂優（Pairs）	マネタイズができてからです。
有安伸宏（サイタ）	Q5と同じ（外部出資なし）
庵原保文（Yappli）	本書で記述のとおりなので、割愛します。
梅田優祐（SPEEDA）	初期のお客さんがついた段階（2009年5月にSPEEDAをリリースして8月に最初の調達）。
倉富佑也（ココン）	資本金10万円でスタートいたしましたので、創業2ヶ月目から、知人の先輩方からの出資および借入の応援をいただき、創業当初のキャッシュフローをなんとか回していました。オプトさんから出資いただいたのは、創業7ヶ月後くらいで、すでに月商は1000万円以上あったと思います。
佐藤裕介（hey）	企画の段階から。 hey は統合前にタームが出ていました。 フリークアウトは企画の段階で松山太河さんからの投資が決まっていました。
鶴岡裕太（BASE）	プロダクトをリリースしてから、家入さんと太河さんに起業したほうがいいと言われ、起業&資金調達しました。

中川綾太郎（MERY）
プロトタイプも決まってなくて、企画のタイミングで。

福島良典（グノシー）
サービスリリース後、エンジェルより。

古川健介（nanapi）
あまり考えずに、資金調達ってしたほうがいいのかなー？　と思ったときです。

堀井翔太（フリル）
サービスをリリースしたタイミングで外部調達をしました（それまでは社会人時代の貯金を切り崩しながらやっていました）。

堀江裕介（クラシル）
登記以前に資金調達をすでに決めていた。参入領域は決まっていたが、人もお金もプロダクトもない状態だった。

松本恭攝（ラクスル）
エンジェルラウンド。

南壮一郎（ビジョナル）
サービスを開始してから約1年後。単月黒字化したタイミング。

Q7 起業前後で自分の中の何が変わったか？

赤川隼一（Mirrativ）
覚悟。

赤坂優（Pairs）
可能性を信じる力が強くなりました。

有安伸宏（サイタ）
強烈な自責思考になりました。また、思索の時間が長くなった。自己のクリエイティビティや心の状態について意識をケアするようになりました。

庵原保文（Yappli）
起業直後はとにかく嬉しかった。最初の外部資金が振込されたときはみんなで銀行にいき、3000万円の入金をみて大きく盛り上がった。ようやくこれでスタートアップができる、革新的で自分たちが作った製品を世に売り出せる、そういう興奮があった。

梅田優祐（SPEEDA）
自分も仲間もあらゆる面で大きく成長した。人間は環境で大きく変わる。自分自身の可能性に制限をかけては駄目。

倉富佑也（ココン）
ココン社は20歳のときに創業しましたが、その前に当時19歳のときに、中国上海で飲食業を行い失敗しています。その失敗の経験からは「アホな意思決定を行うと大変なことになる。多くの方に迷惑をおかけしてしまう。希望的な予想ではなく、真実をしっかり見つめて経営しなくてはならない」という当然のことを、起業前後で学びました。

佐藤裕介（hey）
友達が減った。

鶴岡裕太（BASE）

投資していただいたお金や従業員ができ、自分だけの人生じゃなくなったので、恐怖とやる気が出た。自分にしかメリットがないとやる気が出ないタイプだったのだと気がついた。そういう意味では、学生時代は自分のための時間、起業後は誰かを幸せにするための時間に変わったので毎日が楽しくなった側面もすごくあります！

中川綾太郎（MERY）

特になし。

福島良典（グノシー）

言い訳をしなくなった。

古川健介（nanapi）

変わりません。

堀井翔太（フリル）

たくさんある気がしますが、小さい点ではもともとPL経営をしてきた事業会社出身だったのが、B／Sも含めて事業を作っていくという事業意識は大きく変わりました。

また、昔はよいプロダクトを作ればそれだけで勝てると思っていましたが、今はよいプロダクトという言葉の中に、組織、マーケティング、お金、投資家なども含む応援団など、いろいろな要素が内包されており、起業家はよい製品といった意味でのプロダクトを作ることは大前提で、それ以外も作っていく必要があると認識しています。

堀江裕介（クラシル）

多くの人が年齢とともに夢が現実的になるが、起業後年々夢が大きくなっている。見える世界が広がり、選択肢が増え、力が付き、それを世の中にぶつける。この規模の拡大が続いている。

松本恭攝（ラクスル）

リーダーシップ。

南壮一郎（ビジョナル）

感謝の気持ち。

Q8 あなたにとっての「起業」を一言で振り返ると何？

赤川隼一（Mirrativ）
つらくも楽しい青春。

赤坂優（Pairs）
自分にとっての正義を貫ける場所。

有安伸宏（サイタ）
社会的インパクト最大化の手段のうちの1つ。

庵原保文（Yappli）
ドリームズカムトゥルー。

梅田優祐（SPEEDA）
究極の自由。

倉富佑也（ココン）
天命です。起業家・経営者として生きて、社会に価値貢献することが自分の生きる意味だと考えておりますので、その観点から「天命」という言葉を選ばせていただきました。

佐藤裕介（hey）
自然なこと。

鶴岡裕太（BASE）
大切な人との出会いをくれるもの！

中川綾太郎（MERY）
趣味。

福島良典（グノシー）
人生。

古川健介（nanapi）
普通に会社をおこすことかな、、と。

堀井翔太（フリル）
人が欲しがるものを作るということ。

堀江裕介（クラシル）
人生を賭けて生涯続けられる最高の趣味。

松本恭攝（ラクスル）
好奇心。

南壮一郎（ビジョナル）
部活。

各サービス紹介

BASE | https://thebase.in/

hey | https://hey.jp/

MERY | https://mery.jp/

Mirrativ | https://www.mirrativ.com/

nanapi | https://nanapi.jp/

Pairs | https://www.pairs.lv/

SPEEDA | https://jp.ub-speeda.com/

Yappli | https://yapp.li/

グノシー | https://gunosy.co.jp/

クラシル | https://www.kurashiru.com/

ココン | https://cocon-corporation.com/

サイタ | https://cyta.jp/

ビズリーチ | https://www.bizreach.jp/

フリル | https://fril.jp/

メルカリ | https://www.mercari.com/jp/

ラクスル | https://raksul.com/

著者プロフィール

堀新一郎（ほり・しんいちろう）

YJキャピタル株式会社代表取締役。

慶應義塾大学（SFC）卒業。SIerを経て、㈱ドリームインキュベータにて経営コンサルティング及び投資活動に従事。2007年より5年半、ベトナムに駐在。ベトナム法人立ち上げ後、ベトナム現地企業向けファンド業務に携わる。2013年よりヤフー㈱に入社しM&A業務に従事。2013年7月よりYJキャピタルへ参画。2015年1月COO就任、2016年11月より現職。日本を中心に総額465億円のファンドを運用。ファンド累計出資社数は100社超。東南アジアでは250百万ドルのEV Growth FundをEast VenturesとSinarmasと共同で運用。Code Republicアドバイザー、ソフトバンク㈱のグループ内新規事業開発・投資会社であるSBイノベンチャー㈱取締役、EV Growth Fundのパートナー兼務。

琴坂将広（ことさか・まさひろ）

慶應義塾大学総合政策学部准教授。

数社の起業を経験の後、マッキンゼー・アンド・カンパニーの日本およびドイツを拠点に主に海外企業の経営支援に従事。その後、オックスフォード大学に移籍し、経営学の優等修士号と博士号を取得。立命館大学経営学部を経て、2016年より現職。専門は、経営戦略、国際経営、および、制度と組織の関係。慶應義塾大学政策・メディア研究科委員、上場企業を含む複数のスタートアップの社外役員を兼務。著書に『経営戦略原論』（東洋経済新報社）、『領域を超える経営学』（ダイヤモンド社）、分担著に『Japanese Management in Evolution』などがある。

井上大智（いのうえ・だいち）

慶應義塾大学大学院政策・メディア研究科修士課程。慶應義塾大学総合政策学部学士。

学部在籍時より琴坂将広研究会に所属、特に新興企業の経営戦略に関心を持ち、研究を行っている。共同執筆に『アントレプレナーにとって、平成はどのような時代だったのか』（KEIO SFC JOURNAL, 2018年）がある。

※本書の情報はすべて初版発行時のものです。

装幀・本文デザイン——加藤賢策（LABORATORIES）

本文DTP・図版——朝日メディアインターナショナル

校正——鷗来堂

営業——岡元小夜・鈴木ちほ

事務——中野薫

編集——井上慎平

STARTUP 優れた起業家は何を考え、どう行動したか

2020年5月29日　第1刷発行
2023年3月8日　第6刷発行

著者———堀新一郎・琴坂将広・井上大智

発行者———金泉俊輔

発行所———株式会社ニューズピックス

〒106-0032 東京都港区六本木 7-7-7 TRI-SEVEN ROPPONGI 13F

電話 03-4356-8988　※電話でのご注文はお受けしておりません。
FAX 03-6362-0600　FAXあるいは左記のサイトよりお願いいたします。

https://publishing.newspicks.com/

印刷・製本—大日本印刷株式会社

落丁・乱丁の場合は送料当方負担でお取り替えいたします。小社営業部宛にお送り下さい。

ISBN 978-4-910063-07-2
本書に関するお問い合わせは下記までお願いいたします。
np.publishing@newspicks.com

希望を灯そう。

「失われた30年」に、
失われたのは希望でした。

今の暮らしは、悪くない。
ただもう、未来に期待はできない。
そんなうっすらとした無力感が、私たちを覆っています。

なぜか。
前の時代に生まれたシステムや価値観を、今も捨てられずに握りしめているからです。

こんな時代に立ち上がる出版社として、私たちがすべきこと。
それは「既存のシステムの中で勝ち抜くノウハウ」を発信することではありません。
錆びついたシステムは手放して、新たなシステムを試行する。
限られた椅子を奪い合うのではなく、新たな椅子を作り出す。
そんな姿勢で現実に立ち向かう人たちの言葉を私たちは「希望」と呼び、
その発信源となることをここに宣言します。

もっともらしい分析も、他人事のような評論も、もう聞き飽きました。
この困難な時代に、したたかに希望を実現していくことこそ、最高の娯楽です。
私たちはそう考える著者や読者のハブとなり、時代にうねりを生み出していきます。

希望の灯を掲げましょう。
1冊の本がその種火となったなら、これほど嬉しいことはありません。

令和元年
NewsPicksパブリッシング 編集長
井上 慎平